吴淡如
—— 著

成为苏东坡

岳麓書社·长沙

推荐序

政治旋涡中颠沛流离的命运
—— 吴淡如笔下的苏东坡及其时代

朱周斌

（四川外国语大学中文系教授）

在林语堂之后，如何给苏东坡作传？大陆许多学者比如王水照、曾枣庄、朱刚等等，都曾做出过回答。每一次关于苏东坡的书写，无疑都为后来的书写增添了困难。苏东坡是一座难以企及的高峰，这座高峰不断诱惑着我们去接近他，每一次的接近又让他变得愈加丰富多彩。对于试图再一次描绘苏东坡的吴淡如来说，问题更为棘手：在短视频流行的今天，在影像语言高度发达的今天，在苏东坡可以对我们直接"开口说话"的今天，又该如何向年轻的一代谈论被心灵鸡汤化了的苏东坡呢？

吴淡如出人意料又在情理之中地把她的书的第一章，

对准了在黄州耕作的苏东坡。是的，就是在那儿，苏轼变成了苏东坡。她称那一年为"东坡元年"。在后世无数粉丝眼中，苏轼——苏东坡作为一个几乎是不世出的才华横溢的才子，给我们留下的是豪迈与豁达。但吴淡如想要描绘的却是一个身处困顿和斗争、被流放然后又自觉地选择远离旋涡中心的苏东坡；在她笔下，更多地指向的是作为悲剧人物的苏东坡。千头万绪中，吴淡如紧紧抓住了苏东坡这一悲剧主角。乌台诗案不是苏东坡人生悲剧的起点，也不是悲剧的高潮，但却是苏东坡悲剧人生中最为醒目的一章。吴淡如将舞台第一幕放在了黄州，她给读者抛出了一个谜题——年少得意的苏轼，是怎么成为这个颠沛流离的苏东坡的？这种侦探式小说的戏剧性设置，让全书得以用倒叙、插叙、补叙等多种手段逸趣横生地展开。这种抓住人物命运的主线、采用解谜式的戏剧化手法，让苏东坡在一瞬间就向我们呈现出个性鲜明的灵魂，是本书与其他苏轼传记的第一个显著差别。

吴淡如并没有陷入到烦琐的历史考证和顶礼膜拜的心态中，而是采用了一种平视的叙述视角，深入到人物内在的心理世界中去。这使得历史人物在吴淡如笔下具有了生动有趣的在场感，仿佛他们活在当下，活在我们的眼前。某种程度上，这是一本关于苏东坡的心灵传记。但同样精彩的是，苏东坡同代人的心灵也在本书中得到了淋漓尽致的揭示。我相信读者通过吴淡如那细腻深入的笔触，将会重新认识苏东坡的心灵世界，同时也将重新认识其他人，比如王安石和他的心灵世界。我们阅读九百多年前的古人，对他们很容易产生隔膜，但吴淡如用她丰富的人生阅历和深思熟虑的同情、同理之心，填补了这段漫长的距离，给我们带来了一种历史"现场感"般的心跳与激动。

历史是纷繁复杂的。然而借用戏剧结构，吴淡如删繁就简，同时又重点突出，重绘了一条立体的人物链环，由此得以从多元的维度，追踪苏东坡的命运与际遇。所以在许多章节中，苏东坡反而暂时退居一旁，对他的命运造成重大影响的那些人物则成为局部的中心人物。这种安排既是戏剧结构的要求，同时也源于苏东坡命运的内在逻辑。在吴淡如笔下，对苏东坡命运影响至关重要的人物渐次登场：父亲、母亲、弟弟、妻妾、孩子、政敌、恩师、朋友、最好的朋友成了最坏的敌人……这一个个生动的戏剧人物，让我们好好享受了一把"历史—小说—戏剧"同时在眼前播放的故事大餐。

在这一系列的人物故事中，最为动人的是书中对女性以及苏东坡亲人命运的关注与揭示。吴淡如用了一些独立的章节，谈论了与苏东坡有关的女性的形象和命运。她们的形象与命运既是苏东坡的形象与命运的侧影和倒影，同时，这更是对她们自身命运悲剧的深深同情与控诉。吴淡如自己作为一个当代经历丰富多彩的成功女性，对女性在现实生活中的位置与遭遇一定有着不为人知的深刻体验与观察。正是这种作为一个女性的自我认知与切肤感受，使得她情不自禁将苏东坡的母亲、妻妾乃至于孩子作为重点叙述的对象。由于苏东坡，也是为了苏东坡，苏东坡身边的女性和亲人，几乎没有一个获得命运之神的照拂与垂青。虽然苏东坡也在竭尽全力地爱着他们，但他们仍然为他们的这位男性亲人付出了他们的所有，乃至生命。他们的悲剧命运又何尝不是苏东坡的命运！而悲剧中的悲剧在于，苏东坡的悲剧又决定了他们只要是他的亲人，就注定了要过完他们悲剧的一生！

此种悲剧的根源来自哪里？这正是吴淡如这本苏东坡传记所要探寻的隐秘的终点。吴淡如一直在谈论"小人"的存在，但同时她又不断地突破"小人"这一视点。更重要的是，吴淡如不断地质疑和反思今人所津津乐道的北宋"仁政"时代。她尖锐地指出：北宋并非不屠杀士大夫，而仅仅是不以"文字狱"的借口进行屠杀而已。这一下子就揭穿了封建社会统治者帝王的虚伪。她努力告诉我们：苏东坡命运的沉浮，实质在于北宋党争政治贯穿了苏东坡的一生。本书最富魅力的地方正在于超越了就苏东坡谈论苏东坡、就个人关系谈个人命运，向我们描绘出了北宋时期以太皇太后（或太后）和皇帝所代表的保守与革新两种政治面貌与力量的此起彼伏，尤其是二者的分化与组合。每一次分化与组合都是残酷的权力机器的重启与绞杀，抽象的阵营最终还原为一个个斗争与被斗争的血肉之躯，个人作为君权的牺牲品，一个个被献祭在令人不寒而栗的历史舞台上。吕惠卿、章惇、王安石的弟弟王安国、王安石的儿子王雱……当然还有苏轼自己和他的妻儿、弟弟……甚至连贵为皇后的孟氏，也是以一种类似于荒诞的方式，才得以获得了一个安稳的人生。顺便说一句，也许孟皇后是两宋之交命运最好的皇族。悲剧吗？悲剧。讽刺吗？讽刺。

从审美感受而言，这是一本轻松甚至让人愉快的书，不时流露出幽默轻松和温暖的笔调。但必须强调，这些笔调背后的底色——历史的悲剧和人生的身不由己——始终深深地浸染着全书。吴淡如为我们书写出了一个意料之外又情理之中的苏东坡。这个苏东坡对我们来说也许有一点陌生，或者说，我们在情感上不太愿意去凝视和观看那个凄苦与挣扎中的苏东坡。但吴淡如试图让我们明白：这就是人生的本质，这就是在历史中不断前行又不断挣扎的无数人的命运。只有如此这般去体察苦难和颠沛流离中的苏东坡,我们才能真正去理解豁达和干练而不得施展的苏东坡:一个文学家苏东坡的背后,是一个整整一生都被抑制的政治家苏轼。当我们理解了这一点,也许我们会更好地去理解历史、文学与政治。这是苏东坡的一生带给我们的领悟与启示。准确地说,这是吴淡如那情动思深的笔下的苏东坡,带给我们的领悟与启示。

二〇二四年一月二十九日(农历腊月十九)初稿,
时维苏轼九百八十七岁诞辰纪念;
二〇二四年二月十六日,次稿于 Kroch 图书馆。

自序

想要转化心情,看看苏东坡吧

喜欢苏东坡的人,都不是那种一板一眼、墨守成规、胶柱鼓瑟的人。

先说一个小故事。

苏东坡与北宋史学家刘攽,是好朋友。

有一天苏东坡对刘攽说,以前他与弟弟苏辙在寒窗苦读时,母亲都会为他们兄弟俩准备一道叫作"三白饭"的美食:"吃过之后,就再也不信人间还有什么佳肴,能比得上这三白饭。"

说得这么夸张,引起了刘攽的好奇,他问苏东坡,三白饭是什么呀?

只见苏东坡故作神秘,然后说:"三白啊就是一撮盐,一碟生萝卜,一碗饭。"原来是咸萝卜饭啦。盐是白的,萝卜是白的,饭也是白的,所以称之为"三白饭"。

这是苏东坡信口诌出来戏弄刘攽的,自己不久也忘了。过了一段时日,苏东坡收到刘攽的请帖,邀请他到刘府吃"皛饭"。苏东坡欣然前往,想要看看刘攽请他吃什么佳肴。

满心期待的苏东坡到刘府,只见桌上摆着一撮盐、一碟生的白萝卜、一碗白饭。这下子,苏东坡马上明白,这回是被刘攽耍了。

苏东坡吃个精光,并不说破,还对刘攽说:"为了报答你的款待,明天换我请你到寒舍吃个'毳饭'吧。"

刘攽知道苏东坡一定会以牙还牙,但心里实在好奇,第二天也依约来到苏家。

一见刘贡父(即刘攽,贡父为其字),苏东坡便拉着贡父坐下,天南地北地开讲了起来。到吃饭时间过了,还不见毳饭上桌。饿个半死的刘攽忍不住说:"吃饭时间都过了,你那毳饭到底煮好了没?"

苏东坡大笑,用他的四川话说:"老哥啊,盐也毛(无),萝卜也毛(无),饭也毛(无),这就是三毛(无),毳饭啊。"四川话将"无"念作"模"音,而"模"读音又接近"毛",所以这"毳"就是:无盐、无生萝卜、无饭。

刘攽一听,知道自己中招了,大笑开怀。

玩笑开完、诡计得逞后,苏东坡让家里人端上好酒好菜,让刘攽饱餐了一顿。

刘攽大苏东坡十五岁，算是他的长辈，也是当朝的学术泰斗之一，但苏东坡仍然是很敢开玩笑的。

这就是苏东坡。

话说苏东坡目前的传世故事，多半出自宋人笔记之中，是真是假，多数无从考究。（如果有关苏东坡每个有趣故事都要经过考证才当真的话，那么天下所有《苏东坡传》也就不用写了。）为什么有这么多苏东坡的传说？因为这些流传甚广的故事有个核心主轴，就是他的幽默感。

在那个枯燥正统到有点无聊的士大夫世界，他的幽默感是难得的落花缤纷。

幽默感至少有两个方面：一个是开得起玩笑，一个是想得开。

在居高位时还开得起玩笑，在困顿时想得开，还能自嘲。

苏东坡在幽默感上是古今学者表率。

有这样的同事，你会觉得辛苦，还是觉得幸福？

他是个有趣的人，有儒家胸襟，又不墨守成规。只可惜，当朝并不是每个人都能够消受他的玩笑，他身边的同事们，没才华又没雅量的人不少，使他的人生一直在被"黑"，被"黑"到差点没命。

在最惨的时候，他还是挺有幽默感的。被贬到惠州时，吃到了鲜美的牡蛎，他写了《食蚝》，还写信给儿子苏过说："你可别告诉别人牡蛎有多好吃，以免朝中士大夫都争相到南方来抢食。"吃了荔枝，也留下了名句："日啖荔枝三百颗，不妨长作岭南人。"你有看过被流放得那么怡然自得，还如此"转亏为赢"的人吗？

苦虽苦，怨归怨，但是他的"转化"能力无人能及。他是一个最懂得"过去不用追究""今朝值得面对"的人，总是那么坦然地看待沉没成本。再怎么倒霉，也不是不好好活的理由，什么叫活在当下，他懂得。

再怎么被"黑"，要跟苏东坡比委屈的自古至今没几人。当然，我是指活着的；因被"黑"而作古的，那也就委屈无人解了。

所以我说：

委屈无人懂的，来学苏东坡吧。

被"黑"到对人性快绝望时，来看苏东坡吧。

想要真放下的，除了苏东坡，历史上大概也没办法给你其他偶像了。

现今世界看书的人已然不多，古人也都被遗留在尘封的墓碑里，所以此序，以实用作为吸引力。

苏东坡会是你很好的心灵导师，虽然，这世界上没有谁和谁的遭遇是一样的。

本书从苏东坡最惨的事情之一乌台诗案写起,非常白话,你会懂在那些无奈浮沉的风波中,一颗不随波逐流的真心,一个具有幽默感的天才的故事,也是一个血肉扎实的人的传奇。

一直被升官的大学士	195
还西湖一方清净	209
几番归来风兼雨	225
苏东坡到底得罪了谁？	241
最好的朋友最坏的仇人	257
流离的序曲	273
去似朝云无觅处	287
世事一场大梦	305
此心安处是吾乡	319
附录	335
那些年的恩恩怨怨、起起伏伏：从哲宗孟皇后的视角谈起	336
苏东坡年谱	349

目录

- 东坡元年 …… 001
- 群鸦围攻 …… 017
- 烂心情不如换一场呼呼大睡 …… 031
- 来自蜀地的天才少年 …… 047
- 屡考屡胜的偏乡学子 …… 063
- 苏轼是个什么样的夫婿? …… 077
- 不如求去 …… 095
- 是敌人还是朋友? …… 111
- 西湖虽好莫吟诗 …… 125
- 墙里佳人笑 …… 141
- 酒酣胸袒尚开张——密州的蝗虫战争 …… 159
- 会写诗的工程师 …… 177

东坡元年

人都是在困顿中看见拐点的。

苏轼也是。

他在四十五岁的时候，在黄州，一种他之前没有想象过的生活中，他才自号东坡居士。这个东坡，是扎扎实实的血汗之坡，他在那片向阳坡地上种粮食、种果树，因为不得已，因为穷，也因为无事可做。

那是从少年开始被称为文豪、顺利仕进之后，从未想象过的生活。原以为这手是用来拿笔的，没料到现在得天天拿起锄头。

此时他半是农夫、半是文人，半是官、半是罪人。说是官其实没事管，说是罪人，读过他诗的天下人和他自己，都不认为他有罪。

这是他人生的分水岭。不是很久之前仍然冠盖满京华逸兴遄飞、想说什么就写什么,但也在不久之前曾被死亡殷切问候,差点含冤而死;侥幸逃生之后,才觉得能够过着像陶渊明一样的日子也不错。此时没想到,又在不是那么久的将来,还能回京;然后,也还有更荒凉的命运在等他。

苏轼的个性,注定要与穷神共处。因为他彻底不在乎。在黄州之前,他出任过不少地方长官,做了不少事,有多少、花多少,是他的理财方式。

但他的贫穷感是在被贬到黄州之后真切浮现的。他说:若问我贫天所赋,不因迁谪始囊空。本来就是个不在乎有没有积蓄的人,一被贬谪,保住了命,马上面临着零俸禄的生活,手上的余钱只能支撑些许时日,还有一大家子要喂饱。多数的家人没有随其到贬谪地同住,暂时与他弟弟苏辙同住;然而与他同来的家人,还是要靠他提供温饱。

该怎么谋生呢?这时候,一个穷朋友来找他,帮了大忙。这个朋友叫作马梦得,年轻时在太学里当个训导行政的小官,当过苏轼的幕僚,和他结为好友。有人传说,某一天,苏轼在马梦得家的书房墙上题了一首诗,马梦得越看越感慨,就辞了官浪迹江湖去了。听说苏轼被贬到黄州,马梦得不远千里来寻他,也为大文豪带来一线生机,向地方政府申请到五十多亩的废弃坡地,苏轼当了自耕农。

苏轼开始筹划开垦。低湿的地方，种稻；较为平坦的地上种枣子和桑树、栗树；视野最好的地方盖所屋子……此地多半是坡地，坡地虽然可以使用，但这个夏天缺乏雨水，就算开垦了坡地，水源也成问题。还好他在将荒地上的杂草烧掉时，竟然发现一口藏在荒烟蔓草中的井。这口井的出现让他兴奋不已。然后，老天爷也来帮他，久旱又逢甘霖，从山坡上流下的雨水，又让他发现自己的土地上有小小涌泉。那坡地就用来种茶、种橘子吧？不远处有个池塘，水塘边可以种些水芹菜；为了消灭那些杂草，还可以养牛、养羊、养鹿……他一边挥汗如雨地耕作，一边已经想到了不久之后的快乐收获。或者可以来个"水芹芽烩斑鸠"？

苏轼把这个山坡命名为东坡。"东坡"两字，取自白居易的诗。苏东坡向来喜欢白居易，白居易曾在东坡种花，也曾经写过《步东坡》一诗："朝上东坡步，夕上东坡步。东坡何所爱？爱此新成树。"有了此号，此年就是苏东坡元年了。

照理说，一个人遭此噩运，应该是早埋怨、晚嗟叹的，然而他却像一个重新出生的人，似乎爱上了这种自耕自食的生活。只有午夜梦回时，还有一些对无常人生的感慨。感慨偏向自嘲，自嘲中也有一种豁达，他笑自己谋生拙，"团团如磨驴"，就算是"梦断酒醒山雨绝"，也还有"笑看饥鼠上灯檠"的小小潇洒。

这时,他和十多年后想要他命的章惇,还算是好朋友。他还曾回信给千里之外的章惇,说自己的一头牛,差点病死了。请兽医来,也看不出有什么问题,还好自己的妻子王闰之也出身自农家,知道这是一种叫作豆斑疮的病,只要拿青蒿粥喂它就好了。治好了一头牛,他以妻子为荣,开心叫好。房子落成了,好歹可以安居;虽然没有俸禄,还可以靠自己的劳力把全家喂饱。一个被下放、不知道何时又有人来找麻烦的知识分子,赞美起黄州价廉物美的生活来了。他说这里山水佳绝,酒也酿得好,盛产橘子、柿子,芋头好大一个,和他的故乡一样。跟北方一样有羊肉吃,猪肉、牛肉、鹿肉价格便宜如土,鱼蟹根本就是不要钱的……只要你能够在烹饪上发挥一点创意,那么此地还真的无可挑剔。

长江中鱼肉鲜美,山坡上有好笋丛生,东坡在这里做出了好吃的鱼羹。新鲜江鱼,微盐,加上切碎的菘菜心、各种野菜一起煮,和着葱白一起烹个半熟,再放入姜、白萝卜汁与酒,再以橘皮切丝调味,这是东坡引以为傲的鱼羹。再来就是后来闻名于世的东坡肉了。当时羊肉为上品,猪肉被嫌腥。但此处猪肉贱如泥,不好好吃它就对不起没啥钱的自己,于是他研发了一道东坡肉。《猪肉颂》是这么欢欣鼓舞地歌咏着:

质性自然，非矫励所得。饥冻虽切，违己交病。常从人事，皆口腹自役。于是怅然慷慨，深愧平生之志。犹望一稔，当敛裳宵逝。寻程氏妹丧于武昌，情在骏奔，自免去职。仲秋至冬，在官八十馀日。因事顺心，命篇曰《归去来兮》。乙巳岁十一月也。

归去来兮，田园将芜胡不归。既自以心为形役，奚惆怅而独悲。

《归去来兮辞》（局部） 〔北宋〕苏轼 台北故宫博物院藏

苏轼自感与陶渊明处境、感受相近，对《归去来兮辞》尤为钟情。

歸去來兮辭

余家貧耕植不足以自給幼稚
盈室缾無儲粟生之所資未見
其術親故多勸余為長吏脫
然有懷求之靡途會有四方之
事諸侯以惠愛為德家叔以余
貧苦遂見用為小邑于時風波
未靜心憚遠役彭澤去家百
里公田之利足以為酒故便求之

> 净洗铛，少着水，柴头罨烟焰不起。
> 待他自熟莫催他，火候足时他自美。
> 黄州好猪肉，价贱如泥土。
> 贵者不肯吃，贫者不解煮。
> 早晨起来打两碗，饱得自家君莫管。

随着这首诗，一幅活生生的农家乐呈现眼前。说他悲极生乐也好，说他自得其乐也行。亏得此处附近的县令，都待他不薄，知道文豪爱酒，常常会请人拿好酒来送他。边吃肉、边喝酒，何等美事。

东坡还觉喝不够，自己从道士那里搞了一个秘方。养了蜜蜂取蜜来发酵白酒，还作了一首《蜜酒歌》。不过，虽然他很欣赏自己的新创酒，但众人都觉得过甜，而且蜜酒放久了再喝，还会拉肚子，所以也就只做过那么唯一一次。

不说生活清苦，他看的都是正面之处。在不得已中，还用一种"既然如此，那我也就来做点什么好事"的态度来面对人生。一个文人的历史悲剧，也可以被他渐渐活成生活的平淡喜剧。

黄州还有不少古道热肠的朋友，也有一些是因为政治立场不同被排挤来此偏乡的官员。东坡胸中没有什么阶级，四海皆兄弟，一起吃肉喝酒，煮茶作诗，还比在京城痛快。戴罪贬谪的官员，要受地方长官监管，他偏又幸运地遇到一个同是进士出身的知州徐大受,把他当兄弟看待,逢年过节,就会邀请他在黄州名胜地共度,席间还有歌姬歌舞助兴。这也是苏东坡写词写得最多的时期。醇酒美人在眼前,他称自己"老大逢欢,昏眼犹能仔细看"。才三十出头的名画家米芾也慕名来此地拜访他,与他谈诗论画;他在耕作之余还能有空写书,《论语说》和《易传》都是此时的作品。

倒霉点是他的人生拐点。如果不以官位论成就,此时的他,虽然面对渺茫未来,人生却得了闲,可以做学问,可以交朋友,可以更有想象力,天地就变宽了。

做点好事,是苏东坡面对生活的态度。一个自顾不暇的戴罪官员,救不了自己性命,却不忘救命。过去他在密州当长官时,发现当地只要遇到荒年,养不起孩子,路上就常出现弃婴。当年他曾下令,生子者每个月官方发米六斗。一年之后,和本来想抛弃的婴儿有了感情,孩子也就得以在本家存活,不会再被抛弃。在黄州,他也建议知州以法令禁止杀婴,请本地富有人家,每户每年定期捐献,只为使贫家有钱抚养自己的骨肉。手头没钱的他,也认真地捐献,要人家好好养自己的孩子。

问汝平生功业,黄州、惠州、儋州。

《黄州寒食诗帖》(局部) 〔北宋〕苏轼 台北故宫博物院藏

《黄州寒食诗帖》为苏轼被贬黄州时于元丰五年(1082)寒食节所书。董其昌尝谓:"东坡作书,于卷后余数尺,曰以待五百年后人作

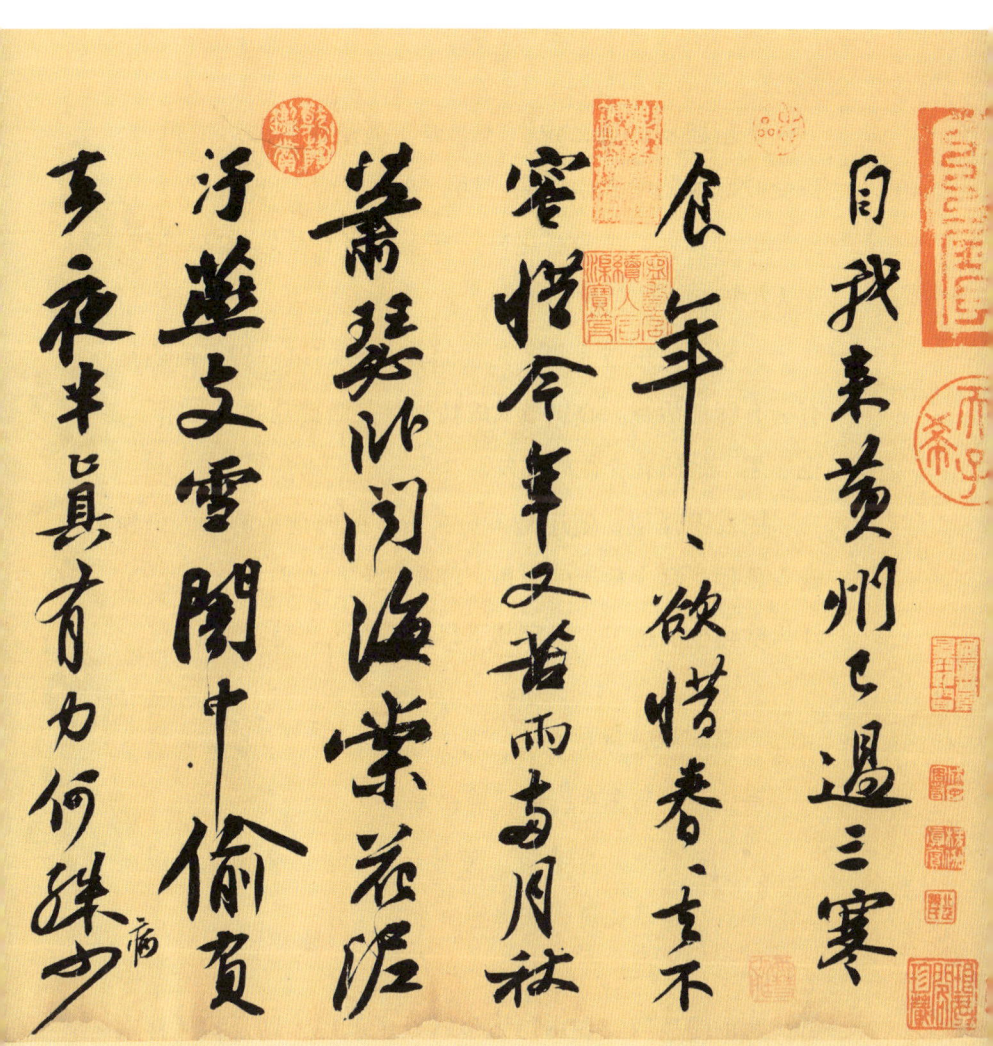

跋。其高自标许如此。"此帖被誉为苏轼现存最出色的书法作品,与东晋王羲之《兰亭序》、唐颜真卿《祭侄稿》并称三大行书法帖,号称"天下第三行书"。

苏东坡自己这么说。这三地，都是他与命运地角力、备受政敌诬陷的人生低潮之地。这是自嘲，也是自评。在困顿的日子，心情未必尽好，在生涯路上最是荒凉，但对于人生而言，感受的确丰富。

黄州，是东坡元年，是他暗夜行路的第一程。他还是有滋有味地活着。心里最大的愧疚，是自己连累了一家子，也连累了他所有交往的朋友。

朋友不怪他，他还是不免自责。此时他写的词，仍为众人传诵。某个秋天的夜里，苏东坡和朋友们在江上饮酒，江风吹得他酒醒了，回家却不得其门而入，他写下：

夜饮东坡醒复醉，归来仿佛三更。家童鼻息已雷鸣。敲门都不应，倚杖听江声。

长恨此身非我有，何时忘却营营。夜阑风静縠纹平。小舟从此逝，江海寄余生。

写的是感叹，说的是人生看开了就好。这是我最喜欢的东坡词之一。《临江仙》一词，传说曾闹出一个"苏东坡逃亡"的闹剧。此词传到太守徐大受那里时，太守紧张了，因为看守苏东坡毕竟是他的职责，人逃了会被朝廷怪罪。太守立刻前往苏东坡家，发现他还在呼呼大睡，鼾声如雷，遂大笑而去。

这段时间，苏东坡的病痛不少，有时咳嗽，有时得疮（描述起来像是俗称"皮蛇"那样的病状），又有眼疾……他习于把乐处和惨况都写成诗文，不时寄与友人。当然，有些又成为他后来的罪状。在偏乡的他仍然受到关注，所以引来不少谣言：除了有人传说他逃了，也有人传说他死了。传说当时讨厌他、降罪于他的宋神宗也听闻了他的死讯，信以为真，饭吃到了一半，感叹此人之才难得，就不吃了。

此事若为真，神宗未免有些猫哭耗子。这些描述都出于后世文人的笔记，不过是后世文人心中的同声惋惜，想要让皇帝有反省一下的能力。他的真朋友听闻他因病过世的谣言，是真关心，派人到他家去看，看他好好活着才安心。苏东坡知道朋友派人来看他死了没有，自己也莞尔一笑，他回信给朋友说，他"平生所得毁誉，殆皆此类也"。一切都是文字惹祸，成也文字，败也文字，因文字而为人称道，因文字而成谣言，因文字而获罪。

* * *

如果没有黄州，就没有《赤壁赋》，也没有传诵近千年的《念奴娇》一词。

闲来无事，苏东坡常和当时陪着他贬谪的大儿子苏迈一起到他们发现的"秘境"游玩。那是一片赤色的崖壁，其下有滔滔江水，滩上有五色石子。据不少学者考证，这引发他思古幽情的赤壁，是三国赤壁的可能性低微。这只是苏东坡心中的文学赤壁，并非真正的古战场，他自己也知道不是。然而因为他的词与文，此赤壁却在文学中有极重的分量。

大江东去，浪淘尽，千古风流人物。故垒西边，人道是，三国周郎赤壁。乱石穿空，惊涛拍岸，卷起千堆雪。江山如画，一时多少豪杰。

遥想公瑾当年，小乔初嫁了，雄姿英发。羽扇纶巾，谈笑间，樯橹灰飞烟灭。故国神游，多情应笑我，早生华发。人生如梦，一樽还酹江月。

每来此赤壁，苏东坡必吟诗作赋。东坡的诗词，结论与上一阕《临江仙》相似，尾锋一转，其实都有着同一个"苏东坡"味道：你计较些什么呢？不就是个宇宙微尘，一场梦啊。得与失，你看开一点……你喜你悲，对于这江上明月与江浪滔滔，都没有什么不同。虽然是这么说着，然而我还在这里奋力过一生，如同那些历史人物一样，毕竟尽其在我过，把典型树立过。

有人说那个味道，叫作豁达。

这个赤壁，非常苏东坡，也专属苏东坡了。

深知人生过了一半以上，饱尝压迫的苏东坡明白，时间才是最大的压迫者。举目所见的美景，是造物者之无尽藏，而人生短暂，人到中年，尽处已然不远，挫折如月盈月缺，何必执着于失落。在黄州三年，东坡虽然困乏，但依旧吃肉、烹鱼、喝酒，还是坦然享受不幸中之幸。

窘迫之处，哀哭不难，能依旧欢笑才难。日后东坡的人生仍有他想不到的大起大落，人格难改，但态度是可以训练的。所谓豁达，究竟也是磨难调剂出来的。

群鸦围攻

好事、坏事，你想先听哪一个？

多数人宁愿先听坏事，再看看那好事能不能稍微宽慰自己，就算天全被染黑了，留一线幽幽微光，也好。

就跟我们希望人生是倒吃甘蔗一样，越吃越甜才好。

不过，多数人的人生都不是这样。

苏东坡的少年时期，应该算是平顺的。出生于天府之国，仍可称为名门之后，虽然对于都城而言，他也算是个乡下来的，但是家里毕竟还是殷实富农家，有饱读诗书的父亲，有擅长治家的母亲。虽然他曾经感叹"人生识字忧患始"，但是，他在蜀地的日子，在他一生中，算是最平顺的了。

他人生中第一个人为的劫难，因言惹祸差点丢掉性命的案子，就是乌台诗案。

跟在刑囚中送命比起来，或许你也会认同，就算是被贬谪荒野，也是好事。那就是在他到黄州当农夫之前发生的案子。

简单地说，叫作欲加之罪，何患无辞。

苏东坡差一点变成宋朝第一个因为写作被杀的士大夫。

这起案子，总让我想到《诗经·邶风》里的几句诗：忧心悄悄，愠于群小。觏闵既多，受侮不少。……我悲伤担心，为那些小人所嫉恨，受尽了他们的侮辱和轻视。两千多年前，小人就层出不穷了，现在也没少过。

如果你嫌上面几句咬文嚼字的话，那么，这事可以说是欲加之罪，何患无辞。要陷人于罪是很容易的，在古代，若要抄家灭族，必要说他谋反；若想让他丢乌纱帽，终身永不录用，那就让他得罪皇帝。

这不是历史上第一场一群乌鸦咬凤凰的言语战争，初看苏东坡被这么诬陷对待，委实有些不忍心。在历史上"文人算是最被尊重"的宋朝，那么多人想要苏东坡去死，还真是不可思议。

苏东坡这个人，当时也没有什么权势，他有的就是那支笔。他那种喜欢把什么事都写下来，看不顺眼的事一定要发表意见的性情，赢得了真朋友，也少不了真敌人。

我说是乌鸦，是用对了典故。乌台诗案，乌台是什么台呢，就是御史台。汉代的御史台园中有好多柏树，柏树上有不少乌鸦栖息，所以又称为柏台或乌台。说是一群乌鸦，一点也没有错。

这件事情发生在元丰二年（1079）。算是宋朝最著名的文字狱了。此时的苏轼还未自命为东坡居士，正从徐州知府移任到湖州知府。他其实还挺适合当地方官的，每到一地，地方人民都知道，来的长官是个真能做事的，还是名闻天下的大才子，也都大表欢迎。

问题在于他得罪了当权的新党。新党，起源于王安石。王安石是个有抱负的人，他认为，想要改变宋朝积弱不振的状况，一定要改变法制，富国强兵。然而，有抱负却不通人情世故的人，如果来负责大型改革事宜，也是最危险的。王安石对自己的坚持非常执着，很难承认自己的想法有错，有"拗相公"之称。他才高八斗，所以骄傲；即使身居高位，仍不爱洗澡，身上都是虱子也不管。也许你不认为这有什么关系，个人卫生是他自己的事。我是这么看的：他还真的完全不在乎别人对他的看法，对于从政者来说实在不是众人之福，不管生灵涂炭，他还是会认为自己正确。这样的人听不见别人的意见，也不会真正在乎什么才是现实，他会因保守派的反对变得越来越偏激，那些全说他正确、对他谄媚迎合的人，都是小人。甚至王安石本人，后来也受到他自己提拔的小人所累。

不过，想要杀掉苏东坡的，并不是王安石。彼时王安石已经罢相，在江宁（今江苏南京）做官，并不在权力中

《次韵秦太虚见戏耳聋诗帖》 〔北宋〕苏轼　台北故宫博物院藏

此帖书于元丰二年（1079），是年苏轼自徐州移知湖州，乌台诗案爆发。

心。他当权时，并没有积极找过大鸣大放的苏东坡麻烦。是以，新法虽然也因实行太急使得不少百姓被地方官吏逼得难以生活，倒没有人认真唾骂过王安石是个小人。

难辞其罪，是因这些御史台的"乌鸦们"到底还是王安石的党羽。

苏东坡——一个最会放话的人——成为他们想要肃清的异己。

乌台诗案，愠于群鸦，史上很少有人直接怪罪王安石，甚至连苏东坡自己，后来都不将此事归在王安石头上，但在我看来，事情并不这么简单。小人是谁养的，那么谁就是祸首，不能辞其罪。也很少有人怪罪于当朝天子宋神宗，认为他不过是被小人弄得糊涂、猪油蒙了心，然而，是谁昏庸置那么多人的苦难于不顾，又容不了别人的讥讽？一个不能容人的长官，旁边肯定都是小人围绕。也可以说，当年三十出头的神宗，在没有王安石的辅佐之下，被王安石带出来的那批猵急小人包围了，而他自己也想要一展神威，那个自来爱议论的苏东坡，就成为杀鸡儆猴的祭品。

为什么是苏轼？他是当代畅销作家，整他一个，可以吓倒一百个。

封建时代，是不能检讨皇帝的。

自古昏君，不是怪女人，就是怪小人，因为君权至上，没有人敢要他们扪着心问问自己。

余秋雨写苏东坡时,将小人的个性形容得十分透彻。

他写小人,感叹的其实是历史上有良知的知识分子遭受小人陷害的悲剧。这些悲剧层出不穷,每个朝代都不缺,现在时时刻刻也都还有,气息世代绵延。

先来说说余秋雨认定的小人特质吧。

小人,"由于他们的存在……许多祥和的人际关系慢慢变得紧张、尴尬、凶险……他们是一团驱之不散又不见痕迹的腐浊之气,他们是一堆飘忽不定的声音和眉眼"。

综合余秋雨所说的小人重要的行为特征,小人性格可归类如下:

一、小人见不得美好。所以鬼鬼祟祟地把一切美事变成丑闻。

二、小人贪爱权力。不管讲得多么冠冕堂皇,他们投靠谁、背叛谁、效忠谁、出卖谁,内心想的都是一己私利。盘算的是:嘿,这对我有没有好处啊?

三、小人最不怕麻烦。小人知道越麻烦越容易把事情搞浑。把事情搞得越复杂,猎物越容易被消灭。

四、小人办事效率高。也就是小人勤快,不怕阻力……唉,这个力气用在正面多好。

五、小人不善罢甘休,超有毅力。不会放过被伤害者。没有搞死你,小人就没有安全感。夜路走多了,就总是想着要消灭鬼。

六、小人喜欢博取同情。为得到同情，不惜装弱者。他们在还没有陷害你的时候，都还会让你觉得他们的手是温暖的。

七、小人擅长使用谣言制造气氛。说谎和造谣是小人生存的本能，"大体上合乎浅层逻辑，让不习惯实证考察的人一听就立即产生情绪反应"。

其实，这些描写也对小人太客气了。当小人不难，只要为了自己利益，主动陷人于罪，那就是小人；恩将仇报，不但是小人还是烂人；看不得人好，怎么会不是小人？只要有人反对他，他就想弄死别人，必然是小人；为了自己的未来要断别人的可能之路，也是小人……偏偏小人通常在入戏时，还真是正气凛然，不认为自己是小人。

而大凡会那么痛快淋漓骂小人者，都是吃过小人亏的人！

小人，一时未必看得出，但日久必定见其心，是功是过，就算买通了史官也遮不住。

苏轼明明在外就任知府，也不在中央争权夺利，但是他那支笔太有危险性了。小人们群起攻之。

* * *

这是一个"非弄死苏轼不可"的计划。且容我不客气地将小人们一一点名：沈括、李定、何正臣、舒亶、李宜之、张璪。这些都是当时所谓的"新进"。

说这些御史是小人,历史上大概不会有人有意见,除非是他们的子孙。他们的诬陷手法十分卑劣,方法却很简单,就是让皇帝认为苏轼是个讨厌的敌人。

沈括,在中学的历史课本中曾经出现过,算是宋朝值得一提的"科学家",他懂的事情多,通天文历法、医药、音乐、卜算,肯定是个智商相当高的人,文学才华也有的。然而智商好,性格并不一定佳,在那个除了政治之外没有别的出路的年代,为了争夺生存空间,他的想法大致有二:一是我没什么背景,一定要靠到最厉害的那一边;二是赛道有限,如果能够把前面那个最厉害的弄倒,我就可以晋升一级了不是吗?王安石变法时缺人才,他很快靠到王安石那一边,竭诚拥护,然而王安石也看出来了,这个人恐怕有问题。保甲法将行之际,神宗曾经问王安石,那个沈括很有才干,可以用他,王安石直白地说:"他是小人,不可亲近。"

身边小人那么多都没看出来的王安石,独独对沈括有意见,显然沈括小人得明明白白,连不是很敏感的王安石也瞧出端倪。

沈括多有手段,可从他对付苏轼看出来。乌台诗案发生的前几年,苏轼还在杭州时,沈括曾经当钦差大臣到杭州去,看看新法到底实行得如何。神宗还叮咛他善遇苏轼,他到了杭州，果然热情对待苏轼，临走时还要苏轼手录最近作的诗，说要当友谊纪念呢。结果，那些诗变成了他查访报告中弹劾苏轼的证据，在旁边写了密密麻麻的注记，说苏轼所作之诗，都在讥讽朝廷、暗辱皇帝。顺便报告皇帝，您这新法人人称赞，绝对没有大家所说的不便民的事情。神宗初时没有太重视沈括的诬蔑，但满朝文士都知道这件事情，还报给苏轼知道，苏轼就是叹了口气，对此事淡淡自嘲，呵，认识了沈括，还真不愁皇帝没看到我的诗。

这是前奏曲，一个引子。沈括跟苏轼实在无冤无仇，除了嫉妒心，还有他自己的"上进心"之外很难解释。

不过，对于一个自信心并不那么强，但自尊心很强的人而言，不断地在他面前诋毁一个人是有用的。五六年后发生的乌台诗案，是李定等人勤快地再接再厉，之所以成案，就是因为神宗信了。

* * *

元丰二年（1079）春天，苏轼由徐州移到湖州就任，依例要写表跟皇帝报告，感恩一下。《湖州谢上表》是这样写的："……知其愚不适时，难以追陪新进；察其老不生事，或能牧养小民。"白话的意思，就是谦称"陛下知道我愚昧而不合时宜，无法和新来的杰出同事共同效力，谢谢皇上明察我年纪老大了，不至于乱搞事情，勉强能够用来管理一下一般人民"。

听起来没什么大问题吧？我觉得没有，虽然，这个自谦或许有一点酸味。就是微酸而已。

但是李、何、舒、张等人就开始生事了。他们也准备很久了，因为也是读书人，特别会拿文字来诠释别人的"真意"。从乌台诗案，你可以看出，部分宋代文人，读圣贤书，所学何事？就是造谣生事。李定把苏轼《湖州谢上表》的这段文字解释为愚弄朝廷，暗讽神宗；舒亶说一定要好好整治苏轼，因为他的影响力太大，"小则镂版，大则刻石，传播中外"，说苏轼讥讽时事，大家却将他的诗文争相传诵，所以"忠义之士，无不愤慨"，是社会乱源，一定要好好惩治。

愤慨的忠义之士何在？指的就是自己。

怀着特殊目的的人，也会把仁义道德当成凶器，把模糊的"大家"当成加害者。

此事预谋已久。此案发生的六年前，苏轼老早不在权力中心，王安石施行新法，搞得民不聊生时，苏轼曾经上了几次万言书给神宗皇帝，年轻皇帝终究没有理会他的建议，苏轼非常失望，又不想卷入党争，自请调离京城改当地方官，救不了天下，能济一方之民也是好的。不过小人们并没有因为他不在朝中而放过他。他们轮番进奏折，把几个人的意思搞成"大家都这么说"，苏东坡写的每句诗，都能解释为嘲讽新政。

扳倒一个有才华的人,似乎也是一种出气或出名的方法。

神宗年轻好名而气盛,被这么一连串的轰炸后,也认为苏轼应该被整治一下。苏轼上任湖州才两个月,御史台就派人来提他了。

那是一个燠热的夏天,有人匆匆来报,官府即将来逮捕你了。京城里苏轼的好朋友王诜,娶了皇上的同胞妹妹,是皇亲国戚,他先派人来通知。带头来抓人的叫作皇甫僎,装模作样地威吓,让苏轼以为自己这次前去可能会变成死囚。他们还带了绳子,把苏轼绑了押走。

之前读到余秋雨说,苏轼被当成犯人游街,真真是斯文沦丧,中国文化在丢人……大家所看到的,确实是"拉一太守,如驱犬鸡"。这种状况,是宋代重视文人的大反例。

苏轼被当成罪犯牵出来,固然愕然,但看到自己的妻子王夫人匆匆赶来相见,泪流满面,非常锥心,于是想起之前听过的一个真宗时代的故事:之前宋真宗曾派人寻访天下隐士,找到了杨朴,要他来朝见。皇上曾问他,他来,有人在跟他告别时赠诗给他吗?

杨朴说,只有我的老妻写了诗给我:"且休落拓贪杯酒,更莫猖狂爱咏诗。今日捉将官里去,这回断送老头皮。"

宋真宗听了大笑,放这位老隐士回家去了。

苏轼那时还有心情对王闰之苦笑说:"你能不能跟杨处士的妻子一样,作一首诗来送我?"

死到临头,不忘自嘲。

王闰之听到这话,收拾起了眼泪,苏轼同这些捕快们快步出门,长子苏迈亦步亦趋相随。大家听说苏轼成为朝廷要犯,能避的都避了,却还有真正的好朋友,一直送到郊外。其他的苏家人,都收拾了行李,到苏辙那边去避风头。然而,就算是对这些妇孺,小人们也不忘惊吓一下。之后还搜查家眷们搭乘的船只,吓得家人半死,怕苏轼的文字又成死亡证据,苏轼之前的作品因此被烧了十之七八。

来押解的人,把气氛搞得肃杀不已,因而苏轼认为自己可能死罪难逃。他想到自己必然会连累家人朋友,如果现在自己了结,或者还可以结束这番株连。行程中的某一天,在太湖江上,苏轼心想,不如跳江自尽算了。

或许应该感谢那个不想搞丢钦命要犯的小卒,他一把拉住了苏轼,把他看得更紧,让他求死不得。

这么死了,小人们可能没有什么成就感。

这么死了,文学史上少了好多杰作。

死不成的苏轼,只能望着皎洁的明月光。他心里其实是知道怎么回事的,却不知等待他的未来,到底是什么惨状。

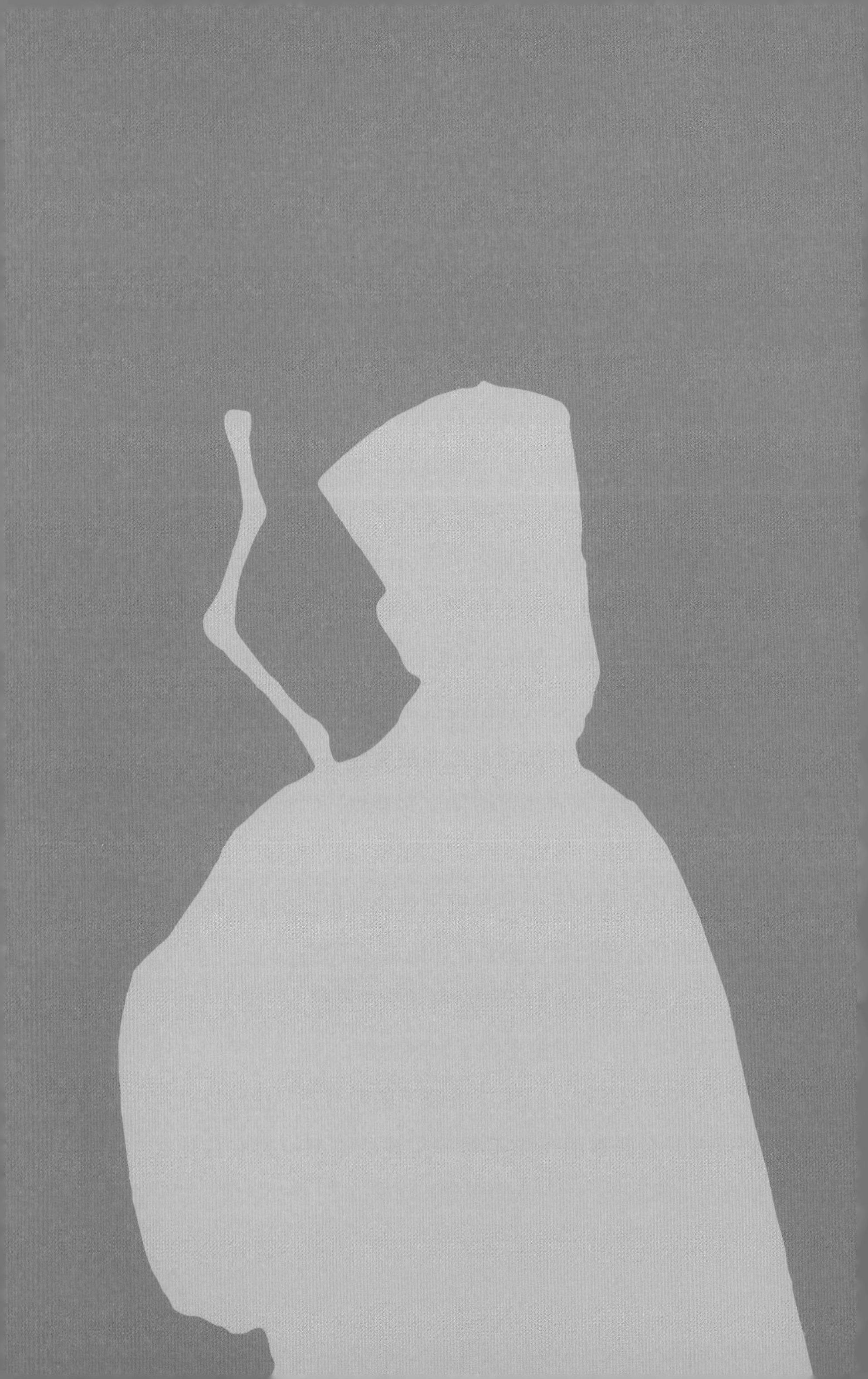

烂心情不如换一场呼呼呼大睡

燠热难忍的天气，像囚徒一样被捆绑入京，是苏轼一辈子没有想过的状况。同样是入京，那年他只有二十来岁，和父亲、弟弟离开蜀地的老家，走古栈道前来，花了两个月的时间，带着好奇的心情想要看看京城的模样。偏不巧入京时，京城正为水灾所苦，处处在排洪、在救灾。第一次来京，虽然也饱受波折，但心情和这一次是完全不一样的。

　　昔时年轻气盛意气风发，今日却成为阶下囚。有个被别人编派好的罪名，像幢幢鬼影，面目模糊地在前方等待着他到来后宰割他。来押解的小吏认为这位被绳子捆缚的太守，大概也没有重见天日的一天了，施展了好大的官威，极不客气，让苏轼和他的家人都以为他是要被押去处斩的。

　　本来想跳水一了百了的苏轼，被拖到了京城，押在一个阴暗的牢房里，牢房狭窄到连转身都有问题。唯一的光源，是屋顶的天窗，更像被关在一口井中。御史台早已经准备得很充分，搜集了他所有的诗作，找出可能有问题的几百段文字，查询了与他有诗文赠答的所有关系人，一一审问：这个是在讥讽当今皇上吗？这个是在批评圣上的施政吗？如果不承认，就没完没了地辱骂。

看看这首诗。苏东坡在杭州任太守，观钱塘江潮时写下：吴儿生长狎涛渊，冒利轻生不自怜。东海若知明主意，应教斥卤变桑田。意思是：吴地青年生长在深渊怒涛之旁，为利轻生不自怜（当时下旨禁止人民弄潮）。东海如果知道明主的意思，应该把盐碱地变成桑田，这样人民就能耕作了……

先说时代背景，当时盐政猛于虎。

北宋将盐视为国家财产，严禁私煎、多煎、私买、私卖，一并由官府主理，官府再将征购所得食盐，大幅抬高价格，招募酒坊在当地贩售，获取高额利润。俗话说杀头生意有人做，赔钱生意没人做，对生在盐碱地的人，盐真是唾手可得，当然有人偷偷煮盐自用或贩售。官方则以连坐法奖励告发，以盐犯家产作为赏赐。被抓到的，不但家产被人瓜分，自己和妻儿也会被施以黥面，流放异乡。铁腕手段一实施，就让江浙之地的人动辄抄家入狱。苏轼向来关心民心问题，反对朝廷与民争利，他说他看到不平事，就好像一只苍蝇卡在喉咙里，不吐不快，却又无权过问，所以在杭州常写作诗文加以讥刺。就算知道可能惹祸，也还是要说出来为人们出口气。

苏轼供称，此诗的确在暗讽新法之盐法为害人民，而逼供者却要他承认他在讥嘲皇帝好兴水利，蓄意毁谤。这是栽赃窍门：一定要扯到皇帝，才能成立谤上之罪，此罪和谋反也可以画个模糊的等号，死罪。

苏轼写给同样反对新法的司马光和范镇的诗句，也被找出了麻烦，还牵连了驸马王诜、苏轼的好朋友王巩（苏轼恩师张方平的女婿）、李清臣等，还有他的弟弟苏辙，就是期待一网打尽，证据搜罗得很详细，南宋时有人将这些为他罗织罪名的案宗编为乌台诗案，哪一条是将谁入罪，注释得很清楚。审问者的招数，也跟之前的某些特务机构类似，反正各国都有类似机构，你不承认嘛，就不放手，日夜辱骂鞭打，直到你承认他们是对的为止。苏轼遭受到什么样的"款待"，旁边有关切者记了下来。那人就是开封府尹苏子容，就在隔墙处旁边审问犯人，曾记录说苏轼被"诟辱通宵不忍闻"。李定是这起案子的主要打手，检察官兼裁判长。有个可信的记载是这样的，有一天，李定和其他官员在等候早朝时，他和旁边的官员聊天说："苏轼真是奇才！"

"明明是苏轼一二十年前写的诗文、用的典故，不管怎么问他，一问就答，一个字也没错！"据说李定说完，还叹息良久。

叹息什么？是罗织得不够彻底，还是自叹弗如？不可得知。但这也出自宋人笔记，充满对苏东坡的同情。

就这样囚禁拷问了两个月，派了一个以文字传播反叛朝廷言论，意图影响众人的罪名。他们回皇上说，苏轼都已经承认了。曾经接获苏轼诗文，与他有交情的人，多半是反对新法人士，也被判定应该一概论罪。

驸马王诜够倒霉。他为人有豪气，喜欢结交朋友，也常常送苏轼礼物，因而也被处罚。他被神宗叫去问话。身为神宗同父同母妹妹的驸马，问完话后和神宗抱怨道："从今以后，我再也不敢交朋友了！"

神宗只好回答："如果是温良的士大夫，往来有什么关系！"

从此话来看，苏轼当时在这个年轻皇帝心里，显然不是温良的士大夫。苏轼听说了此事，后来还曾对王诜自嘲："原来，我的底子不温良！"

苏轼平时就爱写文章，和当世文人书信往来，接过他书信的，如果不跟风说他坏，也都有事，不是被贬官，就是被课罚金（当时缴的是铜数斤）。传说苏轼准备了一颗丹药，以备被折腾不堪时吞食自绝。幸得当年有个狱卒梁成，非常仰慕苏轼，所以多加照顾，每天都会帮苏轼烧壶热水给他洗沐，让他稍得宽慰。有一夜，苏轼觉得自己可能熬不住，熬住也活不成了，要梁成将他写的几首诗送给他的弟弟苏辙。《狱中寄子由》其中一首，应该可以当选最感人晋卿为僕所累，僕既谪齐安，晋卿亦贬武当，饥寒穷困本书生常分，僕虽蒙恩，固宜独怪晋卿以贵公子罹此忧患而不失其正，诗词益工，超然有世外之乐，此孔子所谓可与久处约长处乐者耶。

元祐元年九月八日苏轼书

《题王晋卿诗后》 〔北宋〕苏轼　故宫博物院藏

驸马王诜（字晋卿）与苏轼交好，经常在家中宴请苏轼、黄庭坚、米芾等人，众人一起作词、绘画、谈禅。苏轼在此帖中说因乌台诗案，自己连累了王诜。

的致兄弟的诗：

> 是处青山可埋骨，他年夜雨独伤神。
> 与君世世为兄弟，更结来生未了因。（节选）

还有写给妻与子的。像是一个委屈的孩子在向亲人诉苦：

> 柏台霜气夜凄凄，风动琅珰月向低。
> 梦绕云山心似鹿，魂惊汤火命如鸡。
> 眼中犀角真吾子，身后牛衣愧老妻。
> 百岁神游定何处，桐乡知葬浙江西。

妻贤子孝，兄弟友爱，如今都承受不起了。这两首诗都充满了诀别的味道。经历过生离死别者，读了都很难不伤神。

知葬浙江西，就是许葬西湖。就在他陷入黑牢里的时候，也有人默默地为他祈福：那些在杭州和苏太守一起筑堤的父老兄弟们，筑了一个道场为他祈福解厄。苏轼听说，还许愿死后埋骨西湖山上，天天看着这个他最爱的湖。

想害他的，其实只有那一小撮人。人民想救他，弟弟更想救他。苏轼一被抓，苏辙就上书皇帝，希望不要判苏轼死罪，愿意用自己的官位来相抵。苏辙和他的哥哥个性不同，向来是个不发狂语、行事小心的人。奏书用字非常谨慎，而表达又十分感性：

> 若蒙陛下哀怜，赦其万死，使得出于牢狱，则死而复生，宜何以报！臣愿与兄轼，洗心改过，粉骨报效，惟陛下所使，死而后已。臣不胜孤危迫切，无所告诉，归诚陛下，惟宽其狂妄，特许所乞，臣无任祈天请命激切陨越之至。

说的是：只要您放了我哥，我万死不辞！您要我做什么都可以。只要您让我们团聚，我会陪哥哥一起改过，用一辈子报效陛下。

他们是史上情感最深厚的一对兄弟。

上书救苏轼的，还有完全不怕被株连的朋友范镇，以及恩师张方平。

然而，真正救了苏轼的，可能还是他曾经的敌人。

诬陷苏轼的御史们，背后撑腰者是丞相王珪。后来传说为苏轼说项过的吴充，其实是新法的支持者，他是当朝宰相王珪提拔起来的，只不过，因为政治看法不同，吴充后来常常和王珪唱反调。

传说有一天，吴充得到了机会，问神宗说："您觉得魏武帝怎么样？"

说的是曹操。

宋神宗说："这何须多说。"

吴充说："陛下总说以尧、舜为师（王安石的主张），看不起魏武帝曹操，但是像魏武帝这么猜忌的人，还能容得下祢衡。陛下想要以尧、舜为师，连苏轼也不能容忍，为什么？"（祢衡骂曹，很不礼貌，但他却不是死于曹操手中，据传死在黄祖手里，而曹操此举，被称为借刀杀人。）

神宗素来"好名而畏义"的习惯，爱面子怕人说闲话，一听就惊了："我没什么意思，只是想叫他来问问，看看他到底有错没错而已……他快要被放出来了吧。"

其实，就算是政见不同如新法一派的吴充，也不希望苏轼因此文字狱而死。传说宋朝开国就有"祖宗家法"，其中一条叫作不杀士大夫。这也不表示宋朝未曾杀过读书人，此事宋太宗就做过不少，但罪名肯定不来自文字狱。

话说，宋朝一旦开了杀士大夫的先例，身为士大夫者，实在不应该高兴才是。唇亡齿寒，他日若有酷吏请君入瓮，难道不会祸害了自己？不帮别人想，也得帮自己想。

瞧，所谓小人，其实是思虑不周，没周全地帮自己想过。

关切的还有大政敌王安石的弟弟王安礼。王安礼个性和王安石不同，个性豪爽敢于直言。苏轼入狱时，他在皇帝身边当修起居注记录的官，每天都会看到皇帝。主审苏轼的李定知道王安礼同情苏轼，曾经警告他说："苏轼批评你家大哥，说话那么锋利，你可不要为他说话。"但王安礼终究没忍住，还是对皇上说："自古以来度量大的君主，不会把臣子的话拿来治罪。苏轼是个有才华的人，只是一直没有太多作为，所以心里不免有怨。一旦因为这些将他治罪，后世恐怕会批评陛下没办法容纳有才华的人。"

神宗这么回答："我本来也没有要深究。既然你这么说，我就赦免他吧，但你不要告诉别人。因为苏轼得罪的人实在太多了，我怕那些御史们会因为你为苏轼说话，把怒气转移到你头上！"

接着发挥影响力的是神宗的祖母，宋朝三大贤后之一的太皇太后曹氏了。曹太皇太后当时正生着病，并不知道苏轼被关在牢里。有一天神宗去看太皇太后，神情不佳，太皇太后问他发生了什么事。神宗说："就是因为苏轼常常毁谤我。"

曹太皇太后是这么说的："是苏轼、苏辙兄弟吗？我记得仁宗皇帝当年在殿上策试回来，曾经很开心地对我说，今日为我们家子孙找到了两个太平宰相的人才，我老了，可能来不及用他们，可以留给子孙用。"

听说苏轼已在狱中，她忍不住眼眶含泪说："只是写了诗就被关，应该就是得罪了小人，如果只是诗的问题，不

《宋仁宗后坐像》 台北故宫博物院藏

宋仁宗皇后曹氏为宋初名将曹彬的孙女,以贤德著称,是北宋政坛上十分重要的女政治家。神宗即位,她被尊为太皇太后。苏轼因乌台诗案有性命之忧,她出面说情,方得转危为安。

《历朝贤后故事图·禁苑种谷》 〔清〕焦秉贞 故宫博物院藏

据载,仁宗皇后曹氏性节俭,重稼穑,常在宫廷中开荒种地、养蚕缫丝,被后世历代统治者树立为宫廷妃嫔的楷模。此图描绘的就是这桩故事。

过只是小错,我病重了,不想再看到冤狱滥刑,搞得上下不宁!"

传说对太皇太后和太后晨昏定省的神宗,后来以为太皇太后祈福为名,赦免死罪以下囚犯。过几天,太皇太后过世了。苏轼在狱中听到赦令,心里存着一丝希望,却又不敢确认自己行将获释。此令一出,有人着急了。身为宰相的王珪,以及李定、舒亶等人,眼看着就要除掉眼中钉,却因此功亏一篑,哪里甘心?继续向神宗煽风,想要将苏轼打入死罪。

王珪说:"苏轼的确有谋叛陛下的意思。"

"你怎么知道?"

"他写了一首咏双桧的诗,说这树'根到九泉无曲处,世间惟有蛰龙知'。陛下是飞龙在天,他就是在讽刺您不了解他,所以才求之于地下的蛰龙。这就是有不臣之心。"

神宗说:"我知道这首诗。你也不必如此解释,他说的是桧木,干朕何事?"

此时章惇果然还不是苏轼的敌人,在旁解释说:"龙,未必说的是人君。"

神宗也说:"是啊,自古称龙者多了,人称孔明是卧龙先生,难道他也是人君吗?"

王珪被问倒了。一时没说话。退朝之后,章惇跟王珪说:"你是想要杀掉人家一族人吗?"

王珪说:"是舒亶告诉我的。"

章惇大骂这名长官:"您连舒亶这种人的口水也吃?"

苏轼听闻章惇曾经救他的事,在黄州写信给章惇。章惇和他曾经是如此友善的朋友,他病了,章惇曾经带药给他,也救助过他。不过,那是章惇还没有当权时。他也没有想到,世事真难料,曾经助他于患难的朋友,竟然那么决绝想要置他于死地,这又是多年以后的事了……

苏轼被放出来之后,李定、舒亶怕他死灰复燃,一再上书,说他罪不容赦,希望神宗赐死苏轼。还说苏轼的朋友们,包括旧党的司马光、范镇,三朝元老张方平等人,也应该杀头。

幸亏这些急欲杀之的奏章,并没有再被神宗接纳。有关乌台诗案记事,宋人笔记里有逸事不少,孰真孰假,无从分辨。

还有一个传说,神宗派人在深夜悄探苏轼动静。只看到苏轼熟睡,打呼声如雷。听了报告之后,神宗说:"朕就知道,苏轼是个胸中无事的人。"

臣下的痛不是痛,此话君主说得轻松。但无论如何,神宗也要找台阶下。苏轼贬至黄州,官名是团练副使,"不得签书公事"。还是罪官身份,褫夺公权。和他相熟的朋友,包括驸马王诜等,被勒令贬官。和苏轼有书信往来的,都被罚款。是朋友的,无人怨嗟。

也就是因为这一起文字狱,于是黄州有了苏东坡。于是有了苏氏的"赤壁"。苏轼的专长,就是以文字惹祸,因此差点没了一条命,他还敢写吗?

还是写,心中有个声音叫他不得不写。只是之后几年与朋友之间的书信往来少了,不敢回信,怕害了朋友。苏东坡放浪山水间,与渔樵杂处,一起喝酒,自己耕作,研发美食,成为人生乐事。只有在午夜梦回时,借景抒情。

曾经的惊弓之鸟这么写着:

> 缺月挂疏桐,漏断人初静。时见幽人独往来,缥缈孤鸿影。
>
> 惊起却回头,有恨无人省。拣尽寒枝不肯栖,寂寞沙洲冷。
>
> ——《卜算子·黄州定慧院寓居作》

曾经冷得齿牙颤抖,但是,始终没有失去对人间的热情。苏轼还有他的坚持。别人没看见,但他自己是知道的。

若无此番寒彻骨,苏轼不会到黄州。在黄州的日子,的确不如京城中舒服,但对文学的苏东坡而言,却是一方沃土,他脚踏实地地活在天地之间,发扬了真性情。

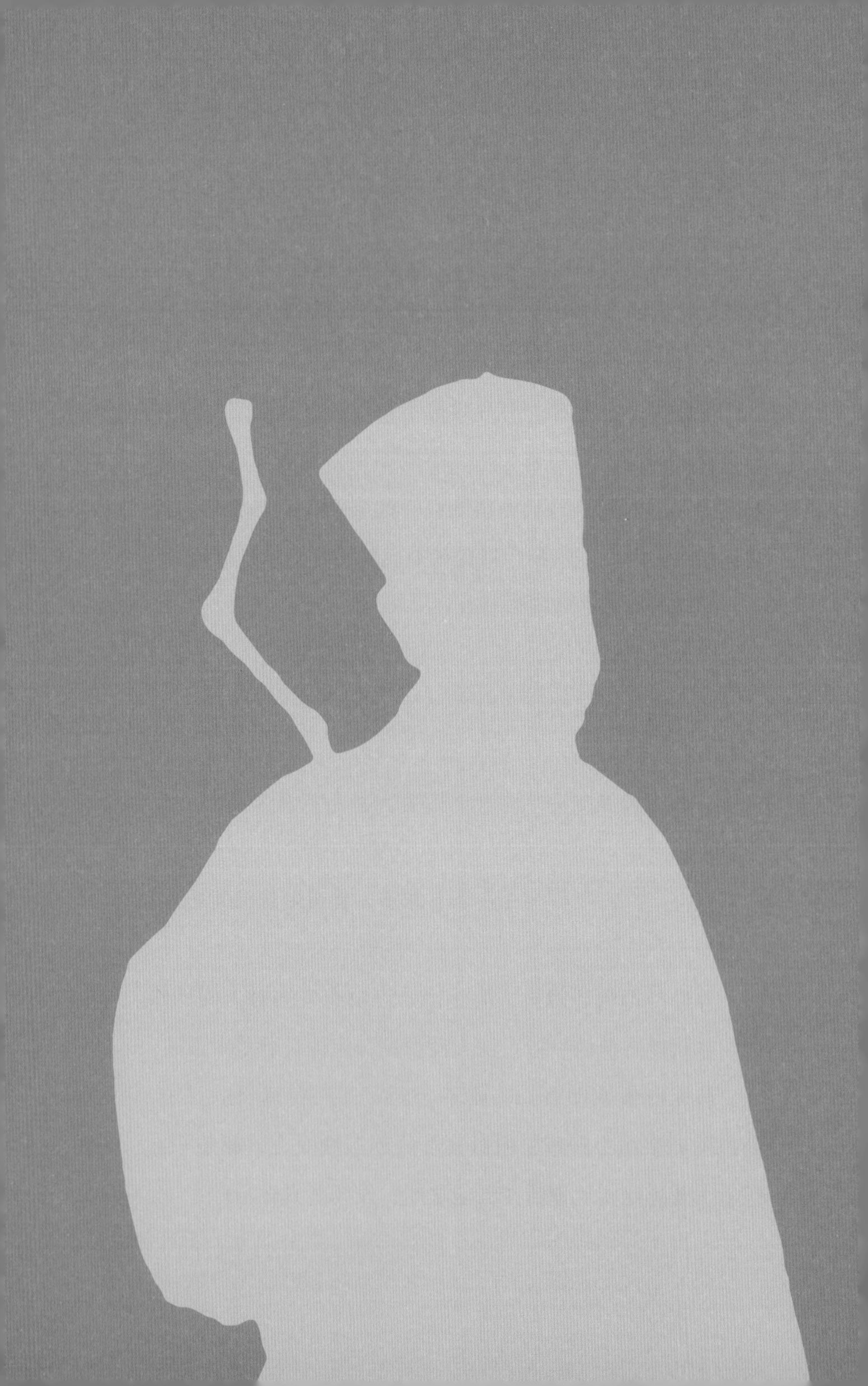

来自蜀地的天才少年

人生就是这么容易过啊。从第一次离开家乡入京城，到被贬黄州，苏轼从中进士走入了仕途，已经二十多年。

二十多年，容貌改变了很多，腰身也浑圆了起来，只有个性最是难改，他有他永远学不会的东西。

那个学不会的东西，是隐藏自己的看法、人云亦云；是路见不平、假装没看到；是为了节节高升，就昧着良心。他面对世间，仍是一片真感情。

他跟他的祖先苏味道（648—705），一点也不像。苏味道是武则天当政时的宰相之一，河北人，也有文学才华，不过历史评价，从来不太好。他有个绰号，叫作"苏模棱"，"模棱两可"这个成语是他留下来给后世的最伟大贡献。

武则天求才时，问于狄仁杰，有没有什么人值得推荐？狄仁杰想了一下，说："不知陛下求才，是要这人才来做什么？若只是起草文书的话，苏味道是首选，他的才学无法替代……"在尚未显贵时，苏味道即有文名，被武则天招进朝廷之后，职位一路顺利上升。

为什么一个那么有才华的大臣，身居要位，却不把话说明白、讲清楚呢？或许是武则天当政，肃清异己，严刑重罚的缘故。万一把话说得太清楚了，就很容易被怪罪，重者抄家灭族，所以他发现了一个美妙的处世法则：如果不说个明白，那么就不会有人说我有错，所以就模糊己见，让这边的人听来像这样，那边的人听来像那样，就不会受罚了……

来看看他"什么都可以赞美"的能力吧。某日，唐朝京城突然下起了大雪。这个雪下得不是季节，冻死了不少人、牲畜，田野里的麦苗也活不成。但苏味道可就借题发挥了，连夜写了一篇奏章给武则天。赞美这三月飘雪，是"瑞雪"，说是天公以此肯定了陛下的功绩。武则天当然也很喜欢这文采粲然的好听话，把文章传给所有人，要大家都看一遍。大臣们大多叫好，只有一个叫作王求礼的，秉性耿直，忍不住说："陛下，这次'瑞雪'冻死了多少人、多少牲畜，还未可知，怎么就有人敢肯定这是瑞雪呢？如果三月的雪是'瑞雪'，那腊月的雷就可以称作'瑞雷'了？"说得众人大笑，武则天也笑了。武氏本想褒赏苏味道，后来就算了。

苏轼显然没有遗传他们家祖先的说好听话基因。

苏味道的处世方法看起来很安全，问题是政权转移出现"黑天鹅"的频率相当高。武则天晚年，"神龙政变"迫她还政，换武则天的儿子中宗继位，苏味道就因为依附武则天男宠张易之兄弟被贬到眉州。之后，在蜀地开枝散叶，这是不幸，也是幸。

这是苏轼的父亲苏洵溯源的家谱所记载的。苏家来自中原官宦之家，到蜀地三百多年，成为一个乡绅世家。五代时期，天下大乱，苏家家族因祸得福，在天府之国活得福泰安康。有田有产，在乡人之间甚受推崇。这也是一个书香世家，子孙们都读过书。有好长一段时间，不出一个官。

天下纷乱时，入仕并不是蜀地士人首选，他们自有优渥太平的日子可以过。宋朝平蜀又一统江南之后，开始鼓励读书入仕，也逐渐大开进士的录取名额。苏家也受到了影响。苏轼的伯伯苏涣，二十五岁就考上了进士，成为蜀人津津乐道的大事。苏涣是苏洵的二哥，彼时苏洵才是个十五岁的少年，不学无术，每天在外游荡，斗鸡走狗，家里的人也没有太管束他。家里为他说了一门亲事，亲家姓程，苏轼之母程氏出身望族，父亲是地方官，家里相当富有。嫁鸡随鸡，嫁到浪荡子也没法子，虽然丈夫不上进让她觉得委屈，但她还是默默地承揽了所有的家务，并且主理了家中的纺织品生意。苏洵混到了二十五岁那年，终于觉得再这样下去不行了，决定效法他二哥，读书求官。不过，觉悟离成功总是有段距离，过程并不顺利，落榜了好几次。

在苏轼出生之前，他父母的求子之途也很不顺利。结婚许久，求神拜佛好几年，苏洵二十六岁才得了长男，却在婴儿时就夭折了，后来又生了苏轼的姐姐八娘，接着才是苏轼，又过两年，生了苏辙。

苏轼从小身体强壮，活泼好动，从小玩的把戏很多，在好山好水的蜀地度过了愉快童年。蜀地的道士、尼姑很多，苏轼从小就跟这些道士们相处融洽，也有道士夸他有贵人之相。那一首知名且柔情似水的《洞仙歌》，他自述，所写的花蕊夫人的故事，就是他七岁左右时，一个九十岁的老尼姑告诉他的。老尼姑说自己年轻时曾经在后蜀国国君孟昶宫中当侍女，在仲夏夜里，看见孟昶和花蕊夫人在摩诃池上纳凉，说孟昶曾经为花蕊夫人写过一阕词。第一句就是"冰肌玉骨，自清无汗"。苏轼在四十多岁时，想起了这个故事，认为这个起句，与《洞仙歌》的首句音律相符，于是就依此写了《洞仙歌》。

冰肌玉骨，自清凉无汗。水殿风来暗香满。绣帘

《端阳戏婴图》 〔南宋〕苏焯 台北故宫博物院藏

图中小孩一手拿着石榴枝,一手抓着蟾蜍吓唬小伙伴。苏轼、苏辙小时候或许也玩过这样的游戏。

开,一点明月窥人,人未寝,欹枕钗横鬓乱。

起来携素手,庭户无声,时见疏星渡河汉。试问夜如何?夜已三更,金波淡,玉绳低转。但屈指西风几时来?又不道流年暗中偷换。

这是《东坡乐府》里最浪漫的一阕词,灵感来自他的幼年记忆。

童年时期,父亲为了求仕在外奔波,他的基础教育都来自母亲。母亲喜欢考他对历史的看法,常问古往今来名人为什么成功,又为什么失败。苏轼总是对答如流。他最记得的是母亲讲《后汉书·范滂传》时的叹息。

范滂是东汉时的人物,为人正直,做官时,贪官污吏最怕他。东汉末年权力掌握在外戚和宦官手中,党锢之祸就是因宦官整顿那些不断和他们唱反调的知识分子而产生的。范滂虽然当时已经辞官返家,也被株连在内。

当时有位督邮吴导奉朝廷之命(就是宦官之命)要抓范滂,但吴导深知范滂为人,抱着诏令恸哭,迟迟不愿出发。范滂听说了,自己跑去县府投案,连县令都对他说:"我不能抓你,不如我也不做官了,跟你一起逃吧。"范滂不愿意连累他人,决心慷慨赴义。

母亲赶来和他告别,范滂说:"我还有个孝顺弟弟,可以帮我供养母亲,我就算到了九泉之下,也可以孝敬过世的父亲。希望母亲原谅我，不要悲伤。"

这母亲也是铁铮铮的女子，说："你如今遭此祸，也可以和天下称颂的李膺、杜密齐名，死又何恨。你名声这么好，在这样的时代，本来就很难平安活到老啊。"范滂死时才三十出头，认识他的人同声一哭。

苏轼读完范滂的故事，对自己的母亲说："如果我将来想当范滂，可以吗？"

母亲对他说："你以为你能当范滂，我就不能当范母吗？"

原是太平时代一段正义凛然的母子对话。

这个故事对苏轼一生影响重大。个性与初衷不能改，当一个正直而勇敢的人，是家教也是使命。

* * *

苏轼常常回忆起童年。和弟弟一起，找食物来喂鸟巢里的幼鸟，鸟吃了，他们就高兴得不得了；年节时，乡人们充满热情地相互送礼，到别人家里去吃饭，他和弟弟撑着眼皮守岁……其实也没感觉到父亲不在家有什么欠缺。一直到十岁，在外的苏洵因父丧回到家中来，接手两兄弟的教育。这年，他才有了"轼"这个名字，弟弟名"辙"。说苏洵是古代爱车人，也不为过。

换父亲当老师，日子就不太容易过了。苏洵教子非常严厉，人家都说他自己屡考不中，只好逼儿子用功。苏轼的父母有志一同，喜欢听儿子们的琅琅读书声。他们那位进士伯伯，因为返家守丧，也成为侄子们的指导老师。

长苏轼两岁的姐姐名八娘，奉父母之命嫁给了舅舅的儿子，看似亲上加亲、青梅竹马，结果却出乎意料，八娘不到十七岁就过世了。如何过世，不可得知。

八娘嫁过去之后，日子过得不好，舅姑、夫婿不喜欢她……都是乡里传言。苏洵在文章里列出罪状指责程氏，说这家人在乡里中引发不少争讼，不但有"宠妾灭妻"的问题，还贪财无耻，官商勾结，占人田产，是州里大盗。什么难听的话都用上了，为爱女抱不平，宣布与岳家生生世世断绝往来。其中最为难者，还是那个想要当范母、个性也耿直的程夫人。她丧失爱女，又与母家断绝了关系，丈夫看到她，恐怕也来气。活在关系网络密切的乡间，痛上加痛，心里有多苦。

男大当婚，苏轼十八岁时，还在努力地读书作文。家里为他娶了眉州青神（今四川眉山）一位乡贡进士王方的女儿王弗，此时王弗十六岁。

王弗，也有苏轼母亲程氏之风，聪慧过人，知书达理，擅长理家。

早期的婚姻生活，恐怕也没有什么太浪漫的成分。已经四十七岁的苏洵因为自己考试一再落第，连个功名也没有，希望儿子比自己有出息，不时带儿子寻求高人指点。这一年，少年苏轼认识了他人生的恩师张方平。

张方平年少时也是个读书过目不忘的天才少年，原本在朝为礼部侍郎，因平乱到了蜀地，结识苏洵。他和苏洵相谈甚欢，希望将他推荐给在朝的欧阳修和韩琦，不过，推荐一介布衣的确困难，推荐信写了之后都没有回音。

张方平后来看到了不到二十岁的苏轼写的文章之后，十分赞赏，认为这样的人如果埋没在偏乡，就像千里马被迫只能在小巷中奔跑一样，太局促了。

也就是在张方平的建议下，苏家父子三人，决心离开蜀地，到竞争最激烈的京城去考试，出蜀道寻找更宽广的天空。虽说是地方知名乡绅，但到苏洵时家境已不宽裕，张方平还赞助了这一家子的旅费。父子三人出发后，家里数十口人的生计，落在苏轼沉默又认命的母亲身上了。

世人皆知蜀道难。才子苏轼，随着父亲，带着弟弟，一行人骑着马和驴子走出了从小生长的家乡。他顾着欣赏奇山异水，满眼新奇，对未知充满渴望，初时没有想到，这一出蜀，一生或许就很难再回头。走在秦时就已经开凿的蜀道，迂回曲折，山道仿佛高悬于天际，放眼望去处处是峭壁与急流。

李白写了《蜀道难》。之后，任谁以笔墨来形容蜀道崎岖，都是画虎类犬。少年苏轼走着走着，心里一定也响起

这铿锵有力的音节:

> 噫吁嚱,
> 危乎高哉!
> 蜀道之难,
> 难于上青天!
> 蚕丛及鱼凫,
> 开国何茫然!
> 尔来四万八千岁,
> 不与秦塞通人烟。
> 西当太白有鸟道,
> 可以横绝峨眉巅。
> 地崩山摧壮士死,
> 然后天梯石栈相钩连。
> 上有六龙回日之高标,
> 下有冲波逆折之回川。
> 黄鹤之飞尚不得过,
> 猿猱欲度愁攀援。
> 青泥何盘盘,
> 百步九折萦岩峦。
> 扪参历井仰胁息,
> 以手抚膺坐长叹。

《蜀道难图》 〔清〕陆恢 台北故宫博物院藏

图中高危的山势、崎岖的山路，完全是李太白诗"青泥何盘盘，百步九折萦岩峦"之意。

问君西游何时还?
畏途巉岩不可攀。
但见悲鸟号古木,
雄飞雌从绕林间。
又闻子规啼夜月,
愁空山。
蜀道之难,
难于上青天,
使人听此凋朱颜……

看似可以摸到星星、无比迂回的蜀道,让苏家的马走到疲累而死,只剩下了驴子撑着。走了两个多月,他们一路借住在佛寺和道观里。在春夏之交,到达心中想象过无限多次的繁华京都。而京城连日下着豪雨,河水泛滥,人人浸泡在泥泞里。

这一路的难,并没有妨碍苏轼、苏辙两兄弟吟诗的兴致。来时,他们曾经夜宿渑池一位老僧的僧舍,兄弟在寺壁上题诗留念。

据考是嘉祐六年(1061),弟弟苏辙独自经过渑池的那座僧舍,发现僧舍风貌已经变了。触景伤情,想到当时赴京赶考的过往写了一首《怀渑池寄子瞻兄》,寄给哥哥:

> 相携话别郑原上，共道长途怕雪泥。
> 归骑还寻大梁陌，行人已度古崤西。
> 曾为县吏民知否？旧宿僧房壁共题。
> 遥想独游佳味少，无方骓马但鸣嘶。

接到此诗，苏轼想起当年从蜀道来京的艰辛之路，以及逝去的时光，无限感慨地回了弟弟一首同韵的诗：

> 人生到处知何似？应似飞鸿踏雪泥。
> 泥上偶然留指爪，鸿飞那复计东西。
> 老僧已死成新塔，坏壁无由见旧题。
> 往日崎岖还记否？路长人困蹇驴嘶。
>
> ——《和子由渑池怀旧》

纵笔挥洒，以飞鸿踏雪来引出沧海桑田的感叹，一种老僧入定看透人生的口气。其时，苏轼不过二十五岁。

这同样主题的两首诗，可见兄弟俩情感，也可看出兄弟俩个性的天壤之别，而差别无碍于彼此是人世间最好的朋友。

苏轼最好的诗与词，有不少都是写给他弟弟的。在乌台诗案系狱时，以为自己要被杀头的中年苏轼，写下让人落泪的绝笔诗，说的也是但愿生生世世为兄弟。他写给妻儿的是愧疚，写给弟弟的是直出胸臆的真感情。

你给的感情是真的，得到的感情未必全是真的，但也肯定必有真的。但如果你给的感情是假的，一生就无从识得什么是真的了。

得罪的是同僚，相救的是朋友。最无憾的是真感情，苏轼一生收获了许多。

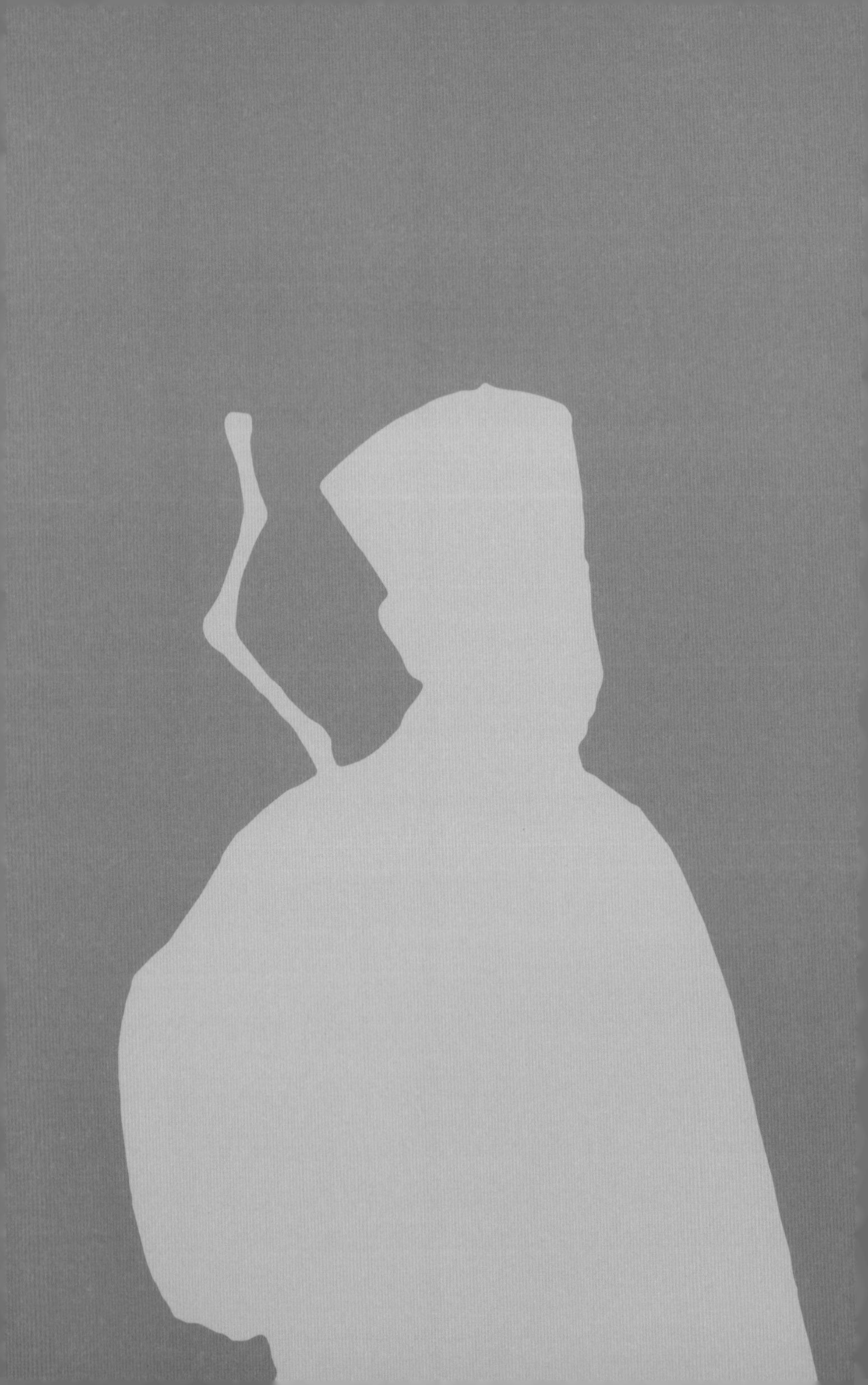

屡考屡胜的偏乡学子

当你发现一个人的才华或聪明,不是你可以赶得上的时候,你会怎么做?

用简单二分法来说,这个世界上有两种人。综观历史事件,这两种选择是:

一、搞倒他,那么我就能向上晋升一阶了。

二、钦佩他、帮他,成为他的粉丝。

苏轼的多元性才华,所洋溢出来的浪花之豪壮,是很难被遮掩的。他的不一样的确很有辨识度,他的诗文"存在感"太强。

制造乌台诗案的小人们,在看到这样一个人的时候,选择方案一:搞倒他。

苏轼的恩师张方平（1007—1091）选择方案二。当然，所谓的爱才，除了喜欢和欣赏，也蕴含着一种隐形策略。

他大了苏轼整整三十岁，比苏洵还大两岁。

对于这个有才华的少年，他竭尽所能地帮忙，鼓励他上学应考。在苏东坡出事的时候，也奋不顾身地多所营救。

这样的君子，史上也不罕见，虽然在统计上小人总是多了一些。君子要好好生存不容易，常遭"连坐"，虽然小人和君子都是念儒家经典的，但是要不要实行、如何实践，到底是要用来为己还是救人，完全是看个人良知。

为什么有人鸡肠鸟肚，有人豁然大度？看看张方平的人生路。他出身官宦世家，但他父亲读了很多书，却不愿做官，这显示出家庭经济还是有些底。

张方平自小也是神童，过目不忘，才华自幼就受到乡间称道。他在宋英宗的时候就做过礼部尚书，当官当了好多年，还是一个敢说话的人。他看见了新法救乱世用重典的弊害，也反对王安石新政。然而他也懂得韬光养晦，不得志的时候他就在佛寺里面抄经书。他是佛教哲学的拥护者，这一点跟苏东坡大方向是相近的。

* * *

出蜀道后，老苏、大苏和小苏，在嘉祐五年（1060）来到了汴京，租了房子居住。

两个儿子比苏洵顺利得多，他们当年春天离开故乡，在仲夏时节，就参加了开封的考试，两兄弟一起中举，苏轼还考了第二名。兄弟一起在京城同年考上，得到参加进士考试的资格，实在不是一件容易的事情。接着就是参加礼部的省试。礼部属于尚书省，先考过这一关才可以参加殿试，考的内容包括诗、赋、论各一篇，还要对时事发表策论，大家也都很看好苏轼，苏轼的《刑赏忠厚之至论》，也是考试时的作文。你很少看到科举考试的文章成为千古名作，苏轼连试卷也写得痛快淋漓，完全不像是硬邦邦的试卷文章。梅尧臣还有欧阳修看到这篇文章都十分惊喜。但是在策论方面，只敢给他第二名。为什么呢？卷子是封起来的，欧阳修本来怀疑这篇文章是自己的门生曾巩写的。怕别人说他偏心门生，就把这个卷子放在第二名。当时为了防止考生作弊，所有的考卷必须重抄，重抄之后的试卷，既没有原作者的笔迹，也略去了姓名。苏轼在考《春秋》的时候，得到第一名。这说明了他每一科的表现都很优秀。

欧阳修非常欣赏苏轼的文章。省试后，欧阳修问苏轼："你那篇《刑赏忠厚之至论》中说：尧的时代，有一个人犯罪,司法官皋陶三次想杀他,尧帝三次赦免他。这典故,我回去翻书翻了老半天找不到,到底出自哪里?"

苏轼回答:"《三国志·孔融传》注中。"

欧阳修不好意思再问下去。等苏轼父子走后,立即将《孔融传》的注释仔仔细细重读了一遍,还是没有找到这个典故,心中十分纳闷。

下一次见面,欧阳修又问了苏轼。

苏轼笑着说:"曹操灭袁绍,曾将袁熙美貌的妻子(甄宓)赏赐给自己的儿子曹丕。孔融对此不满,暗讽道:'当年武王伐纣,将商纣王的宠妃赏赐给了周公。'曹操忙问此事见于哪本书上?孔融说:'没什么根据,只不过以今天的事情来推测古代的情况,想当然耳罢了。'学生援引此例,也是以尧帝的为人仁厚和皋陶的执法严格,来推测了这个想当然耳的故事。"

也就是说,此事属于苏轼依情理捏造,你看他顽不顽皮,所幸被"玩弄"的考官没有深究。

其实在省试时,欧阳修等人也引发了一起抗议事件。千万不要以为当时文质彬彬的考生是顺民,省试的榜单刚出来的时候,落地的考生觉得录取不公,还曾经聚众游行。他们到底在抗议什么呢?当时的考官在入闱的时候,欧阳修、韩绛、王珪、范镇、梅挚、梅尧臣等六个人被关在院子里面五十天。在考生出场之前，考官已经进入试院，与外界隔绝，直到阅卷完毕，才能被放出来。好不容易得了闲，被关进闱场的人，又都是能诗能文的文坛翘楚，就在里头作诗唱和不亦乐乎。这些诗传出去了，问题就出在诗里。

要用文字陷人于罪很容易，比如说欧阳修的句子里有"无哗战士衔枚勇，下笔春蚕食叶声"，这两句在写考场的安安静静的考生不断地在书写，发出了蚕吃桑叶的嘶嘶声，临摹状况，其实极为贴切；梅尧臣的"万蚁战时春日暖，五星明处夜堂深"，模拟当时考场与闱场氛围，但是考生却认为这些考官自比明亮的星星，讽刺考试的人跟蚕和蚂蚁这些小虫子一样。抗议声中，欧阳修连门也不能出，只要一出去就被考生堵住了去路大骂，还有人帮欧阳修写了祭文，诅咒他死。这几个考官后来也不得不承担一些惩罚，才平息了众怒。

读书人对文字敏感，想要找一个人麻烦，就去那人的文字里下功夫，揪出他的问题来。大众是很容易跟着鼓噪的，这是从众效应里面被验证过的是非。

* * *

第二年的春天，大考终于来了，参加仁宗殿试的超过八百人，考试的结果，苏轼成为榜眼，第二名。苏辙也被录取了。

欧阳修自己才华也很高，总是充满热忱地提携后进。传说欧阳修曾经跟自己的儿子讨论文章，谈到了苏轼，曾说："你们要记得，再三十年，就没有人会谈论我了！"他知道苏轼有遮不住的光，认为苏轼的文章即将取代他，进入人们心中的文豪排行榜。

苏轼考上了进士之后，欧阳修带他拜会各大臣。宋仁宗虽然不是什么英明果决的君主，看起来也没做什么轰轰烈烈的事，但宋代的盛世在他手中花开灿烂，名臣很多。君子爱才，大家对这位新科进士都很好，几乎每一位前辈都跟苏轼说："可惜，你来不及看到范仲淹！"

"先天下之忧而忧，后天下之乐而乐"的范仲淹，在苏东坡到京城的前几年就去世了。虽然来不及看到这位前辈，但后来苏轼和范仲淹的儿子范纯仁有很好的交情。

很多人以为考上进士，就一定官运亨通，事实上就算你考上了状元，想要得到一个自己满意的官位也不容易。主要是此时官员的缺额很有限，一个坑有三个萝卜要抢，通过殿试成了进士，纵然天下人都知你才高八斗，也只是得到了做官的资格，真正能够做官还要通过吏部的筛选和任命。毕竟这个时候，虽然进士并不好考，可是每年通过的人还是很多，大家要分发到像样的官职不容易。僧多粥少的领域，都有内在的厮杀。

苏轼求官的过程，绝对不是大家所想的：天才一试就中，然后平步青云。他和弟弟考上进士之后，通过了吏部的分配，分别分发到河南福昌县的主簿，还有河南渑池县的主簿。主簿是幕僚的职位，九品官，掌管文书工作，很容易卡在官僚系统里面上不来。两兄弟恳辞没有赴任。他们等待着更好的机会：这年，仁宗皇帝下了诏，希望找到敢于直言的臣子，欧阳修又认真地推荐了苏轼，而另外一位大臣杨畋也推荐了苏辙，使他们得以参加制科特考。苏轼说这个考试比进士考试还难，因为范围非常广泛，无所不问，候选人还要交五十篇策论……也就是没有范围。终于，苏轼跟苏辙都被录取了。他们的官位也获得比较理想的调升。

兄弟一起金榜题名成为佳话，从此声名远播，京城里面的读书人都想学学他们作文的方法。传说这是因为他们的父亲苏洵发奋苦读《战国策》，从中间研究出一种独门秘籍，所以文章中可以呈现纵横家雄辩滔滔的气概。

身为两个杰出儿子的父亲，苏洵父以子贵。虽然想要拜他为师的人很多，但苏洵自己的求仕之路相当困难。因为年纪的关系，苏洵比他两个孩子还着急得多。年过半百，还是一介平民的苏洵，希望能够找一个官位安顿下来。欧阳修和苏洵聊过，觉得这人心地纯良、思路清晰，帮他写了推荐状，把他的文章打包了二十篇给朝中大臣看。欧阳修是朝中大佬，也是知名才子，与苏洵诗文唱和，让苏洵得到了不少关注。苏洵有了名气，不过这对求官没有太大的帮助。

当时名臣济济，宰相是富弼、文彦博，枢密使（掌管军事国防）是韩琦。苏洵上书给宰相富弼，说天下人都期待他有所作为，叫他放宽心胸，宰相肚里要能撑船，里面有两句话，叫作"政出于他人而不惧，事不出于己而不忌"。讲的道理没有错，但你是谁，能这样教训宰相？你只是一介布衣啊。我想请问，如果有人忽然写信给你，祝你心胸越来越宽大，你会不会生气？这暗示着你可能本来心胸狭窄。

富弼没有理会，也是想当然耳。

宋朝的兵是有名的打不了、很难养、超难管。苏洵上书请韩琦以军法之生杀大权，严加整顿，才能够重塑纪律，他认为上一任的枢密使狄青，对军队太宽厚了，才造成这种情况。

韩琦认为苏洵文章里闪闪发着刀光的，是法家思想。韩琦不是一个喜欢严刑峻法的人。那不是韩琦能欣赏的个性，宋朝文臣之间的倾轧非常严重，就算有人想诋毁韩琦，他的情绪也不太容易起伏。这种想要对军中祭出杀招的理论，韩琦当然也不会接受，他心中的独白应该是：我是真正掌管兵权的人，你没带过一天兵，凭空想象些什么？

这些文章骨子里的确不是传统的儒家思想。虽然欧阳修一再推荐，但是苏洵并没有得到其他人的赏识。从富弼对他的评语来看，倒也不是没看他的文章就放弃了。富丞相说："他专门教人以杀人立威来要官做，这怎么可以呢？"

苏洵把文章东投西投，到处奔波。后来还是在欧阳修的大力推荐下，就在这一年的夏天，他被任命为校书郎。这是一个八品官，以平民而言，得到这个工作也已经很幸运了，这个清雅的闲差，还是因为欧阳修欣赏他的才华努力斡旋的结果。但是心高气傲的老苏，还是没有接受，嫌此职待遇太薄，而且升官不易。他认为这种工作，只不过是一个小齿轮，跟当人奴仆没什么差别。苏洵当时的状况，是很标准的高不成、低不就。一直到他两个儿子在各种考试中过关斩将，他才在欧阳修的推荐之下，担任了主簿的工作，又受命负责编修礼书。苏洵终于满意了，这个工作至少让他觉得：毕竟还是有教化人民的作用。

苏轼终于能够把家人安顿下来，他在京城买了一栋住宅，叫作南园，里面有小花园，还能种菜，附近草木繁盛，

《致提举监丞尺牍》　〔北宋〕苏洵　台北故宫博物院藏

苏洵流传于世的书法作品寥寥，这封手书如其文章一般气韵有余，随意天然。

他假装自己在京城过着山居岁月。不久，他就奉命赴任凤翔府。考了这么多的试，名满天下，事实上也还是得从八九品的芝麻官开始锻炼仕途。

苏辙比苏轼在南园多住了三年。因为王安石不喜欢苏辙的策论，认为他的策论言语偏激，不肯授官给他。苏轼到凤翔赴任，苏辙留在京城陪伴父亲，跟父亲学习《周易》。

青年苏轼，认为自己一定能够凭着他的才能还有一番正气，做出大事。

* * *

讲到苏轼，一定会提到王安石，对苏轼的仕途之路而言，王安石是幢幢鬼影。王安石学富五车，当知县的时候把自己的地盘治理得很好。他的理想非常崇高，曾经上表仁宗皇帝万言书。他的理想宏大无人怀疑：想要让君主变成一个与尧、舜同等级的皇帝。而他的知名度更因为好几次恳辞朝官授官，被天下称道。是真的不想做官，还是对官阶不满意？也有人认为他用这样的方法等待更响亮的掌声。无论如何，不少人已经认为名满天下的王安石，是那个对的人。

江山代有才人出，才人都出在时代多舛时：危机已丛生，想改变宋朝必须面对很多问题。西夏闪亮崛起，侵门踏户，对宋朝构成极大的威胁，宋朝的弱兵看来是无以抵挡。不只是西夏，西北与东北，本来唯中原马首是瞻的异族，都悄悄地酝酿着他们的辉煌。朝野期待着能够化弱为强。

期待着一个英雄横空出世，改变武林大局。

问题是，改变是必须的，但是改变必有阵痛，也未必会越变越好，现实世界的变革常常带来复杂问题，步伐必定蹒跚，努力也未必会朝着充满阳光的方向发展。

对改变的期待迎来了王安石。

王安石比苏轼大上十六岁。苏家两兄弟间接因为王安石吃了不少苦头。

苏轼和王安石，两个人有才华又有才能，成不了永久的朋友，也成不了永远的敌人。

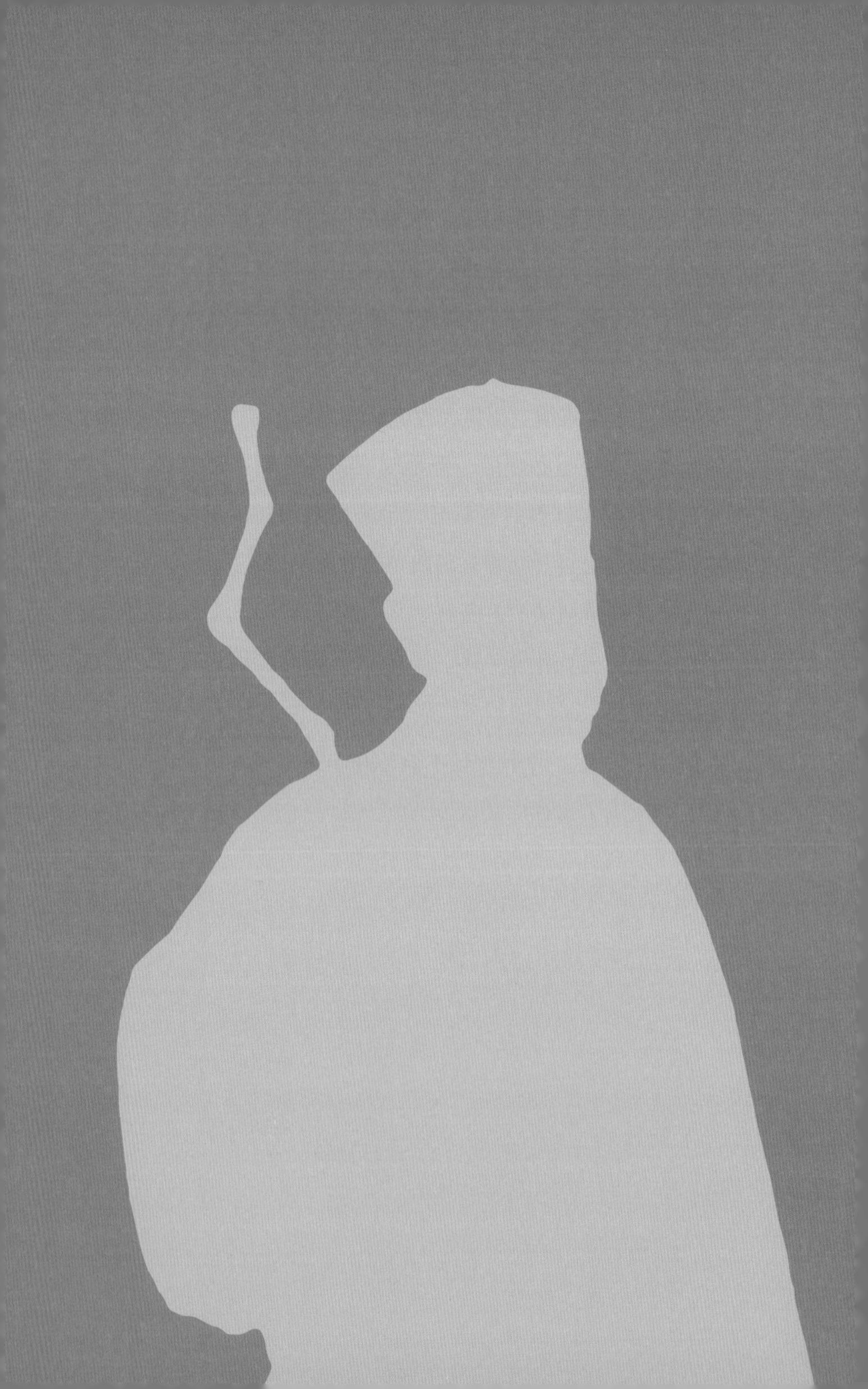

苏轼是个什么样的夫婿?

在王弗心里，苏东坡是一个什么样的夫婿？

苏轼十八岁时，娶了同乡十六岁的王弗为妻。在当时也不算早婚。弟弟苏辙成婚的年纪还比他更年轻，十六岁。王弗的父亲是进士王方。这是两个书香门第的结合。

结婚两年后，苏轼和父亲、弟弟赴京赶考，王弗留在家乡，跟能干的婆婆程氏一起理家。婆婆带着两个媳妇，在眉州经营纱縠行。等了两年，来不及看到丈夫和儿子回来，程氏就过世了。苏洵带着两个儿子回眉州奔丧守制。苏轼、苏辙两兄弟守孝守了两年多，回朝任官，选择全家离开蜀地，这才把妻子一起带走。此时王弗有孕在身。他们带着家眷走水路，当年秋季出发，十月时江上就已经下起了大雪，过三峡时，忍着风浪与寒气遍览风光。天气不好时，父子三人就在船舱中吟诗作赋，虽然有时还会挨饿，

《三峡瞿塘图》 〔元〕盛懋 故宫博物院藏

瞿塘峡是长江三峡中最短、最窄、最险的一段。嘉祐四年（1059），苏家从蜀中迁往汴京，经过三峡，其间苏轼作《巫山》诗云："瞿塘迤逦尽，巫峡峥嵘起。"

但也不至于无聊。走了一千六百多里，花了两个月的时间，终于到了京城。

旅程虽然辛苦，但这个时候的王弗，好不容易与夫婿团聚，内心肯定是幸福的。她十九岁时，夫婿已经成为新科进士，大家都认为以苏轼的才华，将来仕途一定辉煌，而她将理所当然地成为官夫人。

王弗是进士的女儿，自小读经史诗书，个性低调，从来没有主动在苏东坡面前展露自己的才华，可是当苏轼偶有遗忘，陪伴在侧的王弗就会从旁提醒；苏轼无意间和她谈论一些书中的道理，她也都知晓，这使得苏轼对妻子的深藏不露刮目相看。

父母做主的婚事，能够幸运得此心灵伴侣，并不容易。

王弗的治家本领，又得到了婆婆的真传。这从苏轼自己写就的"雪中柳树"事件，就可以看出王弗即使在婆婆过世之后，仍然遵守婆婆的教诲。

某年，雪下得很大，积雪甚厚，偏偏苏家家门口柳树下，有个一尺见方的地方，不知为什么，没有一点雪迹。天晴之后，这块地方的土又隆了几寸高。苏轼觉得这是异象，猜测这是古人藏丹药之处，他说丹药的性子是热的，所以下雪时能融雪，天热时又隆起，想要把它挖开。王弗却说："如果婆婆还在，她一定不会允许我们这么做的。"

苏轼一听即罢手。

为什么要把婆婆抬出来呢？苏轼的母亲程氏在老家经营纱縠行的时候，也曾经出现类似的事情。两个婢女正在熨布时，土地忽然低陷数尺，土中出现了一个用乌木板盖着的大瓮，瓮中好像有个东西在动，发出跟人一样的咳嗽声，咳了好久。很多人猜测这里头可能藏着什么奇珍异宝，但程氏就是不准人挖开。这显示程氏个性的一板一眼，既不贪也不好奇。

瓮中的咳嗽声，是苏轼小时候的奇事。想必他非常好奇，但又顺从地遵循母亲的交代。瓮里神秘的咳嗽声，成为苏轼一辈子难解的悬案。他一生都对这些神秘故事和道家炼丹之术很有兴趣。有一说，苏轼之死与服食丹药有关，如果王弗在，中年后的他大概也没有机会从事什么炼丹行为。

此事也可以看出这对婆媳的契合度甚高。事实上，程氏在过世前可能也病了一段时间，而家里却没有男人在。程夫人过世之后，苏家父子三人听到消息折返，回乡路程遥远，又至少费了两三个月的时间，这一段日子的生计，依靠的应该也是年轻能干的长媳。

＊　＊　＊

到了京城之后，王弗生下苏迈。

又过了些时日，苏轼终于得到"凤翔府节度判官厅公事"的职位。苏辙因为王安石的反对还未得分发，所以能留在京城陪伴老父。

这是苏轼与苏辙人生中第一次分别，苏辙一直送到郑州，才不舍地跟兄长辞别。这一路，行经自古必争的关中之地，苏轼看见的却是村落残破萧条的景象，越走越荒凉，苏轼对于自己的未来实在没法有太美好的想象。

这是因为宋仁宗时西夏强盛，连年入寇抢劫、到处破坏民间生计。当时宋朝的外患，一为契丹（947年改国号为"辽"），一为西夏。宋真宗时的"澶渊之盟"，每年送给契丹大量的金银绢帛，买得了平安无事。后人批为丧权辱国，倒也未必，至少还有一些正面效果：边区人民受害较少，边境的商业交易也因此繁盛。但解除了一个警报，又来了另外一个侵扰：西夏升格为宋朝第一外患。长年对辽和宋双面讨好以获取利益的西夏，有英雄崛起：李元昊不想向宋朝称臣，决心称王，西夏国力在雄才大略的李元昊的经营之下越来越强大，宋仁宗时曾以韩琦、范仲淹等人领重兵防守，才稍稍抵挡西夏在关中的烧杀掳掠。苏轼到凤翔的前十八年，宋朝已经封李元昊为西夏国王，每年也仿照对辽国的送礼方式，只求不相侵扰，但是这些曾经被西夏打家劫舍的地区，仍然举目荒凉，居住的人家甚少，不同于蜀地的富饶，也没有京城的繁华市景。

苏轼担任凤翔府太守的副手，任期三年，掌管判案、文书等事务。初到时凤翔太平无事，长官待他也温文有礼，苏轼公暇之余在这里寻访古迹，游山玩水，每个月还可以跟弟弟写诗通信。寄信到京师，只要十天，想来也相隔不远。虽然有时会感叹派任地景象荒凉，使他常常怀念山水如画的富庶故乡，但有妻与子相伴，过得也还算如意。

这期间苏轼已经开始发挥为民除弊的才能。比如，此地虽然已无西夏劫掠，但边区劳役之重仍不合理。凤翔地区百姓负担大量徭役，必须将终南山木材编成木筏，放入黄河运往京城，供皇家建筑之用，又必须负责边防士兵的粮食运送。这些都是义务工作，已经非常扰民，更让人恐惧的是：如果运送过程有任何损失，百姓就要负赔偿责任。除此之外，还有从来不乖巧的黄河，一发脾气就溃堤，地方行政长官也要征调民力加以修复，所以民穷财尽。以黄河木筏的运送来说，官方硬性规定只要京城缺木头，就设下最后通牒期限，担任义工的百姓就要放木筏进水，黄河涨潮时风波无情且不可控，造成木筏的损失和运送者的灾难。苏轼采取了地方人士的建议，在渭水和黄河还没涨潮时放入木筏，这样危险就小多了，损失少了一半，负责运

《东坡时序诗意图》之《别岁》 〔清〕石涛 日本大阪市立美术馆藏

《别岁》作于嘉祐七年(1062),苏轼当时在凤翔,回忆四川年末的风俗,遂写诗寄给弟弟,抒发思念之情。

送的百姓"既当义工又要赔钱"的事件少了许多。政府占尽了便宜，人民敢怒不敢言，苏东坡替他们发声，他在意的是为人民解决问题。

一个文名满天下的年轻人，难免意气昂扬，这就是他经常得罪人的原因。

认为自己是对事不对人，但仇家并不一定能理解。

在凤翔任官的这段时间，王弗担任了苏轼的贤内助，苏轼很尊重她的意见。如果有朋友来找苏轼，王弗常常站在屏风背后倾听他们说话，等客人回去之后，苏轼会问她，对这个客人有什么看法。王弗会恳切说出她的意见，比如这个客人说话模棱两可，都在故意迎合，和这样的人聊天应该不是太有趣吧？还有人擅长逢迎拍马，王弗也会觉得这种人交情套得快，翻脸必然也很快，不是什么值得交往的朋友。她揣摩客人个性相当精准，后来一一验证。

在凤翔案牍劳形的工作，长期下来，苏轼难免不耐烦。偶尔会发发牢骚，把他的牢骚诗寄给弟弟。做这个官显然不是他在寒窗苦读时想过的理想生活。有空时他还给朝廷上策，希望朝廷厚待百姓，为政要体恤民生；对于国家为何积弱不振，也振振有辞地提出他的看法。他胸怀天下，希望自己有更大的发挥。

也许不是很如意，但初到凤翔时，仍算苏轼仕途中还算轻松的日子。

* * *

不久，倒霉事就来了。在凤翔任官期间，仁宗过世，英宗即位。

首先是仁宗过世，为了修筑皇陵，紧急征用终南山的木材，凤翔百姓的苦难又从天而降。朝廷也还真的蛮不讲理，硬要人民快速将木筏入水运到京都。但此时渭水干涸，负责监工的苏轼看着人民受苦受难，"千夫挽一木，十步八九休"，没有水力帮忙，就只好耗费人力把木筏拖过干涸水道，人民苦不堪言。误了朝廷命令，就是扛不起的责罚。一个人微言轻的地方官副手，看在眼里实在不好受。

然后又是宋人闻之色变的西夏大举入侵。凤翔是战略要地，苏轼奉命督粮，战事风雨欲来，每天忙得焦头烂额，幸好朝廷派了老将王素率了大军前来，西夏打探到王素威名，又看他军容整齐威武，自忖这一仗打下来应该没有太大好处，王素还没到，西夏军队已撤离。白忙一阵，有惊无险。

本来相当看重苏轼的太守宋选被调走了，继任的是陈希亮。按理说，此人年纪比苏洵大，同是眉州人，苏、陈两家又是世交,应该更宽待苏轼才是。但事实却相反,陈希亮是个刚硬乏趣的长辈,不苟言笑,对待下属相当严厉,骂起人来也不留情面,下属只要听见他来了,就算是在非公务的酒席间,也没有人敢说笑话;每次要和这位长官开会,陈希亮都故意叫下属等很久,让人等到枯木一般毫无生趣。

性格不合。陈希亮就是讨厌这个"少年得志,年轻气盛"的副手。同事之间会称苏轼为"苏贤良",这原本只是尊称,但陈希亮却拿这个做文章,大骂:"府判官就只是府判官,哪有什么贤良不贤良的!"这不打紧,有一次陈希亮听到一个小吏不小心叫了苏轼"苏贤良",还故意在苏轼面前把那个小吏抓来打一顿,充满官威的举措,让苏轼十分难堪。忍不了,就写诗讽刺和自嘲,说自己"虽无性命忧,且复忍须臾",意思是,反正他也不会要我的命,我的任期也快要满了,那就只好再忍一忍了。

忍耐可能不是容易的事,因为对方可能会变本加厉。陈希亮可能听见了苏轼私下的诗文小抱怨,越发想要"矫治"他,还曾经因为苏轼不想来参加府里的宴会,上书朝廷想弹劾苏轼,害他被罚铜八斤。不过后来陈希亮的下场也不好,就在凤翔任内,因为把别州送来公府的酒据为己有,因此以贪赃之罪去职。告老还乡之后就没有什么大发展。

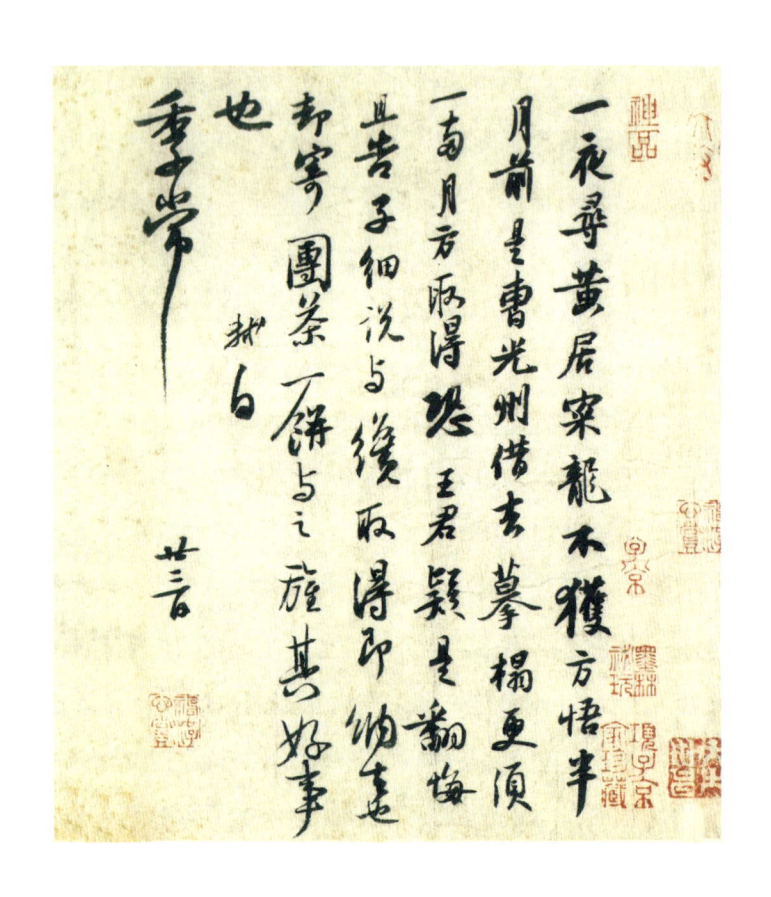

《致季常尺牍》 〔北宋〕苏轼 台北故宫博物院藏

这是苏轼写给陈慥（字季常）的一封信。信中苏轼托陈慥向王君（王齐愈）解释无法出借黄居寀画作的原因，为表歉意，还特意随信奉上团茶一饼。

不过，苏轼却跟陈希亮的儿子陈慥成为好友。陈慥有游侠性格，不拘小节，和他父亲完全是不一样的人，在凤翔时醉心于在终南山打猎。陈希亮过世后，陈慥还请苏轼帮忙写传。苏轼写道，他当年少不更事，也常常跟陈希亮争议，还争得面红耳赤，可以体谅当年陈希亮整他，是为了要矫正他的少年得志，也是一番苦心。

人死为大，给了一个正面解释。

这可以证明，苏轼心胸随着年纪越来越宽大不计较，对于当年艰苦，一律可采正面解释。呼应之后的苏轼对待曾让他倒大霉的王安石，颇有类似之处：往日种种反正都过了，我仍然可以温情看待，何必心存报复。

治平二年（1065），三年任期满了，苏轼终于得以带着妻小返回京城，和父亲与弟弟团聚。他期盼这天很久了，不过回到京城之后，也没有太顺利。新任皇帝英宗知道他有文名，想要召他为翰林学士，遭到大臣韩琦的反对。韩琦是元老重臣，却也不太喜欢这位文名满天下的年轻才子，坚决认为他资历不符，不可以如此破格擢用。后来苏轼被派到学士院任职。虽然没有翰林学士那般彰显，但对苏轼而言，这个编修图书的职务，也算是个适合他才华的闲差。

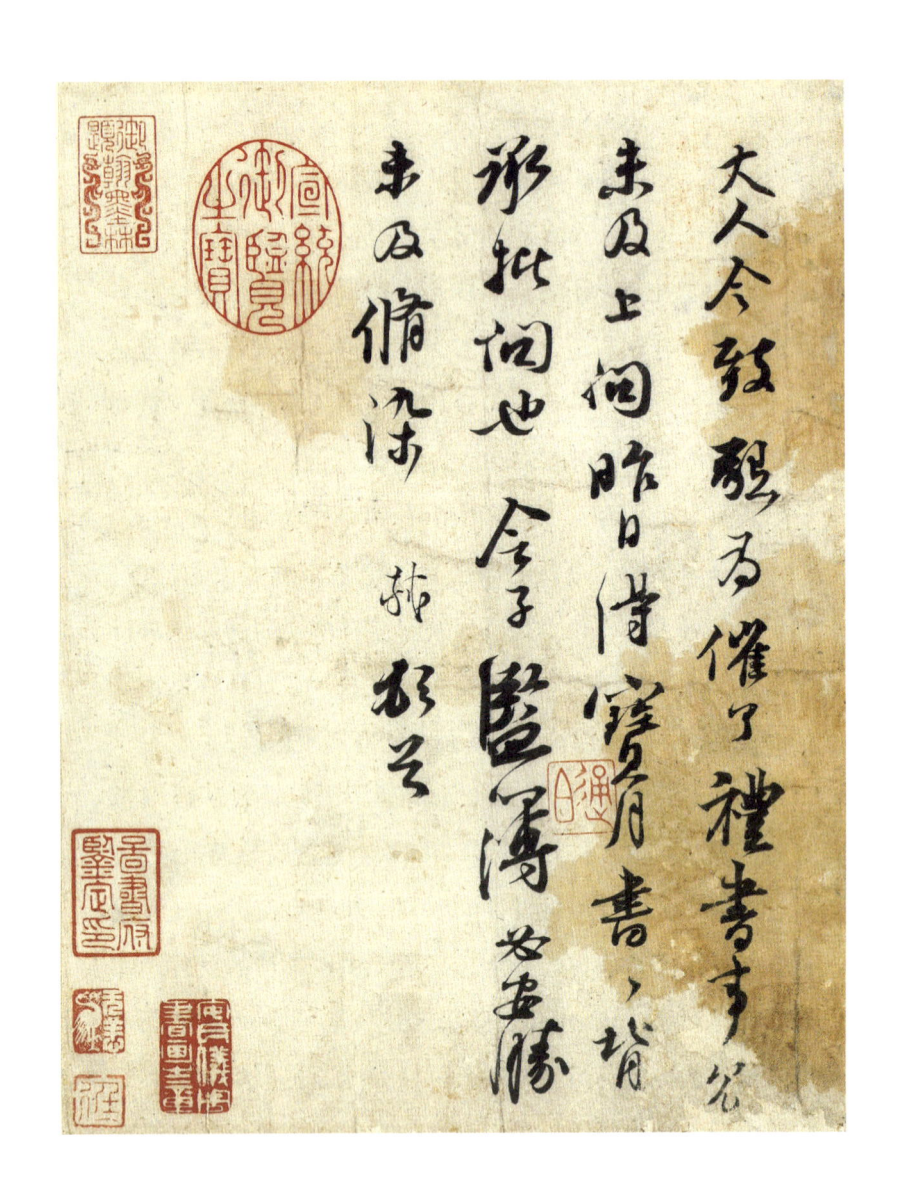

《宝月帖》 〔北宋〕苏轼 台北故宫博物院藏

此帖书于治平二年（1065），帖中"大人"即苏洵，"宝月"是僧人（苏轼"无服兄"苏惟简），"礼书"指苏洵参与编纂的《太常因革礼》。一年后，苏洵病逝于汴京。

* * *

就在苏轼回到繁华京城，渐渐把日子安定下来的时候，晴天霹雳一声雷，二十七岁的王弗在同年初夏病逝。此时长子苏迈只有七岁。

生命的脆弱与无常，古胜于今。一场疫情、一场风寒，也可能在几日间夺走一条生命。在荒凉边区无恙，回到京师不过短短时日，王弗竟没撑住。苏洵建议苏轼将来要把这位与他同甘共苦的妻子葬在他母亲程氏旁边。苏轼为妻子写的墓志铭，哀痛发乎肺腑，他赞美王弗在家、出嫁后侍奉公婆，皆以小心谨慎闻名。陪伴丈夫在任上，经常告诫丈夫，要按父母亲的教诲办事，又提醒不善待人处世的苏轼，别与小人为友。他情意悲切地感叹："你跟着我母亲到九泉之下了，而我却没办法一起，是最悲哀的事。你走了，我永久失去了依靠，这种伤痛要我如何自处……"短短墓志铭，两个发自内心的"呜呼哀哉"。

苏轼的命运似乎重复着一个无奈节奏：以为从此可以过平安日子了，迎来的却是一个想象不到的噩耗，体会到的是命运之神冷冷地嘲讽着自己的卑微无力。

王弗一生短暂，不知该说是幸或不幸？

仍有幸运之处，不然，不知她要为苏轼操心到什么地步，在那么坎坷的未来岁月里。她陪在苏轼身边的日子，是苏轼年轻时最意气风发的一段时光。乌台诗案以及连连被陷贬官,都是她过世之后很久的事情。

这段相看两不厌的婚姻,相伴不过十一年,王弗留下的事迹实在不多,仿佛只是苏轼身边一个清淡的影子。她总是谦恭地站在丈夫身后,当着得力助手,适时发出她的劝阻,用她的冷静思考保护着这位大而化之的才子丈夫。

苏轼常常想起王弗,只要想起早逝的王弗,他的感伤仍如泉涌。始终没有忘记。

王弗逝世十年后,在密州一个凉如冰的夜晚,苏轼在梦中看到了王弗,醒来,伤感如潮水涌来,写下了一首千古之最的悼亡词《江城子·乙卯正月二十日夜记梦》。

> 十年生死两茫茫。不思量,自难忘。千里孤坟,无处话凄凉。纵使相逢应不识,尘满面,鬓如霜。
>
> 夜来幽梦忽还乡。小轩窗,正梳妆。相顾无言,惟有泪千行。料得年年肠断处,明月夜,短松冈。

你可以从看似只带着淡淡哀愁的咏叹调中,读出他深刻的心痛。只要心中曾有过真情,千古以来,都可以体会那么绵密轻巧却又具有震撼力的心痛。

苏东坡人生中有三个重要的女人。除了王弗,还有三年后嫁过来的、她的堂妹王闰之,以及东坡的妾朝云,都是无怨无尤追随他的贤德女子，扮演着照顾他生活的角色，王闰之和朝云，表现得比王弗还更沉默轻淡些。在治家这一点上，苏东坡虽然有些迷糊，理财上也不怎么在意，但在贤内助的护持之下，过着最起码的安稳日子。齐家治国平天下，苏东坡想的是后者，心中挂念的是举国人民的民生问题，但无疑，他实际上唯一成功的只有前者。

当然，这么说不公平。在儒家的齐家治国平天下之外，还有文名千古。没有苏东坡，宋朝文学史，只怕要失去六分颜色。

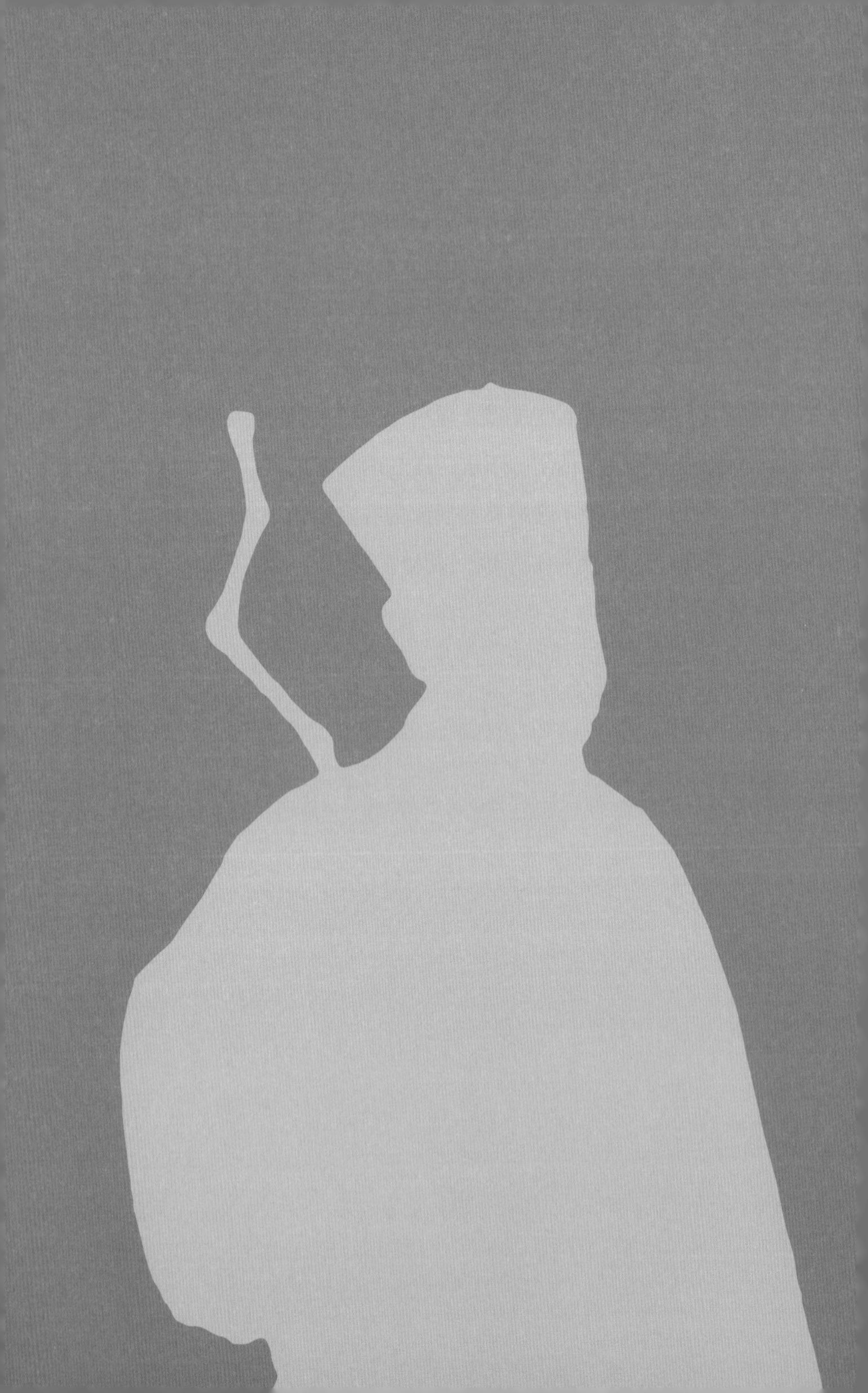

不如求去

苏轼的母亲程氏，是个不快乐的女人。

她嫁了一个把家庭生计都"拜托"在她身上的男人。苏洵，在程氏有生之年，可以说是一事无成，而不是大器晚成。

苏洵为了实现抱负四处奔波，在家时间很少，夫妻之间只能说是相敬如宾，这是父母之命、媒妁之言的婚姻，程氏是眉山有钱人家的女儿，苏家当年相对没落。苏洵自少年起有着游侠性格。游侠可能是好听的说法，说难听点叫作斗鸡走狗、不学无术；直到二十五岁才开始关起门来读书，但就算向学，也没有立竿见影求得功名，为了一官半职东奔西跑，总没有闯出任何名堂来，还从来不管家里谋生的事。

苏洵的深情厚意只能在祭文中出现，苏洵说道："昔予少年，游荡不学。子虽不言，耿耿不乐，我知子心，忧我泯没。"可见程氏总是忧心忡忡地看着这玩世不恭的夫婿，却又坚持着传统女子的温良，一句话不说。表情是骗不了人的，他看得出来，却也没能做什么不让她继续沮丧。

对丈夫不抱希望的程氏，只好把愿望寄托在两个儿子身上，从小教苏家兄弟读史书。如果以现代的 DNA 理论来探究，我认为苏氏两兄弟的才华与智商，绝对不只来自其父，其母贡献必然卓著。这两兄弟的才华胜于其父，性格上也比他们的父亲来得好相处。苏轼的豪侠性格偏向父亲，而苏辙的严谨小心更像母亲。

程氏活得有多苦？命运对她的打击接二连三。程氏生了六个孩子，在她过世之前，留下来的只有苏轼、苏辙两兄弟。程氏一结婚，生了两个女儿，都在幼年时期夭折了。对苏氏家族心怀愧疚的她祈福求子，苏洵二十六岁那年，长子诞生，没养几个月又夭折。之后，生了女儿八娘。苏轼比姐姐八娘小两岁，苏辙比苏轼小两岁。

这个苏八娘在之前提过的，嫁给程氏侄子程之才亲上加亲，成婚没多久就忽然过世，过世的状况究竟是病逝或非自然死亡，真相模糊，苏洵宣布与程氏娘家永生永世绝交，代表一个父亲的震惊与愤怒。

程氏一直扛着家庭重担直到过世，也与苏洵的一事无成有关。苏家也是个书香世家大家庭，苏洵的哥哥苏涣二十四岁考上进士，苏洵什么正事也没做，让妻小在苏家吃白饭，时间一久，有个游手好闲的老公，做媳妇的压力一定很大，所以程氏才会为了觅家庭生计在眉山街上开纱縠行。

她在过世之前，承受着夫家和娘家翻脸的担忧，女儿八娘过世后，她的大姐也撒手人世，她的不快乐一日浓过一日，未曾解除。夫婿与儿子离乡到京师时，儿子都金榜题名的捷报传来，也没能化解她的忧愁。最终，没有撑住。

苏轼人生中的生离死别，硬邦邦、冷冰冰。他才服完母丧，将妻与子带到京都，正打算大展身手时，妻子过世。第二年春天，父亲苏洵五十八岁，也过世了。王弗的棺木和苏洵的棺木，就由两兄弟护送回故乡眉州安葬。

苏洵追赠光禄寺丞，是苏轼在父亲死后帮他求赐的。父亲死时希望苏轼帮忙把未完成的著作《易传》写完，苏轼照做了。

直到熙宁元年（1068）夏天，守丧期结束，苏轼三十二岁了，娶了王弗的堂妹王闰之为继室。再娶王氏女，或许也是希望新娶的妻子能够好好带大与她也有血缘关系的儿子苏迈，也算是亲上加亲。

王闰之没有堂姐那么饱读诗书、慎谋能断，相较起来平凡许多，却也是个贤淑的传统女子，徐徐陪苏轼度过大半生的沧桑岁月。与苏东坡的妾如碧桃、朝云之间的关系，看来也是融洽的,对于苏迈的照顾是妥帖的。

再一次,苏氏兄弟携家带眷重返京城做官去。返京之前,同乡好友在苏家纱縠行的老宅中,种了一棵荔枝树,希望他回来时,就有荔枝可以吃。

然而,这一别,过了二十年,苏轼也没能再返回故乡。几年后,苏轼在杭州当知州时,曾经写过一首诗:

> 故人送我东来时,手栽荔子待我归。
> 荔子已丹吾发白,犹作江南未归客。(节选)

荔枝树应该已经结果多年了吧,浮沉官场,心念故乡,却没有办法回去。

求仕,是古代读书人唯一出路。有了官职,就是"长恨此身非我有"了。不自由,但又奈何士人没有别的路走。

话说英宗皇帝刚即位时,相当欣赏苏轼的文章,本来打算破格用他当御前的知制诰,负责帮皇帝撰写诏书。当时反对者是宰相韩琦,认为苏轼资历浅,而且没有经过"试而后用"的正常程序。韩琦的反对在道理上是说得通的,英宗还替苏轼说话:"不知道一个人有没有能力,才要考试,像苏轼这样的人,怎么可能没能力呢?"苏轼也因此未被擢拔。

这一次再回京城，皇帝已经换人做了。英宗短命，长子赵顼即位，是为神宗。王安石在苏家兄弟再度回京的熙宁二年（1069），已经大权在握。胸怀大志的神宗想要改变宋朝屡遭外族欺负的命运，发愤做一个有为君主，把王安石当成他的诸葛亮和魏徵。

苏轼回京，依例派官，被任命为"殿中丞直史馆判官告院"，是个掌管将士和官吏的勋封官告等的闲散职务。苏辙则得到了一个新设置的"制置三司条例司"的检详官，被加入了新政的行列。神宗也喜欢苏轼的文章，奈何苏轼在京城的日子中，看不惯地还是要写文章跟神宗推崇的王安石新政大唱反调。

苏轼此刻还不明白，满是读圣贤书的文人组成的朝廷，看似宽大，但水有多深。

他一辈子似乎都不想知道，水有多深；曾经被水深吓到，但未曾被水深吓坏。

* * *

都说宋朝是个重视文人的朝代，但文质未必彬彬，文人相轻与互相排挤争夺权势，开国以来越演越烈；虽说表面尊重大臣的意见，不会因为议论而杀大臣，事实上文人斗争激烈，找把柄、说小话伤人名誉，陷人于罪，从没少过。

《治平帖》 〔北宋〕苏轼 故宫博物院藏

《治平帖》是苏轼在熙宁年间书写的信札，内容主要是委托乡僧照管坟茔之事。

此种毁谤风气，靡然成风。欧阳修受到的诋毁，可以为证。曾有这样的谣言传遍天下：欧阳修与外甥女有染。

这是天大的八卦。人人热爱"反差"与"起底"的效应：你看，那么光明磊落的人，其实是很龌龊的。反差越大，人们越爱传播。

事情大概如此：

欧阳修有个妹妹，嫁给一个姓张的当继室夫人，婚后不久姓张的就过世了。欧阳妹妹带着张姓的幼女，投靠欧阳修。欧阳修让妹妹带着那个和自己没有一点血缘关系的外甥女住到了自己家。怎么也想不到这个没血缘的外甥女，不仅没有知恩图报，反而在日后给自己带来一场名誉灾难。

姑娘张氏长大之后，欧阳修作为名义上的舅舅，帮她主婚嫁给欧阳家的侄子。然而，这张氏偏和人有了婚外情，被老公送到开封府去审判了。这件事情怎么会连累到欧阳修呢？因为张氏和判官说，她是欧阳修的外甥女，欧阳修曾经为她写过一首词，我唱给你听：

江南柳，叶小未成阴。人为丝轻那忍折，莺嫌枝嫩不胜吟。留着待春深。

十四五，闲抱琵琶寻。阶上簸钱阶下走，恁时相见早留心。何况到如今。

词中写的是一个待字闺中的少女，春情荡漾。张氏炫耀地说，欧阳修写的是我。

欧阳修也是个奇特文人，他的文章和词，完全两样情调。文章擅长写人生哲理，词却是婉约旖旎。当时开封的代理知府姓杨，因欧阳修曾经弹劾他贪污，怀恨在心，终于逮到了机会。欧阳修做人没什么小毛病，天下人皆知他是道德楷模，如果有这个新闻，那可轰动天下了，就不怕拔不掉他、气不死他。杨知府教唆张氏，只要告发欧阳修，就可以免罪。

张氏为了免罪，称欧阳修在她少女时，就与她不清不楚。这下子事情就宣扬开来，发展出了案外案，有谏官立时上书弹劾欧阳修，虽然判官并不采信张氏的证词，但当朝宰相贾昌朝紧握这个证据，偏要找人来确认欧阳修和此无血缘外甥女的不正当关系。

这是庆历五年（1045）发生的事情。

此事经查证并不属实，但人言可畏，对欧阳修是一大阴影。嘉祐八年（1063），宋仁宗驾崩，遗命欧阳修与韩琦共同辅佐过继的侄儿皇帝宋英宗。此时引起"濮议"之争。原因在于欧阳修支持英宗追尊生父濮王赵允让，称为"皇考"；但是多数大臣如司马光、吕诲等，认为英宗已经过继给仁宗，只能称生父为"皇伯"，这看起来只是个对于谥号意见不同的问题。欧阳修的主张考虑的是亲情，司马光考虑的是正统。一吵起来，欧阳修在朝中已然被孤立，于是又有人以类似的事件来破坏欧阳修的名誉。

治平四年（1067），欧阳修的小舅子薛宗孺与欧阳修有私怨，沿着之前的八卦路线，扬言欧阳修与媳妇吴氏有暧昧。自古儒者以名节为重，欧阳修名誉受损，气到不行，闭门不出，曾上奏章辩明真相，但因当时他在朝中已成为众文官的打击对象，无人替他说话。欧阳修自请出朝，朝廷让他外放亳州。王安石变法，欧阳修也不赞同，不奉命实施新法，宋神宗和王安石无可奈何。但王安石当然是不会忘记的，之后神宗想要再请欧阳修回朝，王安石也表示反对。晚年多病的欧阳修获准告老还乡，隐居颍州，此时距离他生命的终点也不久了。

后来的学者讨论此案者甚多，基本上除了蓄意想要毁谤欧阳修者，无人相信此案不是政敌的编派。有人举出欧阳修之妻薛氏治家甚严，此事毫无可能。从欧阳修都一再被不伦事件诬陷的例子可以明白，身居朝廷风险有多大，不管你有多高的清誉，任何闲话与谣传也都可从政敌嘴中编织出来，泼脏水从来不难。

* * *

如果要比一辈子谁收到最多黑函，历代人物能跟苏东坡比的实在不多。苏东坡没什么桃色黑函，但给他上黑函的人更狠，存心置他于死地。

仕途一再受到家中丧事中止的苏轼，回京三年后，就被甩了个"贪赃枉法"的诬告，此诬告竟然和奔父丧回蜀的旅程有关，他刚听到这个被弹劾的消息，想必是瞠目结舌，出乎他个人的想象。

神宗小话听多了，想要不讨厌他也难。神宗成为新皇帝，力图革新，希望在历史上留名，标榜"致君尧舜"的王安石受到重用，成为皇帝之师。神宗本来很喜欢苏轼的文章，想要让苏轼当谏官，然而苏轼早惹火了王安石同党。与王安石弟弟有姻亲关系、受到王安石举荐为工部郎中的谢景温，告了苏轼一状，说苏轼扶丧回蜀时，沿途作威作福调用士卒，还贩运私盐和江南的木材、瓷器回蜀牟利。这个案子闹得天大，谢景温把苏轼此行曾经调借的兵卒和当时水手一一审问，又请曾与苏轼相遇于中途的官员李师中出来做伪证，想要把苏轼搞进牢狱里。

好在这位李师中并不受权位引诱，个性直爽，不肯做伪证陷害苏轼。各地查问的结果，也发现此事并无证据。但是谢景温预先发出的污蔑信息以及调动审问的动作之大，制造了未审先判的氛围，光审问就搞了一年多。山雨欲来风满楼，应该已经让百口莫辩的苏轼为之气结。彼时他还年轻，应难看得透。

苏轼百口莫辩的时候，好友范镇为他陈情："当年他为了帮父亲办丧事，韩琦赠他三百两，欧阳修赠他二百两，他都没有接受，现在竟然有人弹劾他夹带私盐回家贩售，船上还有棺木，剩下的空间运盐，到底能够赚多少利润？哪里有几百两不要，去赚那些小钱的道理？"

这辩解有理有据，几乎没有人可以反驳。在此可以看出王安石亲信们的惯性行为，欲加之罪，什么话都有。而这只是一个开端。

然而，神宗在此时一心相信王安石，认为王安石的变革，是改变宋朝弱势的唯一密码。

苏轼被诬陷是有原因的。他说话也太一针见血了。做臣子的不能劝谏年轻皇帝，讽刺一下王安石也行吧。神宗自认为是个英明君主，广开言路，察言纳谏；王安石常让与自己同一阵线的地方官面见皇帝，证明他的变法成功，以坚定皇帝的信心。他告诉皇帝，为了推动改革，必得独断独行，不要理会那些保守派的反对。

问题在于，能够面见皇帝的地方官，都是挑选过的。皇帝只听得到地方人民欢欣鼓舞对新法表示欢迎，但听到的未必是真正的民情。

在此之前，苏轼在任开封府推官期间，已然呈上《上神宗皇帝书》《再上神宗皇帝书》，正气凛然，大剌剌地反对王安石新法。更让王安石受不了的是，苏轼在担任开封府举人考试的考官时出的题目，"拟进士对御试策"这么问:"晋武平吴以独断而克,苻坚伐晋以独断而亡;齐桓公专任管仲而霸,燕哙专任子之而败,事同而功异,何也?"

这些都是读书人熟悉的历史故事。独断的正面事例有二:一是晋武平吴以独断而克,指的是晋武帝司马炎,决定要解决掉吴国的孙皓。以贾充为首的晋国众臣反对对吴用兵,只有羊祜、张华、杜预等少数人支持伐吴。虽然群臣多数持反对意见,司马炎灭吴统一天下的雄心却很坚定,不管朝臣反对声浪,给予镇守襄阳的羊祜极大兵权,就算羊祜打了败仗,百官奏请将羊祜罢免,司马炎也只是大事化小,稍加降级,花了许多年的时间,终于完成平吴统一的大事;其二是齐桓公不顾众人的反对,用了管仲为相,使得齐国国力富强,成为春秋五霸之首。

负面的例子就是苻坚伐东晋在淝水之战的失败。当时辅佐苻坚使之以少数民族成为北方强权、反对南征的王猛已经去世。苻坚曾与王公大臣们讨论伐晋野心,当时参与讨论的大臣,绝大多数持反对意见,认为东晋不是重点,鲜卑、羌、羯才是心腹之患。连苻坚同母弟、太子等人,还有苻坚尊敬的大和尚道安,全部反对他轻启战端。苻坚非常坚持,后来号称百万雄师渡过淝水,大败而逃,前秦的国祚也因此奄奄一息。燕哙专任子之而败,指的是战国时燕国的故事。燕王哙在位时,国力本来还行,他让宰相子之专权也就算了,还想要把君主之位禅让给子之,认为这样自己可以回去种田安养天年，而且千秋万世都会享受尧、舜禅让一般的美名。结果惨得很，国内大乱，太子也起兵反抗子之，光内乱就死了几万人，还引来他国的征伐抢夺，燕王哙和子之后来都被杀了。

"你怎么看独断这件事呢？"苏轼举了上述四例问考生。

这题目出得极有见地，问题在于谁都知道他是讽刺王安石。讽刺王安石就会被影射为骂皇帝。而皇帝是一丁点都骂不起的。

王安石一看气疯了，向神宗说："苏轼虽然才华很高，但所学不正……请罢免他！"这一气气了好几天，之后又对神宗说："像苏轼这种人，如果不让他尝尝苦头，使他自己好好反省悔过，肯定无法为陛下所用！"

王安石生气了，他下头的人开始参奏苏轼，连扶丧都被编了运盐私贩和滥用公差。

小人成群，王安石不能够脱其责。此后，苏轼成为新党的头号敌人和最重要的攻击对象。之前谈过的乌台诗案，就是因为说他小话和参奏的实在太多，产生了"曾参杀人"效应。

这个"扶丧兼运盐利加滥用公差"的事件，虽然是雷声大、雨点小，苏轼没有遭到惩处，但是朝中的气氛已是狐鼠当道，让苏轼觉得中央实在是待不下去了。

在苏轼求去之前，一代名臣欧阳修已离朝，司马光和富弼等人也已经跟王安石闹翻。苏轼回到京城的这几年，因为王安石当权，出了太多事。这王安石，才华是有的，但个性偏执，又容不得别人的反对，所以旁边聚集的都是为了升官爱拍马屁的小人，也是铁的事实。

司马光和王安石当过同事。司马光本来在王安石执政初期，还寄予厚望，替王安石说话，但王安石的为人与为政，确实让这些有经验资历的大臣都非常失望，情商不高又唯我独尊是致命伤。如果有人跟他意见不一样，他会大骂别人："你们不读书才会这么想！"自视极高，以学问自傲，看不起"流俗"，只有尧、舜能够入得了他的法眼。

当君子不想与他共事，小人们就会马上从裂缝钻出来，这是王安石逃避不了的责任。

苏轼请求到外地任职，做了杭州通判。"还是远离是非圈吧。"他当时以为，到地方上去，为百姓做点真正的事情，不要在朝中当别人的眼中钉就没事了。

杭州，在苏轼的任官生涯中，已经算是比较优雅平安的好地方。然而，他没有改变自己不平则鸣的个性。

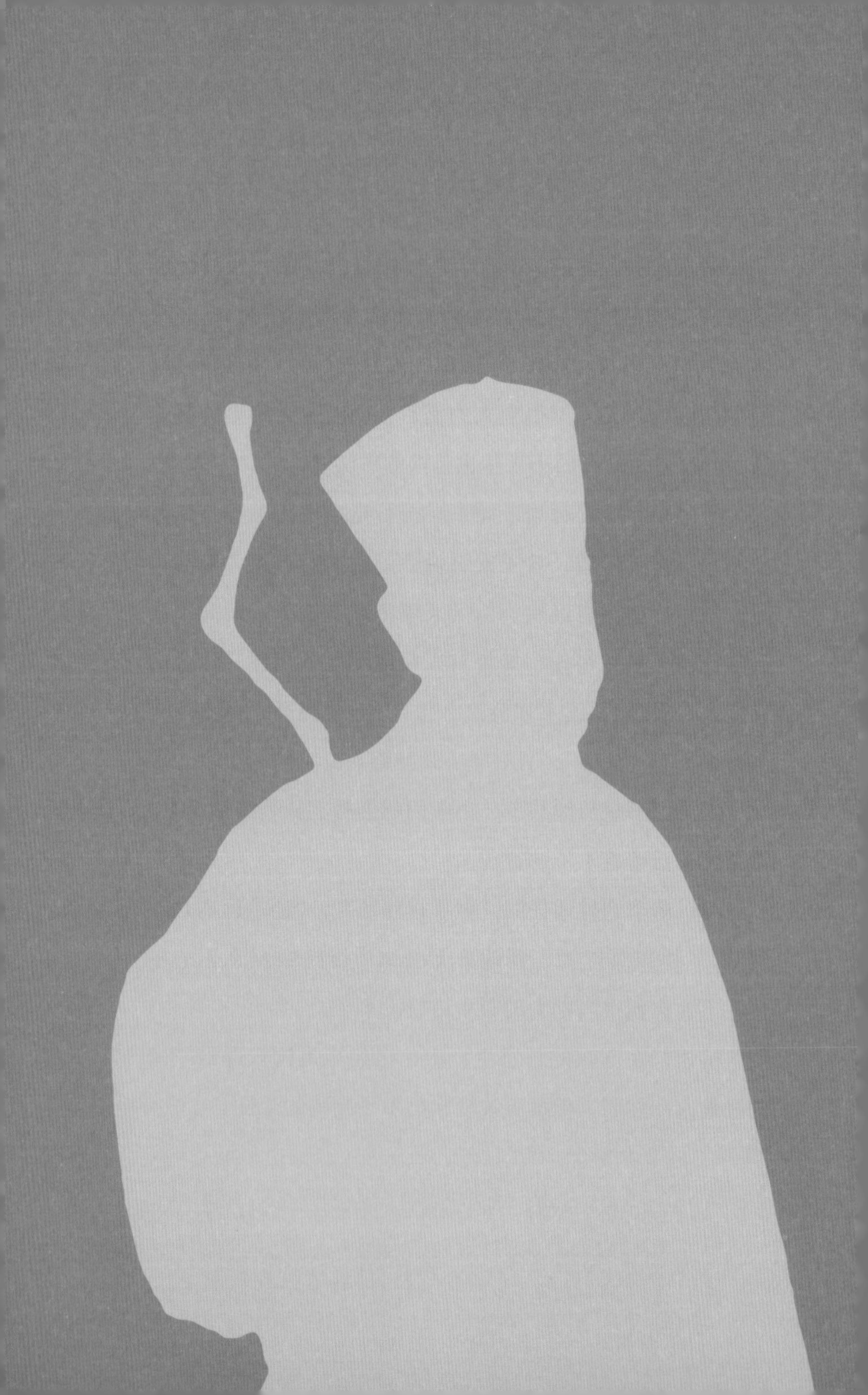

是敌人还是朋友？

说起苏东坡的仕途，肯定不能不提王安石。王安石当政时，苏东坡的从政生涯肯定是"寂寞沙洲冷"。王安石所提拔过的人，对苏东坡的态度更差，手段更狠。

　　这世界上有一种人，你再欣赏他，也很难当朋友；你再讨厌他，他又不真是你的敌人。

　　苏东坡和王安石的关系，大概如此。

* * *

　　敌人，是一个必须深究的词语。

　　敌人的首要条件，是要能够匹敌。以苏东坡和王安石来说，他们的地位并不匹敌。在苏轼第二次回京，还只是一个行政历练单薄的小官时，王安石已经是新皇帝的老师，皇帝对他都百依百顺。当时王安石权大如天，最大的政敌肯定不会是苏轼,将司马光抬出来放在等号右边,适切多了。但苏轼遭的殃比司马光多。

王安石(1021—1086)比苏轼大十六岁,和苏轼一样,饱读经书,进士出身,文名满天下。王安石考上进士时,也只有二十二岁。在进入中央之前,做过不少地区的地方官,还做了挺久。王安石先后在江苏、浙江、安徽、河南等地做过地方官,二十年中他广泛接触了各地百姓,也了解民间疾苦,所作所为都有好评。

"春风又绿江南岸,明月何时照我还""墙角数枝梅,凌寒独自开。遥知不是雪,为有暗香来""浓绿万枝红一点,动人春色不须多"都是王安石的名句,从他这些以自然风景来托喻心情的名句来看,王安石这个人,有真性情。

坚持着真性情从政,也有副作用。他的真性情,可能会变成一种不同流俗的执拗,或者,对别人的反对意见视而不见。不管你说什么,我不爱听,我直觉不对就不听;你们太保守,太不知进取;只有我最优秀,只有我是真知灼见。

写诗算是王安石的小副业。提到王安石,重点还在于北宋惊天动地的一场变法。

先来看看王安石文章中的名言吧。

> 教人治己,皆宜以正直为先。

> 因天下之力，以生天下之财；取天下之财，以供天下之费。
>
> 人才乏于上，则有沉废伏匿在下，而不为当时所知者矣。
>
> 世之奇伟瑰怪非常之观，常在于险远，而人之所罕至焉，故非有志者不能至也。
>
> 才之用，国之栋梁也。

你可以读出他创新改革的精神，也可以看出他是一个有独特想法、很坚持自己想法的人。

但是谁都知道，理想和现实常常是两回事，想法和做法，也常常背道而驰，他急切地改革，结果如何历史差不多都给了定论。高远的理想未必不会把世间搞成了修罗场。一个自认为有良心和良知的人，就算他的理想和初心始终没有变质过，当理想碰到现实时，是要随状况调整适用性的，如果没有弹性，其结果也未必是福。许多个世纪以来，你应该看尽了"经可能是好经，可是和尚全给它念坏了"的各种政治之祸。

* * *

先来说王安石这个人的生活逸事。

宋朝文人喜欢以笔记来书写他所知、所想的小宇宙。

不少笔记都谈到了王安石的逸事。篇篇都指向：这个人还真听不见别人的不同声音。

这些笔记固然不可以全信，但可以视为王安石"流传于当世的性格指标"。

宋史上说他"性不好华腴，自奉至俭，或衣垢不浣，面垢不洗"。前头那两句，不爱奢华，不搞排场，生活节约，是好话。但后头这两句就会让人皱起眉头：衣服脏了也不洗，脸上都是污垢也无所谓。还有人说，他脸上积的污垢厚到人家以为他脸色发黑，病得严重。王安石还硬说，我是天生脸黑，洗也没用。

传说王安石的夫人吴氏有洁癖。要夫婿去洗澡、洗头、换干净衣服，王安石总是不肯，吴氏一忍再忍。

这一点，苏东坡爱泡澡的生活习性和他就是对比了，苏东坡曾写过一首词："寄语揩背人，尽日劳君挥肘。轻手，轻手，居士本来无垢。"意思是：请那些浴场里整天在帮人擦背的人轻点、轻点，本居士身上本来就没有污垢啊。

宋代应该没有因为丈夫不洗澡就要求离婚的妇人，但妻子忍得了，朋友可忍不了王安石身上的味道。听说王安石的朋友吴充卿和韩维曾经将他约到澡堂谈国家大事，主要目的是要他洗个澡。不然，连理想都沾染上异味了。

王安石被拐到澡堂，他们怕王安石又穿上同一件不知多少天没换的衣服，还自掏腰包偷偷把王安石的衣服换成新的了。

有一天,他跟宰相王珪一起向神宗汇报政事。王安石胡须中有只虱子就这样探出头来,年轻的神宗当场就大笑起来。王安石还不知道皇帝在开心些什么,直到出了宫门,王珪才提醒他,请注意一下自己身上豢养的小动物。

有人传说,把王安石骂得最凶的《辩奸论》是苏洵写的。里头直批王安石把不修边幅、刻意节约当成沽名钓誉的方式。说洗脸换衣、保持清洁才是常人,有人却穿着破衣烂服,吃着猪狗食物,蓬头垢面,大谈诗书,如此不近人情之人,很难说不是奸邪狡诈之徒。

目前学者已有大致结论:收在《古文观止》中的《辩奸论》,是谁写的不知道,但不是苏洵写的。这篇文章没有在北宋的文选中出现,首次在南宋吕祖谦编选的《宋文鉴》中付诸印刷,《古文观止》把它列于苏洵名下,宋史学者邓广铭认为不可能是苏洵所作。

也有这样一个故事:王安石在担任宰相时,管家对吴氏说王安石喜欢吃獐子肉。所以每餐都要替王安石准备着。吴氏觉得奇怪,她认为王安石并不偏好獐子肉。管家说自己非常肯定:王安石每次吃饭时,都只挑獐子肉。

知夫莫若妻,吴氏请他在王安石吃饭时,把别的菜放在王安石最前面看看。猜得没错,他就是把面前的那道菜吃光了。可见王安石吃饭有多么不在意,也可以说他是真的不在乎自己吃了什么,他只是挑面前的那道菜吃!

换个角度想,一个这么不注重自己生活的人,会真的在意百姓的生活感受吗?

王安石和司马光早年曾经共事。当他们一起当群牧司判官的时候,顶头上司是章回小说里面大名鼎鼎的包公。包拯是个闲时喜欢来一杯的人,据说有一天苑里牡丹盛开,包公请大家喝酒。司马光不爱喝酒,但是碍于长官的情面,勉强干了杯;王安石滴酒不沾,谁劝酒软硬兼施都劝不动。所以司马光曾经评述说,王安石是个不会屈服的硬里子。努力想提拔苏洵的欧阳修,曾经大力推荐苏洵跟王安石交个朋友,苏洵说了一句意味深长的话:"这个人我知道,不过我认为一个不近人情的人,很少不成为天下的灾难!"

这么不在乎自己,固然也不在乎别人是怎么看他的。

不过,《辩奸论》还真不是苏洵写的。

* * *

王安石登上政治舞台,符合时代需求。宋仁宗时,天下太平已久,但是宋朝的问题也出现很久了。有志之士都看得出来,大宋天下是一间浩大宫室,栋梁已经腐朽,每个夜里都发出了老鼠吱吱声,柱子都快被白蚁蛀空了。

宋朝的病,十本书也讨论不完。官多、兵多、赋税高,但是政府还是穷。宋太宗大开科举之门,考不上举人、进士,做官也还是有各种管道,世袭来的也不少。到了仁宗时,朝廷内外官员数量达两万多人,跟八九十年前宋太祖时期相比,已然多了数倍。

为了养兵、养官,国家入不敷出。宋神宗接手时,国库捉襟见肘,外敌又屡屡来犯,养的兵偏又派不上用场。宋神宗明白不能再这么下去了,想要当个明主大刀阔斧地改革。变法,就是为了国家富强。

王安石的出场,和《三国演义》里的三请诸葛亮有类似之处。

王安石当过很多任地方官,治绩很有口碑。很多人推荐过他,比如欧阳修、文彦博,不过,王安石都没有同意到中央任官,一再请辞,名声越来越大。一直到勠力改革的神宗,深深相信了他。他才同意接受委任。

王安石提出的新法,主要针对财政改革和军事改革。在财政方面有均输法、青苗法、市易法、免役法、方田均税法、农田水利法;在军事方面有置将法、保甲法、保马法等。

在此就来说说最被人诟病的青苗法和市易法。青苗法本意是为了解决荒年农民无收的问题,将国库里的存粮借给农民,向农民收取利息,等农民下一季有收成之后再还,本意在扶贫。此与现代信用贷款的观念由来一致,本意是好的。

市易法，就是以国家开办物价局将价格低、暂时卖不出去的东西收购回来，以免谷贱伤农，等到价格上涨之后，就以高价卖出，表面上看来是一种为人民着想的官方调控。本意也是好的。

王安石的确有商业眼光，与传统儒家重农轻商不同。

然而，实行的不得法和设计上所导致的与商家争利状况，却使百姓怨声载道，甚至家毁人亡。

短期效果是有的，新法雷厉风行之后，曾有那么几年，全国财政收入大大增加，从宋初的一千六百多万贯，增加到六千多万贯。

一时的成功并不是长期的成功。财务上的增长，若带来长期更高昂的代价……负面作用比收获更加明显，那此法就有修正的地方。

修正，对于王安石而言，太难。

王安石当年在陕西当地方官时，推行青苗法有相当好的效果，传为佳话。但此番将青苗法大举推行，状况却变了。这证明了能够把一个小小的县管理到一百分的人，并不一定能够治好一个病了很久、幅员又很广大的国家。急切推行，地方官员变相求功。为了讲求效率，中央政府给了KPI（关键绩效指标）之后，地方官员为了完成目标，不管农民需不需要贷款，就是强迫你要来贷；有的地方没有官仓粮食可贷,直接当起强盗来,不给百姓粮,还要百姓拿出粮来做业绩;当然还有地方官员直接提高利率,中间揩油,把钱放进口袋里;规定利率半年二成,在不少地方也被私下提高到三成以上,百姓也无处申冤。市易法引发了强买强卖的问题,虽然王安石之法推行之后,没有动用加税就让国库有了钱,但是人民更难生活了。

司马光对新法的痛斥没有说错:"天地所生财货百物止有此数,不在民则在官……不加赋而上用足,不过设法阴夺民利,其害甚于加赋也。"在生产状况总是不变的状况下,国库有钱,都是跟人民抢来的,比加税还糟蹋人民。

有丰富执政经验的士大夫们看见了新法实行上的问题,想要阻止王安石的躁进,但是王安石永远找得到"自己是对的"的理由。他跟皇帝说,改革总有阵痛期,你要学会独断,不要被那些不想改变、因循苟且的人把这辆马车拉了回去!

为了对抗庞大的保守派,贯彻理想蓝图,缺乏中央政治人力资源的王安石只好扩大招收支持他的新人。来了,来了,小人都来了。他看到有人支持就提拔上来……他只愿听支持他的人的"正面意见",最尴尬的是这些人大部分都被列入了《宋史·奸臣传》中。你完全没有办法说他知人善任,他的管理学分的确没有及格。

之前,爱才的欧阳修曾经推崇过王安石,写了一首诗称赞他:"翰林风月三千首,吏部文章二百年。老去自怜心尚在,后来谁与子争先。"事实上,批评过新法的老臣文彦博,以及王安石后来的政敌司马光曾经欣赏年轻时的王安石。他的政敌,都是史上磊落的君子。那么,你能够说他只是被小人蒙蔽吗?

苏轼直言批评青苗法:"青苗不许抑配之说,亦是空文。……果不抑配,计其间愿请之户,必皆孤贫不济之人。家若自有赢余,何至与官交易?此等鞭挞已急,则继之逃亡……"本来青苗法是不许强迫百姓贷款的,但事实上则不然,官府运用官威以达到绩效,少不得强迫百姓借粮取息。还不起,就犯法了,只好逃亡。各地方政府官吏,忙于逮捕积欠官钱的贫户,官厅里日夜鞭打这些穷人,很多人为此卖光田产、卖妻女,甚至连命都不要了。保甲法、租庸调法、免役法……也都各有各的大小问题。写起来恐怕比《资治通鉴》还长。

新政像暴风雨重重袭来,朝中和民间都起了剧烈震荡。三十五岁这年,在京城担任直史馆兼开封府推官的苏轼大声说,新法实行后像"盲人骑瞎马,夜半临深池",不过,神宗和王安石两个人就像同一个人似的,就算骑瞎马也快鞭前行。神宗把苏轼批评新政的上书给王安石看,王安石素来不喜欢这位年轻才子的"纵横家"文风,对神宗说:"苏轼才华算高,但所学不正,因为不得志,才有这种偏激言论!"

除了王安石,神宗听不见其他大臣的话。既然说之无用,元老重臣张方平、富弼等人干脆请求外调。苏轼也在被谢景温诬告后出京,三十五岁,再做地方官,被任命为杭州通判。

* * *

政治不是一个有理想的在位者想当然就会改良的世界。如果百姓在哀号,就表示此法有问题。执政者理想崇高,也可能做出很多坏事、害死很多人。如果你用的人,后来盖棺论定,都被定义成小人,那么你的识人学没有问题才怪。

用小人是很有危险性的,小人见利忘义,就算你当了他的阶梯,他登上高位,怕你也爬上来,他肯定不惜让你跌倒,一定要把梯子拆下来。王安石自己也尝到了苦果,这点,之后再聊。

现在就来点评一下之前王安石那些金句的问题:

"因天下之力,以生天下之财;取天下之财,以供天下之费。"结果是把人民与商家的财产,放进了政府和贪官的口袋。"人才乏于上,则有沉废伏匿在下,而不为当时所知者矣","才之用,国之栋梁也。"——后来证明了他所选中的人才,都不是什么人才,"世之奇伟瑰怪非常之观,常在于险远，而人之所罕至焉，故非有志者不能至也"，此语说了他的决心，而他行的也是过于险远的方法。

"教人治己，皆宜以正直为先。"——多少苛政，多少压迫，假正直之名而行。其实，只要远离了人之常情，远离了体恤与亲切，就远离了正直。

身为首辅，若不知人善任，搞成天下乌鸦都在朝堂，中央权力机构臭味四溢，满是虱子。你不能够说他没有问题。王安石的新法是一袭他费心剪裁的袍子，里面却长满了虱子。

而不能不说真话的苏东坡，成为一个长期受害者，他有一种招黑体质，那些虱子咬了他一辈子。

三十四岁这一年，苏轼家中也不安宁。夫人王闰之生了苏家次子，苏迨，这个孩子一出生就问题重重。

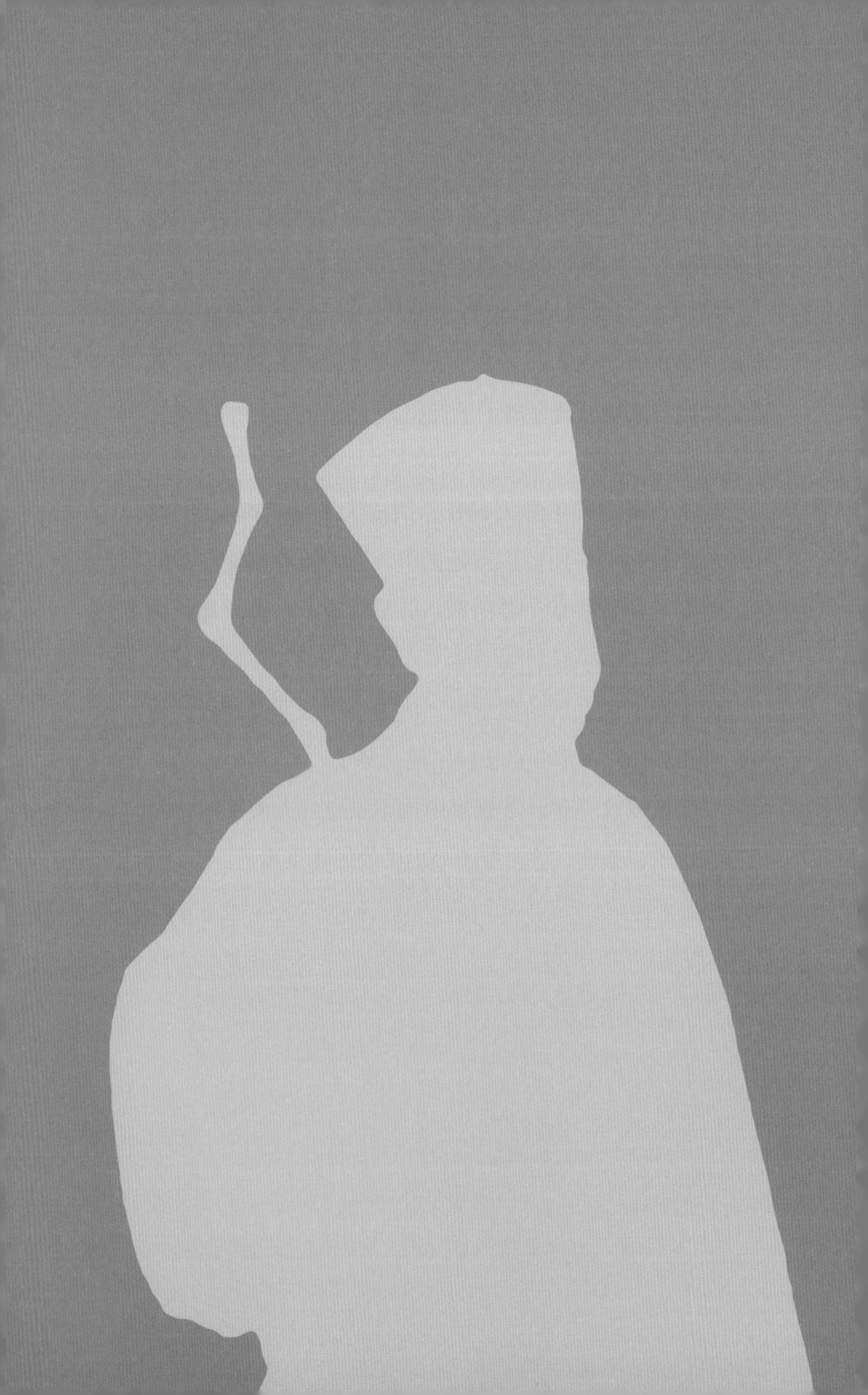

西湖虽好
莫吟诗

在长子十二岁时，王闰之为苏轼生下一子，取名苏迨。

苏迨一出生就有奇相，额头高，颧骨也很高，家人叫他"长头儿"，一出生就体弱多病，家里人都担心养不活他。

苏轼也在熙宁四年（1071）自请出京，要苏轼有意见不说，根本不可能。好友文同为苏轼送行时，还写了一首诗给他："北客若来休问事，西湖虽好莫吟诗。"就是怕他以诗文惹祸，遭到小人陷害。

他已经彻底得罪了新党这一边的人。所有的当红炸子鸡，都想要将他除之而后快。

不见用，难自保，是朝中大臣纷纷请求出京的背后原因。司马光在他之前已请求外调，以端明殿学士的身份前往陕西永兴军担任知军一职。当初司马光面见神宗时,神宗谈到苏轼诋毁青苗法,还在回乡葬父、葬妻时运私盐之事,司马光很清楚地表示:"苏轼连别人给他的丧仪三百两都恳辞不受,怎么可能贪图运盐那点小利?王安石本来就讨厌苏轼,把他的姻亲谢景温当成鹰犬来攻击苏轼。"

攻击苏轼,只是杀鸡儆猴。

苏轼出任杭州通判之前,也没改"不平则鸣"的个性。熙宁四年正月,他又为了元宵节的花灯采购跟朝廷唱反调。元宵节前,官方派人到开封府传谕,要买浙江制作的元宵花灯四千多盏,下头的人调查了市价之后,上头又诏令"减价收购",也就是要便宜买,这样就能买更多。结果造成官吏把京城市集中所有的浙江花灯都扣了起来,禁止民间买卖。

苏轼上奏说:"此举考虑不周,让人太惊讶了。卖灯的人并不是富人,他们举债买材料,做了一年的花灯,好不容易等到可以卖了,却不准买卖。陛下是人民的父母,只能加价买,怎么可以减价买?"这不是强取强夺,不顾人民生计吗?"看起来是件小事,但其实是件大事。现在外头因此有很多谣传,说考试要改期,说京城即将把酒当成公卖品,官吏和士兵们也担心俸禄被减少……"他明言官府议价减价会动摇人民对于政府的信心。他建议神宗,如果真想省钱,那么是不是皇帝自己省些娱乐费用,也请官府自身开销节约一点,怎么会来跟人民讨价还价呢?

这一奏获准,朝廷收回成命,不再找花灯商贩的麻烦。苏轼还为自己的意见被采纳相当感动。

新政急迫实行,发生的事情太多了。苏轼也批评过王安石"改科举、兴学校"的政策。王安石大改考试制度,拟取消明经等科,将进士科改成不考诗赋,只考经义策论,又设了"明法"的"法律专科"来招取行政官僚。

科举考试是天下士人晋身之阶,改变考试制度是大事,神宗让群臣一起来商量。苏轼呈上《议学校贡举状》,他认为选才的标准在于德行和文章,而德行不是考场里考得出来的;而以文章而言,若说诗赋无用,那么策论在实际行政上也没什么大用,贸然变更"课纲""考纲"只会徒然制造民间困扰,认为还不如照旧。他看不惯的是,王安石用政策帮自己宣传新书,他用自己写的《三经新义》当成科举考试基本教材;想参加考试的人,只能改为死背他的注释。于是,先儒的说法被丢进了字纸篓中,王安石的经学成为天下正宗、考试神器。然而,神宗还是全盘用了王安石的意见。

王安石还将自己早年写的《字说》颁布天下。这是王安石的文字学代表作,不过,不管王安石自己学问有多深,《字说》里头的理论有许多荒谬的揣测,一时成为学者们拿来磨牙的笑柄。

苏轼常拿它来当笑话讲。比如王安石说，"波"字，是水之皮。苏轼就笑他："那'滑'字，就是水之骨了？"其实，用文字学来说，"波"与"滑"，都是形声字，水表其意，"皮"与"骨"都是声符（"皮"字与"波"字，"骨"字与"滑"字，古音近，后者你用闽南语念就知道了）。取笑得有道理，士人们传播得很用力。

王安石说，"鸠"字是"九只鸟"的意思。苏轼嘲笑他说："你这个解释说得真好，还真的有证据。《诗经》曰：'鸤鸠在桑，其子七兮。'七只小鸟再加上爹和娘，恰好是九只，妙哉妙哉。"王安石又说，鹿体格壮，三只加起来就是个"麤"（异体的"粗"）字，三只牛跑得快，所以就有了"犇"（奔）字，苏轼笑说："若说三鹿为'麤'（粗），鹿再怎么粗都不及牛那么'粗'。三牛为'犇'（奔），牛怎么可能跑得比鹿快。您还不如把三牛改成'粗'字，三鹿改成'奔'字，那还比较符合自然界的道理。"

话说王安石这些书，当时虽然洛阳纸贵，却没有留存到如今，可是苏轼对王安石胡乱说文解字的嘲笑，倒是传诵千古。

苏轼的讽刺算是高级幽默，但也没给王安石留余地，让自己被跟着王安石升官的人咬牙切齿了很久，想除掉他的人更多了。

* * *

苏轼带一家子搭船出京,很久才到杭州。他逛到陈州探望他的恩师张方平,并拜访在陈州当学官的弟弟苏辙。光在陈州,他在弟弟家就住了七十多天。

苏轼还和弟弟一起到颍州去,探访退休后的欧阳修。欧阳修一辈子遭受过多次毁谤,心灰意冷,及早退隐了。几年不见,老了很多,头发全白,终年牙痛,两耳重听,眼睛也接近失明,还患有糖尿病(古称消渴疾)。尽管如此,他还是相当健谈,还与苏氏兄弟吟诗作赋。他们在欧阳修家也留了二十多天。直到入冬,他才到杭州赴任。

杭州有美景,当时号称东南第一州。

也因为在杭州任官,将西湖形容得最动人的诗,就是苏轼写的。

谁都看过:

> 水光潋滟晴方好,山色空蒙雨亦奇。
> 欲把西湖比西子,淡妆浓抹总相宜。

在他的心中,西湖晴天雨天都是美的。文人到了西湖,没有不写诗的。但提及西湖第一诗,还是此首《饮湖上初晴后雨》。

甚至连狂风暴雨也是美的。如：

> 黑云翻墨未遮山，白雨跳珠乱入船。
> 卷地风来忽吹散，望湖楼下水如天。
> ——《六月二十七日望湖楼醉书》（其一）

动静之间，狂暴中忽然呈现的幽静之美，都被他随手捕捉了。这种云开雾散的悠然，恰如苏轼的人生。或许你也可以这么扩张解释：那些老是被人家诬告的日子，仿佛暴雨一般，在杭州，一切又如湖水复归平静。

还有：

> 放生鱼鳖逐人来，无主荷花到处开。
> 水枕能令山俯仰，风船解与月徘徊。
> ——《六月二十七日望湖楼醉书》（其二）

水枕风船，都被他赋予了自然灵动的生命力。

如果苏轼没有因为仕途的不如意来到西湖，那么，可能忙于写行政公文，每天案牍劳形。仕途不幸，文学之幸。幸与不幸，不能只从一个角度看。

《题西湖诗卷》（局部） 〔北宋〕苏轼 台北故宫博物院藏

诗卷共录诗十八首（不全为苏轼作品），苏轼于题记中概述西湖景色之美。

* * *

从舒压角度来说,在杭州当官是他的幸运期。

杭州西湖有许多寺庙,他交了好多和尚朋友。他在此处也还有时间寻幽访胜,和寺里的住持们谈诗说理无忧度日。

后来,即使离开西湖,他还很是怀念在西湖的日子。有一首诗这么形容他的心境转变:

> 西湖天下景,游者无愚贤。
> 深浅随所得,谁能识其全。
> 嗟我本狂直,早为世所捐。
> 独专山水乐,付与宁非天。
> 三百六十寺,幽寻遂穷年。
> 所至得其妙,心知口难传。
> 至今清夜梦,耳目余芳鲜。
> 君持使者节,风采烁云烟。
> 清流与碧巘,安肯为君妍。
> 胡不屏骑从,暂借僧榻眠。
> 读我壁间诗,清凉洗烦煎。
> 策杖无道路,直造意所便。

应逢古渔父,苇间自延缘。

问道若有得,买鱼勿论钱。

——《怀西湖寄晁美叔同年》

这首诗里写的是他在杭州公余之外体验的自在生活。苏轼喜欢交朋友,内心也没有什么士大夫的架子,在这里,他交了不少朋友,也屡屡寄宿在寺院里。

这一段时间,是他生命中的好日子。次子苏迨仍然体弱多病,人家的孩子到一岁多都能跑了,他还站不起身子,要大人抱着,夫人很是忧心。不过,苏轼的生活还过得去。有俸禄养家,生活还算丰足;不在朝廷里,不会看见那么多斗争,生那么多闷气,还背那么多黑锅;而杭州的世外高人也多,不乏高僧和他谈禅、文友和他唱和。苏轼本来不是个贪求的人,若有一杯好茶,一个安静的地方可以睡个觉,就觉得心满意足。

杭州多好茶。他在这里仔细地研究了泡茶的方法,写了《试院煎茶》一诗,说好茶要有新鲜泉水;水的火候也要善加调控:先用文火慢慢把水烧开,然后将翠绿茶饼入于碾茶的容器中,细细研磨,一边细听水沸之声。

水沸之声分三个阶段。初时,声音很小,水泡如同螃蟹眼睛一样微小;一沸时,沸声渐渐变大,如有风声,此时起泡已大如鱼的眼睛。此时将炭火煽得更旺,活火急煎,壶中沸水腾涌，里头发出了水珠碰撞茶壶的清脆声响，就是三沸了。二沸是最佳注茶时机；若到三沸，茶汤太老了。

磨好的绿茶放入茶瓯中，用二沸的水来冲，看叶子在茶瓯中旋转，先将此清香吸入鼻中，再细细品味茶香，以此涤清凡俗之虑。

苏轼是美食主义者吗？

是，也不是。因为他并不挑。他只是会过日子，特别是在看似过不下去的日子里，想办法过日子。之前已提及，那些在史上留名的黄州"东坡肉"，用的是当时最贱价，没被当成上等肉的猪肉。想想，一个戴罪之官，没事可做，也没足够的钱吃什么好料，所以只能、也必须将他的创意发挥在饮食里。苏氏美食，代表他"活在当下"的精神，微笑面对命运的态度，还有创意的出口。

他看来大而化之，却是个观察敏锐、对待大小事都会自动想出"可以怎么做比较好"的人。

这一点和只吃眼前那道菜的王安石是反比。王安石是一个不会享受生活的人。

在西湖时，家里到底发生了一件好事。苏迨四岁时还不会走路，苏轼要求西湖天竺灵山的辩才法师帮他剃度，当个小沙弥以避灾。

没想到剃度之后，苏迨就像平常儿童那样可以行走了。苏轼的眼睛本来不舒服，看多了好山好水，似乎也好了许多。

* * *

苏轼在杭州是中央派任的地方官，地方官就得执行中央政策：他最反对的新法。他要负责监考，考选杭州举人参加殿试。考试的范本，就是王安石自己写的书，他也没办法改变什么。

宋代禁贩私盐，由政府统一收购；明明是沿海居民唾手可得的民间物质，民间并不能自由买卖。而政府收购价格甚低，买低卖高，使得盐民生活困苦；盐法苛刻，百姓稍有犯法，就被流配充军。于是百姓想到了个法子，看准地方政府兵力不足，走私盐的人，形成数百人集团一起武装运盐，让官府管不着。官府看着这些武装运盐部队，除了运盐之外也没犯什么法，也就假装没看到。不过，这又导致了官方在公盐方面的税收越来越少。

官方财力吃紧，决心来硬的，派了军队到杭州等地，加强取缔走私；又来清算盐户所积欠的盐税，如果缴不出来，就要被关进牢里。在苏轼看来，是"两浙之民以犯盐得罪者，一岁至万七千人而莫能止"；军队都在盐田，而盐工都在牢里，可以见到官僚系统运用的残酷。王安石却还为自己辩解，说为了整顿盐政，非用严刑重法不可，这叫作"以刑止刑"：刑罚很重，就可以杀鸡儆猴，人民就会因为害怕不再犯。

在北方大殿里积极谈论变革的人，始终没有听见人民的哀号声，都上奏神宗，说百姓欢欣得很。

百般无奈中，苏轼还须负责朝廷想要开设运盐河道的监工，眼看着千名民夫，在大雨之中，被朝廷强征来服义务役，像一群牲畜一般，"盐事星火急，谁能恤农耕。蒉蒉晓鼓动，万指罗沟坑。天雨助官政，泫然淋衣缨。人如鸭与猪，投泥相溅惊"。他写实地描绘了：朝廷想要多收点钱，劳师动众，让百姓放下农忙时期的农事不管，在烂泥巴里挣扎为官方打拼。他感叹自己这个官实在做不下去了，想要求去。然而，养家糊口的担子，能不扛吗？

在江南期间，苏轼开始参与水利工程。除了盐运河之外，也曾到湖州考察筑堤工程。他看见了政府的巧取豪夺，也看到人民的饥寒无奈。他的权力微薄，只能借着诗，写出民生疾苦。熙宁五年（1072）他写了《吴中田妇叹》。此诗被人称为有杜甫之风。

今年粳稻熟苦迟，庶见霜风来几时。
霜风来时雨如泻，杷头出菌镰生衣。

> 眼枯泪尽雨不尽,忍见黄穗卧青泥。
> 茅苫一月陇上宿,天晴获稻随车归。
> 汗流肩赪载入市,价贱乞与如糠粞。
> 卖牛纳税拆屋炊,虑浅不及明年饥。
> 官今要钱不要米,西北万里招羌儿。
> 龚黄满朝人更苦,不如却作河伯妇。

写的就是当时新法产生的虐政问题。当年秋冬,江南久雨不晴,稻子泡在水里很久,好不容易能收割了,粮价又被压得很低。本来农民缴税,可以缴钱,也可以缴米,但新法实行之后,因为米价便宜,官吏硬性规定人民只能缴钱,不能缴米。米贱钱贵,农民要拿之前两倍的米才能缴税,有人就只能连牛也卖了,屋子也拆了,才够缴纳税款,税交完了,家里什么也没有了,实在活不下去。

这诗凄苦得露骨,是苏轼的不平之鸣,语意中固然在讥笑朝中之人不顾民生困苦。

当年,京师的朋友在送别时,要他"西湖虽好莫吟诗",是劝谏,是嘲讽,也是一语成谶。小人们搜集的证据,有不少苏轼任杭州通判时期与好友的唱和,这成为他被诬陷的证据。

比如他在湖州写给好友孙莘老的一首诗:

嗟予与子久离群,耳冷心灰百不闻。
若对青山谈世事,当须举白便浮君。

此诗其实没写什么要事,只说自己对于朝中诸事心灰意冷,还不如对饮一杯酒。这首诗,这类诗都被列为对皇帝不敬之罪的证据。

小人的逻辑是能牵扯就牵扯,就是要把你的耳冷心灰,都针对皇帝本人!对皇上不敬就视同谋反。

时政改革是个复杂问题,不能只靠魄力,王安石凭自己"没得商量"的理想主义想在最短时间内改革天下之弊,就好像逼一个多年的慢性病患者接受短暂的铁血训练,马上要在运动会中夺魁般。引起其他并发症,又假装没看到,涂改了体检表,说一切无恙。

离开京城之后,苏轼看见许多新法引发的问题。他用诗呈现问题点,却变成他自己的问题。这是天真的他徘徊西湖时没想到的。

这是乌台诗案前的平静黎明,苏轼在杭州任官。

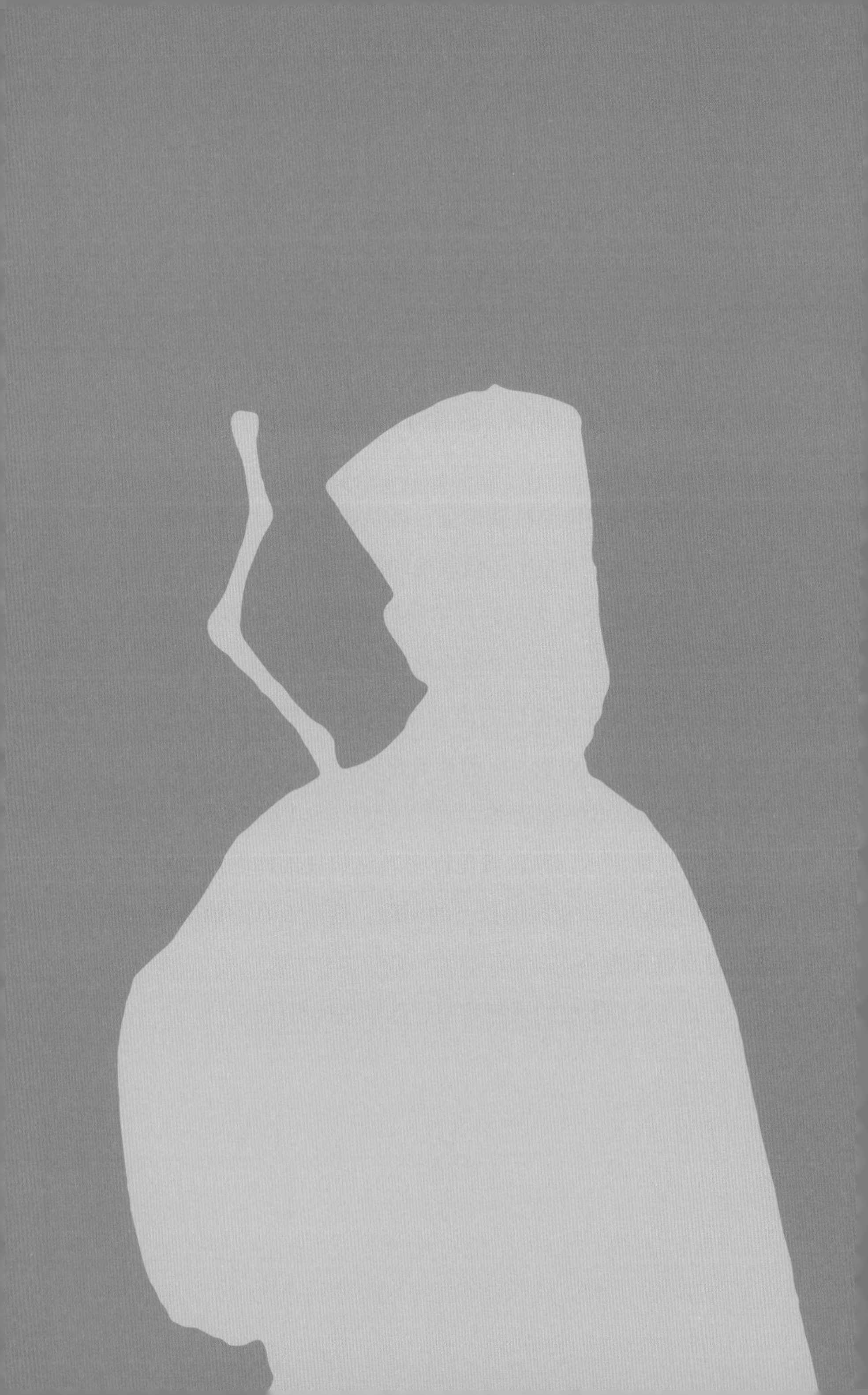

墙里佳人笑

在此我们先让一名重要的女子出场。王朝云。

若将词风粗分为豪放和婉约,苏轼的词两种都有。看看这一首《蝶恋花》:

花褪残红青杏小,燕子来时,绿水人家绕。枝上柳绵吹又少,天涯何处无芳草。

墙里秋千墙外道,墙外行人,墙里佳人笑。笑渐不闻声渐悄,多情却被无情恼。

相传这是苏东坡于绍圣二年(1095)在惠州写的。此时他已经白发斑斑了。几乎只要新皇帝上任,苏东坡就会遭殃。苏东坡被贬到了惠州时,已经觉得自己在天之涯海之角,没想到后来还会再度被贬到海南岛。

皇帝希望你搬得那么远，就是不打算再看到你了。而蛮地荒凉、瘴气多，物资贫乏，也没有医药资源，把你调到那里，表示不管你死活，等你死了，再给你一个无关痛痒的谥号就好。

常常因言获罪的苏东坡应该是这么想的：既然不要我语带讽刺，不要我议论时政，那我写一写靡靡之音总可以吧。

这词，写的是一个行人，听到院子里头佳人荡秋千发出的呢喃笑语，却不见其人，相思无处诉。写得十分婉约，满溢着伤春情绪。此时苏轼年近六十，侍妾朝云比他小二十七岁，也三十多了。

从有《诗经》《楚辞》以来，只要思及佳人，老学究们都会说，哪有什么闺中情思，这是思君啊，这是满怀忧国忧民啊，每个写作者都被"任命"为屈原。这些推论或许没错，但将有情诗词这样解释，到底是让文学作品变得道貌岸然，索然无味。

这一阕词，如果明白苏东坡的个性及遭遇，把它解释为思君也没有什么不妥。借伤春来抒发被贬谪岭南的寥落，许多哀愁欲言又止，正是他的心情写照。

这阕词有个故事。

在他生命中倒数的某个秋天，苏东坡与他的侍妾朝云闲坐，他要朝云唱这阕词来听听，朝云才刚开口要唱，悲从中来,泪流不止。苏东坡问朝云:"你怎么了?"

朝云说:"这两句,我唱不了。"

唱不了的那两句,是"枝上柳绵吹又少,天涯何处无芳草"。

你知道,后世的人爱把"天涯何处无芳草"当成励志句。你失恋了,天涯何处无芳草,也就是此处不留人,自有留人处;不要耽于眼前,走远点就会有路。

朝云不忍心唱这两句,自有她的理由。她明白,苏学士的豁达,是不得已。朝云曾为年近半百的苏东坡生下一子,算是苏东坡最小的儿子。然而,在贬居生活中,什么条件都不好,没多久,孩子就因病离世了。此儿之死,朝云把一生的泪都哭掉了。

这两句话,描写柳絮在微风的吹拂中,纷纷离开枝头,越来越少,春也随之而去。

然而天地如此广阔,哪里没有青青芳草呢?极目远望,处处芳草、处处春意。所以也不用一直伤春,惦记离枝之柳絮。花谢花开,一如缘起缘灭,何必执着?可是啊可是,就是因为多情,还是会被无情而恼。

不管"天涯何处无芳草"听来多豁达、多有格局,朝云一生跟着苏东坡受苦,唱在伤心人嘴里,想起今生遭遇,实在唱不下去。

苏东坡笑说:"我正在悲秋,你却又伤春了。"

没多久，比苏东坡小上二十七岁的朝云先病逝。苏东坡终身不再听人唱这阕词。

* * *

如果没有王朝云，苏东坡的人生下半场就是一连串"苦"字。

苏轼在杭州当通判期间，朝云进了他家门，当时仅十二岁。

苏轼在北宋士大夫中，"算是"不近女色的。虽然这个"性不昵妇人"的说法，可能跟现代文艺小说的想象有些距离。北宋士大夫家中都有家妓，隶属乐籍的妓女，由官府派员监管，称为官妓或营妓，官妓管理相当严格，就算是太守或朝廷高官，与官妓有染被告发者，也会因受弹劾而丢官。

家妓不在此限。达官贵人之家，都设有家妓，家宴时，家妓精心装扮后登场。家妓被视为主人们的面子，也是士大夫往来的必需。

宋朝的女人们不算是所有朝代中平均命运最惨的。不过如果没生对人家，命运就十分凄凉。荒年里头一出生就被丢掉的孩子，绝大多数是贫家的女儿。此时达官贵人之家自蓄家妓的风气很盛，影响了贫家对女儿的教育模式。女儿若有些姿色，就送去学弹琵琶、学唱歌，将来能卖个好价钱；没有姿色的就学其他才艺,像做针线、当厨娘,在有钱人家供差,长大就能够养活自己……仍然图的是一个比较好的价钱。

士大夫不能与官妓通款曲,但家中可自由蓄妓,不会遭到什么批判。

有两个流传较广的士大夫故事,可以说明当时士大夫的红粉生活。

宋仁宗时有宰相叫宋庠,是个不喜欢应酬的学者。某个上元节的夜晚,他一个人在书房看《易经》,听见隔壁弟弟大学士宋祁家歌声嘈杂欢宴到天亮,宋庠忍不住提醒弟弟说:"喂,你昨天欢宴到天亮也太奢侈浮夸了吧?你还记得我们当时一起在州学读书时,上元节只有腌菜配饭吗?"

宋祁回哥哥说:"哥哥,那你还记得,当年我们吃腌菜配饭,图的是什么吗?"

为的是有朝一日,金榜题名,荣华富贵,然后就可以享受歌声笑语了。

苏轼和当代知名的词人张先之间,也有一段有趣的故事。张先在八十岁时,买了一个漂亮的小妾,只有十八岁。请了当时所有的名士一起来庆祝。

张先自己为此写了一首诗:

> 我年八十卿十八，卿是红颜我白发。
> 与卿颠倒本同庚，只隔中间一花甲。

此诗虽是自我调侃，言语间得意洋洋。

苏轼看了，立刻挥毫，写下：

> 十八新娘八十郎，苍苍白发对红妆。
> 鸳鸯被里成双夜，一树梨花压海棠。

一树梨花，指的是老先生头发全白，娇弱的海棠，自然是那个小妾。此诗形容巧妙，戏谑之作被传诵甚广。

后来苏轼又有《张子野年八十五尚闻买妾述古令作诗》。这是杭州太守陈襄命他"聊聊"的题目，此题明白说道：张先已经八十五岁了，与之前的诗"与卿颠倒本同庚，只隔中间一花甲"比较，此时所买的妾搞不好还是另外一名年轻女孩。苏轼是这样写的：

> 锦里先生自笑狂，莫欺九尺鬓眉苍。
> 诗人老去莺莺在，公子归来燕燕忙。
> 柱下相君犹有齿，江南刺史已无肠。
> 平生谬作安昌客，略遣彭宣到后堂。

"锦里先生"指的是张先。

我们来看看苏轼用的典故。此诗所用的典故，都跟姓张的艳闻有关。用典用得行云流水，又能扣住主题，是苏轼特色。他像一本典故百科全书，那么顺畅，就像水龙头一打开，水就来，从不会为了一个字，捻断数根须。

"莺莺"指的是《莺莺传》中和张生相好的崔莺莺，"燕燕"或指唐人张祜的妾燕燕，都是爱情传奇的主角。

"柱下相君"是西汉的丞相张苍，他老年的时候，还有一百多个妻妾，此时的他牙齿掉光了，靠吃人乳度日，还过着香艳的养老生活。"江南刺史"是唐代的张又新，听说他曾经"连中三元"，在考场上百战百胜。这么会考试的他却说："我这辈子没啥大的愿望，唯一的愿望就是能娶一个大美女。"后来他果然如愿有了个漂亮妻子，问题出在两个人没太聊得来，也不算一对佳偶。

"安昌客"是汉成帝的老师张禹，他有两个得意弟子彭宣、戴崇。张禹对待这两个弟子的方式不一样。彭宣来的时候，张禹就正襟危坐，为人师表；但另外一名弟子戴崇一来，张禹就常常带他去内堂和自己的妻妾同桌吃饭、尽情说笑。或许这也是一种因材施教。

好事者相传，这些八十以后娶的小妾还给张先生了四个孩子，两男两女。张先最大的孩子和最小的孩子之间相差六十岁之多。

这是福气吗？见仁见智。至少，张先的生活比苏轼优渥很多。

* * *

熙宁四年（1071），苏轼在杭州当通判，在某一次宴会上，他认识了十二岁的王朝云。朝云是杭州人，家境贫寒，从小长得漂亮的她，被家人送去学歌舞、学琵琶。苏轼帮清秀可人的朝云赎身，可能因为看她小小年纪，就在欢场讨生活，于心不忍。朝云到了苏轼家里，除了在家宴中献曲，也会帮王闰之照顾孩子。苏轼在杭州结识的，苏门四学士之一的黄庭坚，曾经写过："尽是向来行乐事，每见琵琶忆朝云。"可见朝云的琵琶弹得极好。

到了十八岁，朝云成为苏轼的侍妾之一。苏轼还有另一侍妾叫作碧桃。苏轼当时是杭州的副首长，家里要有家妓充场面。相对于其他士大夫，他家里的女人们算是简约的。这跟官不大、钱不多有关，也跟个性有关。

苏轼生性豪爽，喜欢朋友，应酬中看到美丽聪慧的女子，他也会默默欣赏。有女子相求，他也会诗兴大发应邀写诗词。彼时在杭州，他还不到四十岁，就已经会以"老来厌伴红裙醉，病起空惊白发新"，或"惯眠处士云庵里，倦醉佳人锦瑟旁"来描述自己的心态。对他而言，到寺里睡个安静的午觉，可能比在灯红酒绿中应酬来得舒适一些。

有个杭州逸闻,说明了他对这些妓籍女子,很能将心比心。官妓想要出籍(就是不想在欢场工作或想从良),要得到太守的批准。传说有一次陈襄外出,苏轼奉命代理公事。有个被称为"九尾野狐"的妩媚官妓,想要出籍,苏轼大笔一挥,马上应允她从良。陈襄回来,非常懊恼,但已无法改变事实。

他在杭州任上王闰之也生了他的第三个儿子苏过。苏过是苏轼所有儿子之中,被认为最像他的,从小聪明伶俐,能诗能文。

* * *

苏轼在杭州当差,虽然可以尽览山水之胜,但他心里却总是在挣扎:是不是像他的偶像陶渊明一样,辞官归去比较好?

一来没有现实条件,二来眼见百姓还在水火之中,他还是勉强努力做些小事。忙里偶尔还能偷闲,有时奉命放粮赈饥,就可以出杭小旅行,趁机拜访朋友。他在江南认识的新朋友不少,也有很多原本在京师做官的朋友,因为没站在王安石那边,全被"下放"到江南来了。

王安石的新法,在苏轼当杭州通判时,已经哀鸿遍野。

神宗是个想要改革,但事实上并没有自信的君主。虽在新政初期,他有着"不管谁反对,我就是要跟着王安石一路走到黑"的勇气，但是后来民怨实在太过澎湃，呈现出来的真相越来越不像他当时想象的，神宗也发慌了。

皇帝不会错，有错当然是大臣的错，不然就是红颜祸水的错，这是自古的套路。

纸包不住火，京城里也渐渐接到各路的真消息。一张《流民图》打翻了神宗的改革大梦。

郑侠，进士出身，当时担任京城小官。熙宁六年（1073）以后关中与河北河东之地大饥荒，流民全都逃到京城附近来找活路。郑侠眼见的景象，尽是人间悲剧。口说无凭，于是，他将它画了下来，而且当成急件上奏神宗。郑侠说，这一切都是真的，所画的流民严重程度还不及实际情况的百分之一，这图如有虚假，陛下可以马上将我以欺君之罪处斩！

这些流民，衣衫褴褛，拿着自己仅有的家当，扶老携幼，希望入京找口饭吃，每个人看起来都像乞丐。谁都知道农民安土重迁，流离失所绝非自愿。

绘画有它的写实力量，很难说郑侠只凭想象。郑侠是勇敢的，他当然知道在新党当权时，这么做若不掉脑袋也会被攻击得像刺猬一样。神宗终于亲自看到了这一幅图，一直叹气，夜不成眠。

各地久旱成灾，就算是天气的错；但没有及时赈灾，造成这么大的问题，不能说执政者举措合宜。古时候天的

《流氓图》（局部） 〔明〕周臣 美国克利夫兰艺术博物馆藏

据说郑侠（1041—1119）为了规谏神宗，以长卷描绘平日所见流离失所的饥民，献给皇帝。然郑侠之图不传，无法确知其原貌。周臣（生卒年不详）此作大约是该画的再创作。

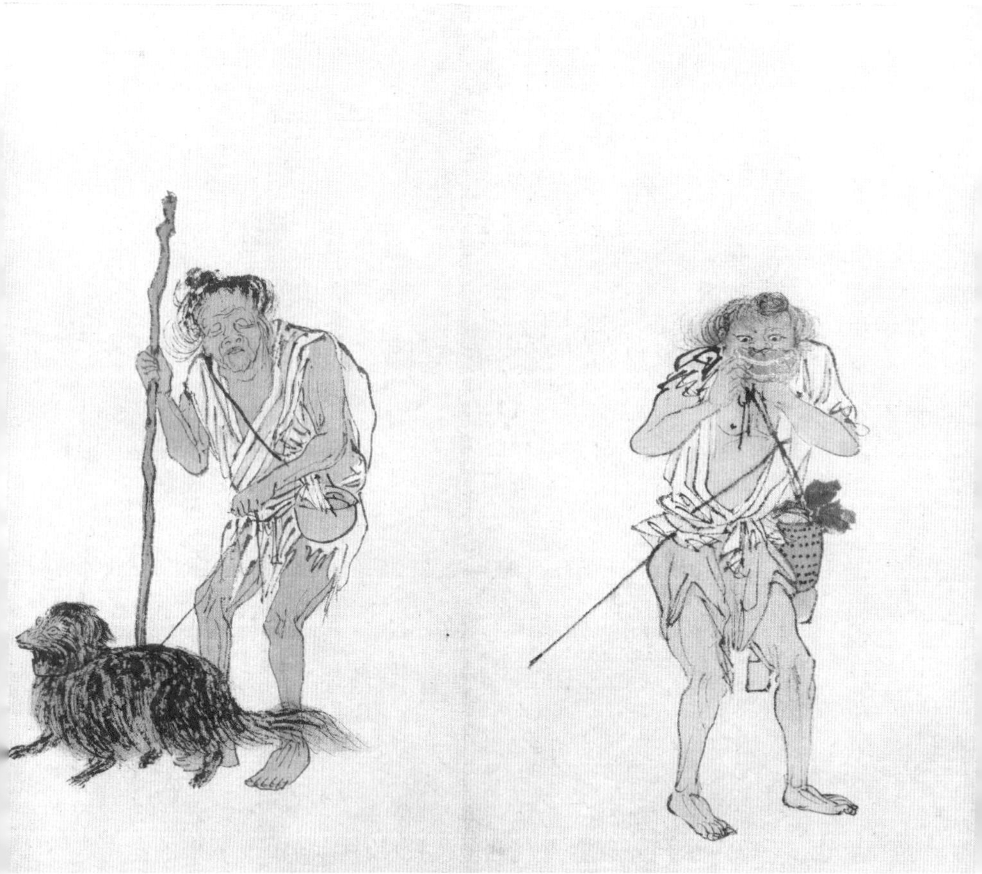

错和主事者的错,本来就很难分清楚。一遇到天灾,天子就会下诏罪己。

图画是具象的现实描写,新党可以说《流民图》是保守党的阴谋反击,却永远不能说郑侠画的不是事实。

郑侠是一个年轻进士,如果想要升官发财,早就可以靠到新党那边去。青苗法、市易法等法的危害,神宗并不是没有听说过,只是当时他认为那是过渡现象,不能因噎废食;然而这一幅图证明了人民在水深火热之中,而正在执政的新党群英,竟没有及时让他知道真相,他开始动摇了。

神宗深信王安石新法可以富国强兵,之前,就算是太皇太后和他的弟弟劝他都没有用。

祖母光献太皇太后曾劝他:"我听说民间为青苗法和免役法所苦,就不要实行了吧?"

他坚称,这个法对人民只有利,没有苦。

"王安石很有学问,但是到处结怨,父辈留下来的元老大臣都走了,他结怨太多,为了保全他,不如将王安石暂时派驻地方可好?"太皇太后这话说得十分有技巧。

"我不这么认为!我认为所有大臣们中只有王安石在为国家做事。"

这时,神宗的弟弟赵颢也在旁边,跟哥哥说:"为了天下着想，太皇太后说的话，您考虑一下吧？"

神宗不敢对太皇太后生气，却对弟弟动气："你是说我败坏天下吗？那皇帝你来做好了！"

这是好大一顶帽子。赵颢若傻傻说好，可不就是欺君犯上加意图谋反？赵颢气哭了："您怎么把话说到这里去了呢！"

后来，太皇太后甚至直接对神宗说，王安石祸乱天下。

神宗一直撑到看见《流民图》，心里发生了大地震。他找王安石来谈，王安石还说："水旱本来就是天底下常有的事，就算尧、舜、商汤那样贤明的君主，也避不了，您即位以来，每年都是丰年，现在只是不幸遇到了比较长的旱灾！"

听来，还是无关新政之事。

从客观上来看，刚执行新法时，国库前几年相当丰饶，然而与民争利的弊端，具有延迟效应，民间的祸害是慢慢出现的，遇到了荒年这种"黑天鹅"事件，负面事态就更严重了。神宗终于对王安石说出了他的意见："我怕的是，执行法令的人出了问题。以免行钱来说，大家都说收得太多了，不但有民怨，我旁边所有人，包括后族的人，没有人说它好。"

王安石诸法立意，主要是为朝廷理财，并不在于为人民谋福。这里提到的免行钱，也是针对商人的新法之一。宋代商人除了交税外，还有一种额外的摊派，包括物品和人工，若想要免除这种摊派，可以交钱替代。后来，免行钱演变成入"行"钱，想从事任何商业或服务业活动都要交钱来买许可证。原意是让各行决定，不过到后来都变成了勒索。《宋史·郑侠传》里有记载：连挑水、卖粥、卖茶的小商小贩，不交足免行钱就不能开业，这对于民间商业是很大的扼杀。神宗对这个免行法，本来心中也有疑义，却因王安石的坚持而同意。

这次，虽然王安石这么说，神宗没再听他的，直接下令在开封停收免行钱，让大家都可以自由开业；又让司农发粮赈济灾民。他还让官员调查市易法有谁在中间搞鬼，搞得民不聊生。又停止了青苗法和免役法对人民的各种追讨……不少新政在一夜之间被叫停。

王安石是那么有尊严的一个人，怎能忍耐这种突如其来的不信任？他坚持罢相，请求离开朝廷去地方做官。王安石走后，神宗并没有打算放弃新法，起用了王安石的下属及门生：韩绛和吕惠卿。

此时朝中大事与杭州地方官苏轼没有太大关系。苏轼的杭州三年任期满了，就被调到了密州去。他又带着家眷赴任了。名义上他算是升官了：权知密州军州事，升任为主政一方的地方大员。但是密州,可不比杭州繁华啊。在从杭州赴任密州的路上,他写了《沁园春·孤馆灯青》,有这几句话:"有笔头千字,胸中万卷,致君尧舜,此事何难!"

对于未来的工作,他仍有雄心壮志。

但飞舞在空中迎接他的,是千千万万的蝗虫。

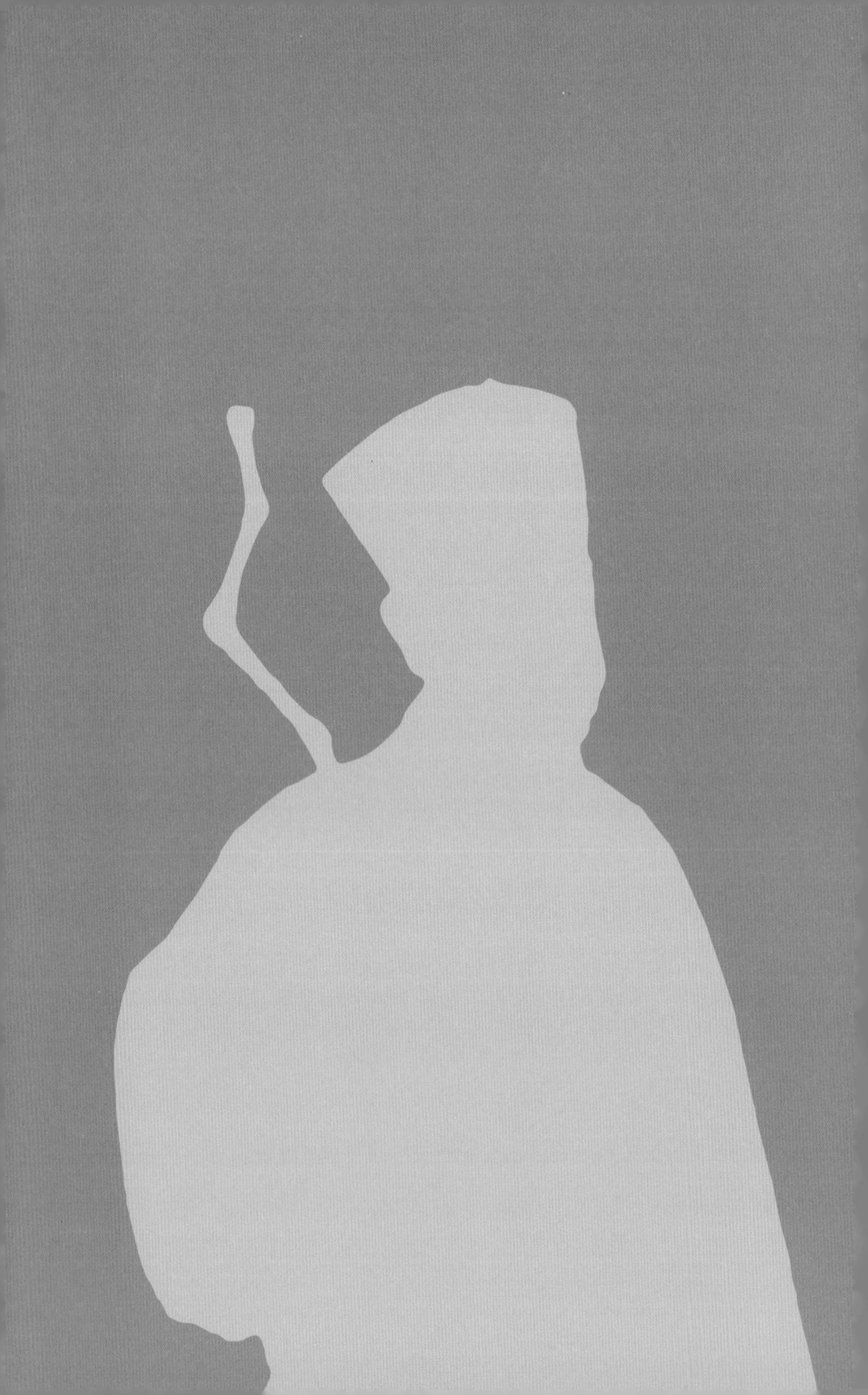

酒酣胸胆尚开张——密州的蝗虫战争

熙宁七年（1074），苏轼结束了杭州任期，被调往密州任知州。从太守副手变成了一州之长。

密州是朝廷的一个烫手山芋。

一踏入密州，苏轼就看到远方黑压压的乌云，一大群浮动的鬼魅盖住了天空，发出的声响震耳欲聋。家眷们都吓坏了，这是什么不祥的预兆啊。

出身农家的苏轼，马上明白发生了什么事。

大批农民正在对付大吃庄稼的蝗虫，但像百万大军压境一样的蝗虫捕也捕不完。结果官员们竟然敢告诉刚来的州老爷："没事，没有造成什么灾害。"

这就是官场作风：不报灾就不用担责，不担责就不会丢官，就好像当时力主变法之后，没有人敢上报青苗法之害一样，报喜不报忧，以逃避责任与降罚，早是官僚习性。

据说上一任的州老爷，也不管蝗虫的事，甚至还会上报朝廷："蝗虫来还有好处，会为田地除草。"是的，连收成都除得一干二净。

苏轼不是怕事的人。他上任没多久，就拟了奏章快马上报蝗灾实况，请求朝廷为老百姓减免税赋、拨粮赈灾；再来便是着手彻底消灭蝗虫的计划。

蝗虫的繁殖能力很强。眼看着今年收成已经无望，那也得为明天着想，不然，每年都会蝗虫遍地、颗粒无收。

他知道一定要在幼虫时就消灭蝗虫，他与百姓一起主动作战，率领农民们将带有蝗虫卵和幼虫的草木都烧掉，让蝗虫再也没有破壳而出的机会，也使得稻田披覆草木之灰，土地得到滋养。为了让大家执行灭蝗任务，他的脑筋动得很快，想到了一个以蝗虫尸体换粮的办法。他告知老百姓：一升蝗虫就可以换粮三升至五升。想吃饱饭吗？那就一起来消灭蝗虫，百姓开始积极参与，灭蝗虫效率也大大提高了。

为了灭蝗虫，苏东坡日日都忙到了头一沾枕就可以睡着的地步。

苏轼不是只动嘴皮下命令而已，他拟定计划后，亲自奔波在第一线，与老百姓并肩战斗，双手也结满了茧与疤。不久便消灭了八千斛蝗虫。在计量单位中，一斛相当于现在的二十升，八千斛等于让十六万亩农田免去了蝗害。百姓们知道，来了个想要解决民怨的好太守。

灭了蝗虫，苏轼又开始生病，寄诗给朋友时，写的是"此生何所似，暗尽灰中炭"。只感觉自己的人生像灰烬欲灭。他命大，病好了，就算沮丧也没能休息太久，因为密州还有另外一个严重的问题：盗匪横行。尤其在没饭吃的荒年，盗匪山贼们打家劫舍更加频繁；他也运用民间力量，悬赏捕盗，并即时颁发奖金。捕盗要兵卒帮忙，没想到朝廷派来的兵卒比强盗还剽悍，还没捕盗就先危害居民，和百姓吵了起来。苏轼费了一番苦心找到这些扰乱民生的悍兵，加以惩处。一波未平，一波又起，让他全无闲情逸致。

密州和杭州不同。杭州是水乡泽国，密州常发生旱灾。第二年春天，久旱不雨。当地人民相信境内的常山有山神，苏轼于是两次到常山祈雨。苏轼许下愿望，如果能下雨，就会帮常山神盖庙。老天爷还蛮愿意帮他，旱灾就这样勉强度过，尽管蝗灾仍然来袭，至少没有去年来得铺天盖地。

虽然怀念着杭州水乡泽国的生活，苏轼也渐渐地享受北方生活的乐趣。在常山庙落成时，苏轼开始学习北方人打猎，充满豪情地写下一首《江城子·密州出猎》。

老夫聊发少年狂，左牵黄，右擎苍。锦帽貂裘，千骑卷平冈。为报倾城随太守，亲射虎，看孙郎。

酒酣胸胆尚开张,鬓微霜,又何妨?持节云中,何日遣冯唐?会挽雕弓如满月,西北望,射天狼。

不到四十岁,已自称老夫。

若只从生活经验的累积而言,苏轼在密州是收获满满的,他是蜀地人,因为外调,看尽了江南之美,又能够沾染北方的豪气。这首词,使他自豪地说自己"自成一家"。当时的词多半写的是闺情,他这首词偏不一样,适合山东壮士,拍手踏脚、吹笛击鼓来唱,何等壮观。

为了让人民安居乐业,苏轼想破了脑袋要做些什么。然而,中央还不断地依法敛财。

王安石走了,韩绛和吕惠卿当政。吕惠卿也学王安石拍脑袋制定律法。吕氏制定所谓的手实法:由政府规定标准物价,让各户主填报家产,除了个人专用工具之外,一切财物都要诚实上报,登入官方账簿,从总值课征五分之一的财产税,不但派人挨家挨户检查,如有隐瞒,随官没收;更鼓励民间告发,告发的人还可以得到被没收款项三分之一的奖金。

告密可得奖赏,结果必定小人横行。乡里小人到处检举,官吏中饱私囊;每个家庭都可能有犯法嫌疑,不少家庭因此破产,流离失所;社会秩序,也因为朝廷贪婪伸手到人民的家庭而动荡。而此时有关盐的重法也推展到了密州。为了收盐税,要把滨海的密州所有的盐收归官卖,想要惩罚卖私盐的人。苏轼曾经目睹杭州附近上万贫穷百姓都因盐法被收监流放,他为百姓上书韩绛,朝廷却回答他说,陕西都已经开始实行盐税了,不可能只有密州不实行。苏轼抗争无用,又因"不听话"被人记上了一笔。

密州生活困苦,路上多弃婴一事可以为证。苏轼悬赏,贫家生出一个婴儿,就可以每月领米六斗,一年过后,对孩子有感情了,孩子是自己的好呀,就不会再将之抛弃。

密州的日子与杭州士大夫们还可以喝酒吃肉、看戏听歌的日子大不相同。苏轼如此形容他的密州生活:

> 何人劝我此间来,弦管生衣甑有埃。
> 绿蚁濡唇无百斛,蝗虫扑面已三回。
> 磨刀入谷追穷寇,洒涕循城拾弃孩。
> 为郡鲜欢君莫叹,犹胜尘土走章台。
>
> ——《次韵刘贡父李公择见寄二首》(其二)

每年都在跟蝗虫搏命,还得拿刀追山谷里头的强盗,流泪捡拾路上被丢弃的婴孩,还不只没酒喝呢,密州是穷乡僻壤,莽莽荒原上车马替代了江南水乡的舟船;如诗如画的湖山美景也换成了单调的榛莽景观。杭州肥美的鲈鱼、翠绿的蔬菜、洁白的大米都忘了吧,从来没有上过桌。连年蝗旱，庄稼、菜蔬全都无收，能够果腹已经不错，更别谈什么丝竹管弦、吟诗作对的闲情逸致了。

不过他最后说，其实也还好，物资虽然匮乏，总比待在暗藏危机的朝廷里好。宁可处在这一片荒凉中，也比看到一团乌烟瘴气好。

在这里做官，连官饷都变少了，因为食物极缺，苏轼常常在沿城巡视时，摘取路边野生的枸杞和菊花来充饥，于是他在密州写了《后杞菊赋》自嘲，说他当官十九年了，家里越来越穷，俸禄大不如从前，只好吃起枸杞和菊花来。

苏轼一定以为自嘲不会惹祸。

不，还是不行。

此文后来被当成讥讽朝廷削减公使钱太甚，成为乌台诗案千百罪证之一。

其实，枸杞这个零食，对苏轼是有帮助的。此时他不到四十岁，本来白发已多，后来又黑了回来，气色也不错，而眼睛看不清的问题，似乎也因为枸杞的明目功能得到改善。

苏轼在密州近三年，每天流汗流泪、马不停蹄，就算很想念亲弟弟，却一次也没见过。不像在杭州当太守的副手时，虽然公务繁忙，还有时间到处转转。

已经快三年没有见到弟弟了，虽然苏辙此时也在山东济南做官，离他不是很远。熙宁九年（1076）中秋节，苏

《后杞菊赋》（局部）　〔北宋〕苏轼　台北故宫博物院藏

熙宁八年（1075），苏轼在密州作《后杞菊赋》以自嘲。《后杞菊赋》从侧面反映了当时密州蝗旱之灾带给人民的苦难，也体现了苏轼面对贫困的乐观态度。

後杞菊賦 并序

天隨生自言常食杞菊及夏五月
枝葉老硬氣味苦澀猶食不已
因作賦以自廣予嘗疑之以為士
不遇窮約可也至於飢餓嚼齧
草木則過矣而予仕宦十有九
年家日益貧衣食之奉殆不如
昔者及移守膠西意且一飽而
齋廚索然不堪其憂

轼在和同事们一起喝酒赏月时,遥祝在齐州(今山东济南)的弟弟中秋快乐,写下了人人传唱的《水调歌头》。

> 明月几时有?把酒问青天。不知天上宫阙,今夕是何年。我欲乘风归去,又恐琼楼玉宇,高处不胜寒。起舞弄清影,何似在人间?
>
> 转朱阁,低绮户,照无眠。不应有恨,何事长向别时圆?人有悲欢离合,月有阴晴圆缺,此事古难全。但愿人长久,千里共婵娟。

明月从什么时候才开始出现的?苏轼端起酒杯遥问苍天:"不知道在天上的宫殿,今日又是何年何月?"他说,我想要乘着清风回到天上,又恐怕自己在那富丽堂皇的楼宇之中,受不住高耸九天的寒冷。翩翩起舞玩赏月下清影,此时光景又哪像是在人间。

月亮转过朱红色的楼阁,低低地挂在雕花的窗户上,照着没有睡意的我。它不该藏着什么怨恨吧,为什么总在人们离别时才变得浑圆呢?人世有悲欢离合,月也有阴晴圆缺的转换,自古以来如此,难以周全。只希望你平安活着,即便相隔千里,也能共享美好的月光。

这阕词常常被当成情歌唱。其实是苏轼写给弟弟的。

苏轼的词,有可以让大汉击节高歌的,也有极度温柔婉约的，那都是他。他的才华足以跨越许多维度，不止一种风格。不过，不管是哪一种风格，都有一种苏轼化的流畅度。悲哀是有的，但总是能够用最后那一笔转回来；落魄是有的，但还是会终结以洒脱；怨嗟是有的，但总还能淡淡看透那种无可奈何。

苏轼在密州当好官，人民感恩，但朝廷并不领情。章台里的长官们，没有忘记他有支好笔，不断地在搜集他的证据。

* * *

为郡鲜欢君莫叹，犹胜尘土走章台。

他说此地虽然生活艰苦，却比在朝廷中要强，其实没有说错。保守派全都离开中央，苏轼屡遭诬陷，已经是四面楚歌；王安石罢相之后，新党诸人为争权夺利，自己斗了起来。宋神宗对于变法还没有心死，他用王安石的手下韩绛、吕惠卿、曾布三个人共同执政。吕惠卿与曾布不和，先踢走了曾布，而韩绛没有做事的魄力，大权落在吕惠卿手里。吕惠卿一方面排挤韩绛，一方面又防着宋神宗将王安石再请出来，一直跟神宗说着已经辞官的恩人的坏话。

果然，宋神宗最尊敬的还是王安石。王安石变法未成，没遭反对派的构陷，却遭身边人暗算。

任用小人,自己遭殃,自古皆然。

吕惠卿是王安石变法实施过程中的重要支持者。最初看准了神宗心意,全力支持王安石,取得了王安石的极度信任。王安石极力推荐吕惠卿做助手,更把吕视为知己、好友,对其毫无防备。连王安石的政敌司马光,看人的眼光都比王安石雪亮,当年在朝中时曾说:"吕惠卿把王安石给愚弄了。在我看来,将来吕惠卿肯定是第一个站出来反对王安石的。"

司马光在离开京城之前,还曾写信告诫王安石一定要防备吕惠卿。

以王安石"拗相公"的脾性,他能听进谁的话呢?此时司马光还成为了他硬邦邦的敌人哪。

王安石也曾令饱读诗书的吕惠卿与自己的儿子王雱共同修撰《三经新义》,想必他也欣赏吕惠卿的经学才华。令他万万想不到的是,吕惠卿暗暗记下了他所说过的犯忌的话。王安石给吕惠卿写的私信,吕更仔细挑出犯上之处,收录成册,秘密保存。吕惠卿会拿王安石的手稿跟他说:"这先别给皇上知道。"然后直接拿给神宗看,希望能够送王安石一个欺君之罪。

王安石罢相后,吕惠卿对神宗说:"王安石是我的恩人,但欺君之事关系重大,我不敢欺瞒,只好大义灭亲。"

不过,神宗到底更信任王安石。神宗见到吕惠卿递上的秘密，并没有大发雷霆，反而说那些只是小事情。

为了不让王安石重回朝中取代自己的位子，吕惠卿先对王安石的弟弟王安国下手，搜集证据让他贬官到外地去。

吕惠卿执掌大权之后，就开始算账了，因郑侠上书弹劾自己，便将其流放汀州（福建武夷山附近）。次年，吕惠卿又再次利用郑侠一案，将与自己结过怨的冯京和与郑侠有相当情谊的王安国定罪流放，导致王安国死于流放途中。

之前说过，郑侠冒着可能进监牢的危险，献上《流民图》。

也就是因为郑侠的《流民图》，让神宗不经过王安石，自己下诏拯救开封流民之苦，王安石气到辞职不干了。听说原本干旱已久，忽然下起雨来，人们都欢呼庆贺着吉兆的到来。这种不怕死的反对者，留着一定会是自己的祸害，吕惠卿当政后，先想办法将郑侠贬到汀州，又觉得不够远，再贬到英州（广东中北部）。郑侠命大，后来还是和苏轼一样又回到朝廷。

除了郑侠，这里又多提到了两个被吕惠卿陷害成功的人。王安国（1028—1074），王安石的亲弟弟、曾巩的妹婿。他性格正直，嫉恶如仇，进士出身。这一家子兄弟都很有个性，就算是亲哥哥，做的事不对，王安国也是要反对的。王安国也曾经大力反对王安石变法的种种举措，并且不止一次提醒兄长要远离吕惠卿，对于吕惠卿从来没给好脸色看，吕惠卿因此与王安国结怨。王安国曾任武昌节度推官，了解民间疾苦，熙宁四年（1071）他任满回京，宋神宗询问他外头对于新法有什么真实反应，他说："恨知人不明，聚敛太急耳！"意思是用的人不对，又太急于搜刮民间财富。后来回到朝廷，王安国当了崇文院校书这种"馆职"的文官。吕惠卿当宰相时，王安国因为与郑侠交好，因郑侠献《流民图》事被牵连，被吕惠卿除了官，要他远离朝廷。他于熙宁七年（1074）八月过世，年仅四十七。英年早逝，死亡状况不明，虽不能说与吕有直接原因，但把他推进死亡幽谷的那双手，吕惠卿必也是主人。

冯京（1021—1094），官宦子弟。庆历八年（1048）后，连中举人、汴京会试贡士第一名，又成为殿试中进士第一名，这种连中三元的优等生，自古没有几个人。他先后娶了富弼的两个女儿，民间传出"三魁天下儒，两娶相门女"，以为佳话。富弼是吕惠卿眼中的保守党大敌，冯京固然也是他的眼中钉。宋神宗时，冯京在朝为高官，和王安石常展开激烈辩论。王安石说他没能力，冯京则认为王安石祸国殃民。冯京在王安国丢官那年，也被外派到离朝廷遥远的地方去当地方官。

冯京连中三元，要考试谁都比不上他，但后世的人最熟悉的，还是"错把冯京当马凉"这句话。据说某考官在唱名时，把冯京的名字看成"马凉"，连叫"马凉"几次都无人回答，后来才知道看错，出了个洋相，一时传为笑谈，后来这句话就被用来形容人知识不足、乱说一通。

苏轼和冯京也是好朋友，他有一首词就是写给被派任益州太守的冯京的。

> 见说岷峨凄怆，旋闻江汉澄清。但觉秋来归梦好，西南自有长城。东府三人最少，西山八国初平。
> 莫负花溪纵赏，何妨药市微行。试问当垆人在否，空教是处闻名。唱著子渊新曲，应须分外含情。
> ——《河满子·湖州作寄益守冯当世》

冯京命长，平安活到七十四岁。

王安国虽然与兄长王安石政见不同，可二人毕竟是同胞兄弟，王安国的离世，使得王安石对吕惠卿开始不满，而吕惠卿为了巩固自己的权势，又处处防备着王安石重回中枢执政。熙宁五年（1072），和吕惠卿斗得很累的韩绛，为了遏止吕惠卿势力的逐渐膨胀，向宋神宗提出重新召回王安石的建议，这说中了宋神宗心事，皇帝欣然同意。

你说王安石辞官是无意于朝政吗？当然不是。王安石接到神宗的密召，七天内便从老家赶到了京城。吕惠卿想阻止也来不及了。

但王安石回国没几个月，便想要将儿子王雱升任为龙图阁直学士。有个惯例，要升官嘛，本来王雱应该在表面上推辞一下才合乎官场套路，但吕惠卿力劝宋神宗答应王雱的辞呈，王、吕两个人的矛盾再度掀起。

从此事也可以看出，神宗表面倔强，本质上却还是个耳根子软的年轻皇帝。

又过了几个月，王安石出手了。这下可不心慈手软，将吕惠卿及其党羽以"结党误国""贪污受贿"等罪名，贬官外调。

可是王安石回锅时间也很短暂。同年，王安石长子王雱猝死。《宋史》记载，熙宁九年（1076），王雱曾指使人告发吕惠卿，然后被吕惠卿反咬一口，气到"疽发背死"。王雱是最令王安石感到骄傲的儿子，从小被视为神童。长子之死，加上宋神宗对他的信任度已经不比从前，有时对他的意见会摇摆不定，王安石心灰意冷，又辞官还乡了。

此时的朝堂斗争不关苏轼的事，苏轼在密州，每年仍然辛苦地和蝗虫大作战。一直到熙宁九年冬天，他任期已满，在大风大雪中，被派任到河中。

《东坡时序诗意图》之《除夜大雪留潍州，元日早晴遂行，中途雪复作》 〔清〕石涛 日本大阪市立美术馆藏

熙宁九年（1076）十二月，苏轼离开密州前往河中府赴任，到达潍州（今山东潍坊），除夕这天晚上大雪。次日是元旦节，早晨天色放晴，一家人冒着严寒接着赶路，但中途又下雪了。苏轼写诗记录了这段行役的艰辛，以及山东农民在连年灾害后的困苦生活。

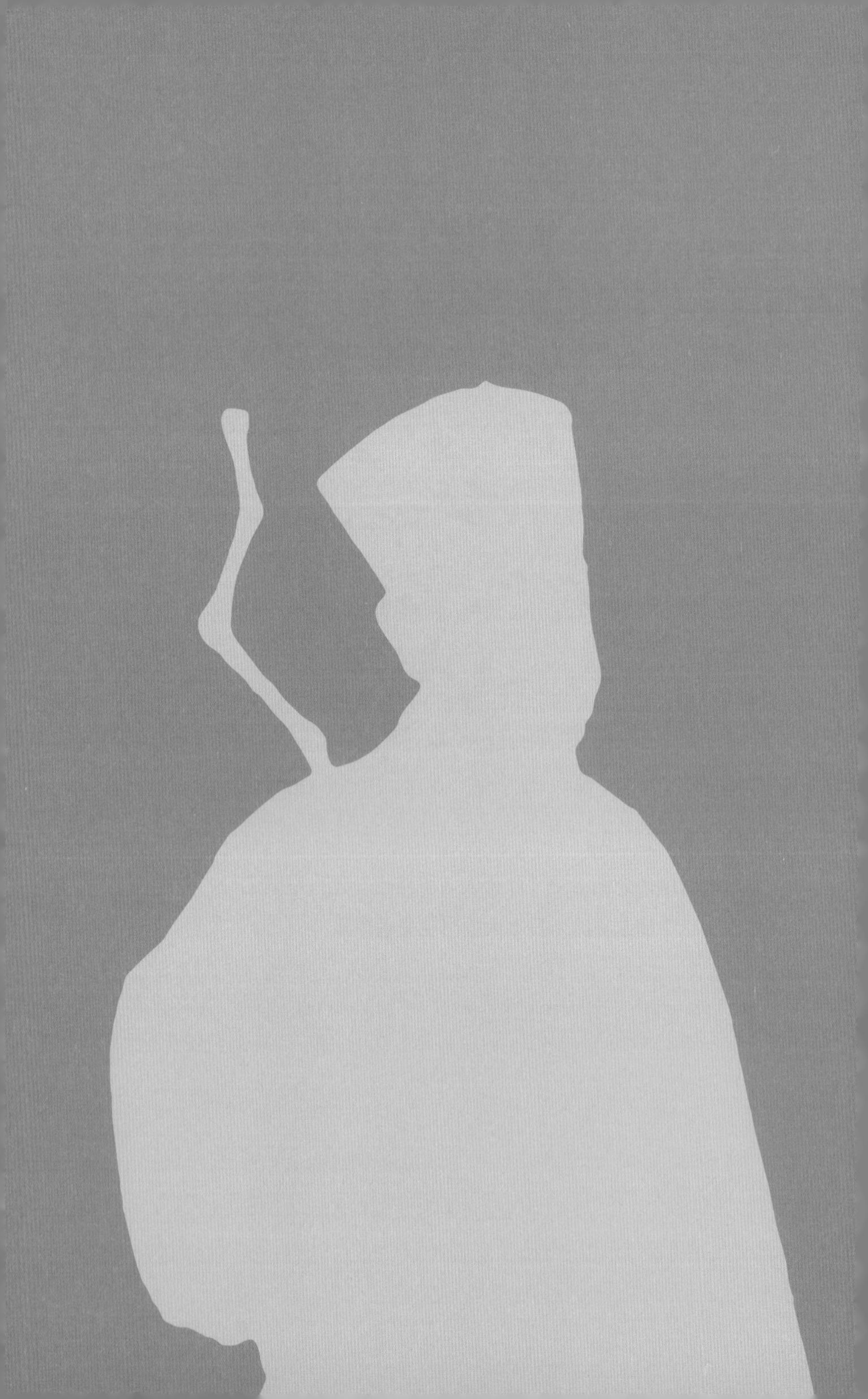

会写诗的
工程师

王安石在朝，苏轼处处受阻。当王安石、吕惠卿都已经离开中央，苏轼的日子会好过些吗？

不然。得势者并不希望已经离开中央的人回来争权夺利。那些好不容易爬上来的人，把个人权势看得比什么都重要，最怕你凤还巢。

大雪纷飞的熙宁九年（1076）十二月，苏轼从密州调知河中府，还没走到就任地点，又接到通知，改派到徐州当知州。这时让苏轼最高兴的事，就是可以跟弟弟苏辙在去往徐州赴任的路上相聚。两人一起到徐州，苏辙在此与哥哥团聚了一百多天才离去。

第二年仲夏，黄河决堤。洪水肆无忌惮地蔓延，山东、江苏等地都发生严重的河水泛滥。徐州也遭殃了。按照某个民间传说，苏轼坐镇城墙上，率领众人将城墙加高，城基加厚。他穿着短衣、草履，在城墙上过夜，希望能够挽救徐州人民的生命财产。

洪水有多严重？城下洪水最深时近三十尺高，如果继续上涨，后果不堪设想。这中间有个感动了河神的"苏小妹"出现了。苏小妹在民间有不少传奇故事，事实上苏轼从来没有妹妹。有人考证，如果硬要说苏轼有妹妹的话，苏小妹是苏洵在京师所认的义女史文美，后因其母改嫁高邮县令徐仲谋，改姓徐，也就是苏轼的义妹。

传说在苏轼知徐州时，文美为了逃避父母之命的婚约投奔义兄。大水围城时，她每日送饭给城上的义兄，听百姓传说，河神要娶红衣女子，洪水才会退去。眼看水势到了秋天还很汹涌，她纵身跳入洪水。人不见了，送饭的篮子里有块红布在水上载浮载沉。数日之后，水退了，百姓在徐州城外的沙洲发现一块红布，这个沙洲后来一直被称为"显红岛"，以纪念她舍己救城。

这个故事当民间传说听就好。

真正的徐州城"苏堤"，起源于元丰元年（1078），大水发生后第二年的春天，朝廷才核准了苏轼筑堤的请求，拨发钱粮，强化从戏马台至徐州城的堤防，有建筑天分的苏轼，还在此东门之上盖起一座可供远眺的"黄楼"。苏轼在工程建设上的效率有目共睹，夏天时黄楼就完工了，他请苏辙写了《黄楼赋》，刻石为碑。

《黄楼赋图》 〔元〕夏永 美国大都会艺术博物馆藏

熙宁十年（1077）秋，黄河决口，苏轼率众防洪，徐州城得以保全。次年（元丰元年，1078）为防洪水再至，苏轼组织徐州百姓改筑外城，功成，在徐州东门建一大楼，以黄土刷墙，名曰"黄楼"。苏轼邀请弟弟苏辙写下了著名的《黄楼赋》。

话说这碑命运多舛。没多久，乌台诗案来了，苏轼在押，诗文遭禁。到了徽宗即位之初，大赦天下，《黄楼赋》诗碑日夜有人拓印收藏。蔡京当宰相时，又下令将苏轼等所谓元祐党人的雕版悉行焚毁，碑也不容存在。这《黄楼赋》碑被投到护城河里去了，又过了好些年，元祐党人不再被视为罪人之后，徐州太守苗某把这块碑找出来，拓印了数千本。苗太守是个生意人，深知绝版比较贵的道理。印够了，这位苗太守跟同事说："其实有关苏轼的禁令，还没有正式废除，这碑不能够留下来！"要他的同事把碑碎了。卸任之后，姓苗的运了那些拓本到京城去，高价出售，大发利市。

后来这些复印本又被刻回石碑上。

苏轼与水患一直有不解之缘，从在杭州当通判时与人民一起开凿盐运河开始，他常常研究筑堤与防水的问题。

徐州的日子比密州好了些，景色并不那么荒凉。苏轼在这里认识了一个很会享受生活的隐士——云龙山人张天骥，此人原来在徐州东山的房舍被大水淹了，又在故居附近另外盖了房子，房子最高处有个放鹤亭。早晨，山人将他蓄养的两只鹤放到西山上自由自在飞翔，傍晚再召唤回来。看起来养鹤的方式和养鸽子还真的很像。苏轼在《放鹤亭记》里头透露着他也想要隐居，好好像山人一样享受生活，他说，那样活肯定比做皇帝舒服吧。

《北游帖》 〔北宋〕苏轼 台北故宫博物院藏

《北游帖》为元丰元年（1078）五月苏轼在徐州知州任上写给杭州祥符寺僧可久的信。这一年是苏轼离开杭州北上的第五年，故谓"北游五年"。

除了向往闲云野鹤的生活,这里也留下了一首后世无人不知的词,《永遇乐·彭城夜宿燕子楼,梦盼盼,因作此词》。此梦未必是真梦,但是想要写一写这个传说中的佳人,想要抒发自己的心情,才是真。

>明月如霜,好风如水,清景无限。曲港跳鱼,圆荷泻露,寂寞无人见。紞如三鼓,铿然一叶,黯黯梦云惊断。夜茫茫,重寻无处,觉来小园行遍。
>
>天涯倦客,山中归路,望断故园心眼。燕子楼空,佳人何在?空锁楼中燕。古今如梦,何曾梦觉,但有旧欢新怨。异时对,黄楼夜景,为余浩叹。

好风好水的夜晚,寂寞心事无人明白。我在这里感叹关盼盼,未来后人看着黄楼夜景,也会同样为我感叹。

为什么人们喜欢苏轼的词?不管他写什么,都深深地放入自己的真情,感叹的是自己的命运。时间逝去得很快,像梦一般,不管怎样都会过去的,但人生是梦不醒的,凡人就有这么多旧欢新怨。

燕子楼有个悲凄往事。关盼盼是唐代徐州名妓,善歌舞、工诗词。徐州刺史张愔(?—806)非常喜欢她,纳其为妾,为她建了燕子楼。中唐之后已是藩镇割据态势,张愔的父亲张建封雄霸一方,拥护德宗,为朝廷所重。昔时张建封入觐京师时，皇帝赐他与宰相同座而食，可见他的重要性。张建封去世后，张愔承袭了徐州刺史等职衔，仍然权倾一时。

关盼盼之死与苏轼的偶像白居易有关。白居易的父亲在徐州当过官，和张氏家族有交情。白居易小时候也住过徐州，曾经在张愔的家宴中见过关盼盼。张愔过世后，妻妾尽散，只有盼盼独居燕子楼怀念他。本来关盼盼打算在此守节终老，但某日张家的旧部下转传了白居易的一首诗给她："黄金不惜买蛾眉，拣得如花三四枝。歌舞教成心力尽，一朝身去不相随。"旁人看来也许没有太多意思，只是说张太守妻妾这么多，人走了，如花美眷带不走。关盼盼看了，却觉得此诗是大诗人劝自己为夫殉情，遂十几天不吃饭，绝食而死，留下"儿童不识冲天物，漫把青泥污雪毫"回敬白居易。

白居易听说自己成为间接凶手，十分内疚，后来让人把关盼盼的遗体安葬在张愔墓之侧，关盼盼过世时约三十五岁，在张愔过世十几年后。而张愔生年不详，应该比她大上许多。

从这个故事也可以看得出来，关盼盼是个烈性女子。明明只是一个误会，却断送一条命。张愔之妾也不止她一个，她已经是唯一留下来，没想改嫁的那一个了。

苏轼在徐州也待了两年左右。他真的很爱写，就算在

《东坡时序诗意图》之《中秋见月和子由》 〔清〕石涛 日本大阪市立美术馆藏

元丰元年（1078），苏轼在徐州任上得了个孙子，为苏迈与吕陶之女所生，苏轼为他取名苏箪，小名楚老。孙子生于八月十二，中秋节苏轼作诗云："堂前月色愈清好，咽咽寒螀鸣露草。卷帘推户寂无人，窗下咿呀唯楚老。"

《东坡时序诗意图》之《九日次韵王巩》 〔清〕石涛 日本大阪市立美术馆藏

　　元丰元年（1078）苏轼在担任徐州知州时给王巩写了这首应和诗。和他人诗词，韵脚及用韵次序皆与原作相同，叫次韵。

抗洪最紧张的时期，也还是以诗记事，创作丰富。

元丰二年（1079）春天，苏轼又被调任湖州太守。他离开徐州时，依依不舍地写了一首《江城子·别徐州》，感叹："天涯流落思无穷，既相逢，却匆匆。"虽然不喜欢离别，但也习惯了到处当官的移居生活。他在湖州上任后，按例写给皇帝的谢表中说了"知其愚不适时，难以追陪新进；察其老不生事，或能牧养小民"。自认为被讽刺到的"新进"战将们，开始搜罗他诗文中的罪状。

然后，就是那个让一代才子受尽屈辱的乌台诗案了。

* * *

就让我们回到苏轼的黄州生涯。好不容易出了狱，与家人团聚，仍然是一个罪官，没啥事可做，也没啥钱可生活，于是弄了五十亩地，东种西种，以图温饱。苏轼尽量让自己晴耕雨读、入境随俗，能过一日是一日。

四十五岁，在东坡耕种，号东坡居士，所以，我们有了苏东坡。

黄州的日子，自耕自食比拿朝廷俸禄如意，这也是苏东坡体会到的。这期间的名作，以《定风波》为代表。词前自述："三月七日，沙湖道中遇雨。雨具先去，同行皆狼狈，余独不觉，已而遂晴，故作此。"

> 莫听穿林打叶声，何妨吟啸且徐行。竹杖芒鞋轻胜马，谁怕？一蓑烟雨任平生。
>
> 料峭春风吹酒醒，微冷，山头斜照却相迎。回首向来萧瑟处，归去！也无风雨也无晴。

风也好，雨也好，都是他习惯的，影响不了心境了。现在回头看人生遭遇的种种不平事，其实也不算什么，一切都可以归于平淡。

在黄州有了可栖之屋的苏东坡，过着平凡人的日子。元丰六年（1083）四十七岁那一年，二十一岁的朝云为他生了苏遁。苏东坡写了一首《洗儿》诗：

> 人皆养子望聪明，我被聪明误一生。
> 惟愿孩儿愚且鲁，无灾无难到公卿。

虽然经过了文字狱的折腾，还是个被流放的罪官，还真的没有什么忌惮，此诗到底是祝福，还是讽刺？谁都读得出来他的意有所指。

苏轼、苏辙名字用的部首，是"车"字旁，他们下一代，是"辵（辶）"字边，苏东坡把这个孩子命名为"遁"，也寄托了隐居之意。可惜这个孩子，并没有"无灾无难到公卿"。

这是在官场历经贬谪，有大才、大志却难以施展的老父亲的微薄心愿。可惜的是，苏遁未能如苏东坡所愿"无灾无难到公卿"。这个孩子出生后不久，苏东坡的命运有了奇迹似的转变。神宗想念起了苏东坡，亲下手札将苏东坡移到汝州当副团练使，这是起用他的前奏。不过，坏消息是原来好不容易耕耘的五十亩农场，还有苏东坡盖的雪堂，又会因他离去而荒芜。这期间他游了庐山，那首《题西林壁》："横看成岭侧成峰，远近高低各不同。不识庐山真面目，只缘身在此山中。"就是在此行中写就。

然后，他到高安拜访了弟弟一家。苏辙被贬到筠州（今江西高安）当管盐酒税的小吏，简直等于是市场总管，日日操劳。苏辙的孩子多，有三男六女。离别这么久，连当时最小的孩子都已经长成少年了。苏东坡写了首诗给苏辙十六岁的长子苏迟：

> 两翁归隐非难事，惟要传家好儿子。
> 忆昔汝翁如汝长，笔头一落三千字。
> 世人闻此皆大笑，慎勿生儿两翁似。
> 不知樗栎荐明堂，何似盐车压千里。
> ——《别子由三首兼别迟》（其三）

还是自嘲加讽刺。意思是：我们两个要归隐并不难，只要有好儿子可以传家。我记得你们的爸爸像你们这么大的时候,随便一写就是三千字,不过这事说来大家可能都会大笑,叫大家不要生到像我们这两个老头一样的儿子。你看,那些烂木头都在朝堂上,比你爸爸在千里外被盐车压扁了强。

你也许会默默为苏轼担心了。这诗流出去了还得了!如果给朝堂上那些讨厌苏东坡的人看了,又要恨得牙痒痒的,不知又要兴什么文字狱。

他还到江宁看了王安石。此时两人皆在野,虽然之前有许多过节,但相见时就是"也无风雨也无晴"了。

王安石穿着便装,骑一头小毛驴,慢慢朝苏东坡走来的时候,只像是一个平凡的孤独老人。乘船而来的苏东坡,也穿着平民的衣服,对王安石长揖而礼:"轼敢以野服拜见大丞相!"

大丞相,此时只是尊称。

王安石则拱手而笑,用了竹林七贤之一的阮籍所说的话:"礼岂为我辈所设耶?"在江宁的日子里,苏东坡深深感受到这位昔日不可一世的才子已有很大变化,据宋人笔记,苏轼与王安石谈论起朝廷的是是非非。过去一向理直气壮的王安石,不无忧虑地再三叮嘱他说:"今天这些话出自我口,入于你耳,千万不可对他人提起。"显然王安石下野之后,也生怕被迫害了。这实在不是在皇帝跟前坚决声称"祖宗不足法、天命不足畏、人言不足恤"的王安石!

不过,这个记载是不可信的。既然王安石说只有你知我知,以此二人重然诺的个性,为什么会被其他文人写了去?也必是推测而已。

对于这一段看似两派大和解的相会,后人都企图推测其中细节。只知两人见面,以诗唱和,像朋友似的。苏东坡有一首《次荆公韵四绝》(其三)是这么写的:"骑驴渺渺入荒陂,想见先生未病时。劝我试求三亩宅,从公已觉十年迟。"可见晚年的王安石,满面病容,骑着小毛驴默默行走在荒野中,很难想象他当年雷厉风行的姿容。王安石和苏东坡谈论的是什么呢?是劝他买几亩田地安家吗?苏东坡也深有同感,心想,我们如果能够早十年比邻而居,该有多好。

虽然王安石的确挡过苏辙的官路,也曾经批评苏轼学问不正(这只比说人邪魔外道好一点),但他的确并不是真的不喜欢苏轼这个人。苏轼也曾经批评过王安石的《字说》中胡说八道的地方,对于新政的多数措施也厌恶已极,却也没有看扁王安石的才华。只可惜十年前,因为政见对立,不但朋友很难做,连微笑打招呼都很难。

也有个不太可靠的浪漫故事在明人冯梦龙《警世通言·王安石三难苏学士》中出现。其中写了两人对于菊花的争辩。他说王安石曾经写过一首《残菊》诗:"西风昨夜过园林，吹落黄花满地金。"苏东坡觉得王安石没好好观察菊花，菊花只会在枝头上枯萎，文言一点叫作"抱香枝头死"，怎么可能"吹落黄花满地金"了。于是批了两句，说"秋花不比春花落，说与诗人仔细吟"来纠正王安石。

王安石为自己分辩道："是你才没好好读书！屈原《离骚》中就有'夕餐秋菊之落英'的句子，菊花不仅会落，而且还可以吃！"

后来，苏轼被贬至黄州，到了秋天，他赏菊时忽然看见菊花花瓣纷纷飘落，满地铺金，不禁想起自己对王安石的批评，这才知道世间竟然也有落瓣的菊花。

冯梦龙的故事固然也胡拼乱凑了王安石和苏轼的旧日友谊。它描写的景况是"苏东坡访王丞相不遇，信步走到丞相的书房，帮王安石接续他未写完的诗"。这种没礼貌的行为，古今都不可能发生，再说王安石实行新法时实在不可能和苏轼有什么友情。

其实这两人的江宁聚首、尽弃前嫌，苏东坡的度量要更大些。苏轼遭遇的乌台诗案，想害死他的都是王安石的旧日僚属；而王安石罢相，可与苏轼无关。

这一行，和很多朋友碰了面。然而苏东坡的旅程却笼罩了沉重的阴影：幼子苏遁就是在这趟旅程中不幸夭折的。这段行程堪称苏东坡仕途的"死而复生"之返，搭的都是船，夏日船上非常炎热，家人们先后病倒。王闰之病了，苏东坡也病了，不到一岁的儿子苏遁更承受不住，在船上过世。

朝云眼泪流尽。可是，换不回自己的孩子。别人劝她，她那么年轻，还有希望，她仍然忍不住悲伤。孩子的离去浇灭了一个还在哺乳中的母亲的所有希望。

对苏东坡而言，老来得子，且得于灾难之中，为颠簸人生带来一丝欢庆。正在襁褓中的孩子，白胖可爱，却在旅程中走了。

连这么小的生命都没留住，所谓无常，苏东坡体会得更加深入。生命中的历练很多，苦痛相当深刻，欢愉却很短暂，他未来决心要退隐。有了在黄州的经验，他认为自己或许也能当个老农，陪着他的家人好好过日子，不要回官场中折腾了。

如果他辞官成功，回归田园，当一个乡绅，或许文学史上又多了一个"宋朝的陶渊明"。

等了很久，几经折腾，买田宅的申请终于获准了。苏东坡的心情安定了下来，不过朝廷的决定改变得比他想象中还快……

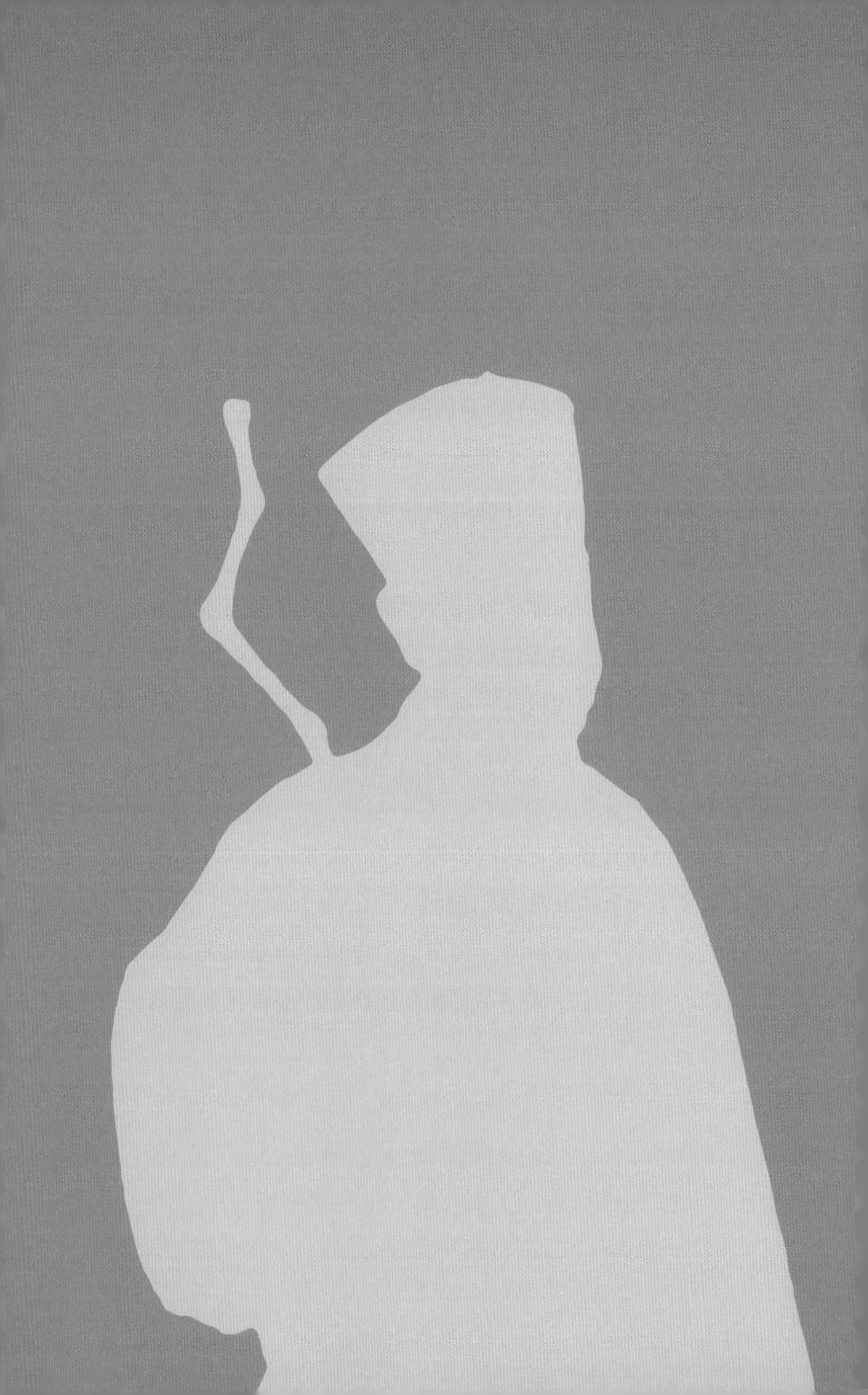

一直被升官的大学士

苏轼是什么时候想要隐退的？

在乌台诗案之前。

元丰二年（1079），苏轼四十三岁，有《南歌子》一词。

> 带酒冲山雨，和衣睡晚晴。不知钟鼓报天明。梦里栩然蝴蝶、一身轻。
>
> 老去才都尽，归来计未成。求田问舍笑豪英。自爱湖边沙路、免泥行。

这首词写得潇洒，却带着谁都读得出来的无奈。表面上是酬赠之词，实则描写着自己的生涯规划。

四十三岁，仍是壮年，苏轼却常说自己"老"了，调侃自己没才华了。苏轼虽然文名满天下，但仕途并没有太大建树，历任地方官，常常遇到无法解决的民间疾苦。朝廷为了财政问题执行新法，百姓看到的却是苛政猛于虎，而苏轼的大胆直言又将自己陷于流沙与泥坑之中，内心屡屡有不如归去的感慨。

经过了四年多的谪居黄州的自耕农生涯，忽然被免除罪官身份后，苏东坡见到王安石，王安石也劝他买田、买地，好好生活，别在朝廷待着了。王安石在权力极盛的时候，经历丧子之痛，心灰意冷离开朝廷；苏东坡在这一趟离开黄州的旅行之中，也失去了自己的幼子，无常感日日挥之不去。

这一趟旅程，苏东坡还拜访了恩师张方平。从他少年时期开始，张方平就看好他的才华，在乌台诗案时，不怕事的张方平也上书营救苏东坡两兄弟。此时七十八岁的张方平在南都养老，双目几乎失明，苏东坡举家在他那里住了两个月，过了一段比较舒适的日子。

既已除罪，苏东坡本不想再当官了。朝廷要他去汝州，他还真的不想到北方去，于是上表请愿，希望能到常州居住，也积极在宜兴一带买田，想要和家人们过耕食生活。为了买田退隐，他还请人想办法卖掉京城中原来住的房子。

人生没有绝对的好消息，也没有绝对的坏消息。乐极生悲、悲极又生乐,低谷后忽至高峰,高峰后又立刻滑入更低的山谷,苏东坡的人生遇到过许多起落。

朝廷先曲曲折折地准了他居住常州,被允许居住常州的苏东坡欣喜若狂。他在黄州务农、养羊、养牛,让他认为自己下半辈子当个农夫没有问题,如果能够到风光优美的宜兴当农夫,他更能圆梦。他写了一首诗描绘自己的未来人生:

> 此生已觉都无事,今岁仍逢大有年。
> 山寺归来闻好语,野花啼鸟亦欣然。

这是高兴到感觉整个大自然都在为他欢颂的地步了。

为什么是常州,而不是回蜀?常州是与苏轼同年登上进士的蒋之奇的故乡,蒋之奇老是跟他说,宜兴有多美,泉水有多甘甜,米有多好吃。苏轼熙宁六年(1073)在杭州当通判时,因出公差曾到常州宜兴一带去,一到那儿,他就觉得眼前开阔,所以宜兴成为他想象中最好的地方。

他有首诗这么写着自己的向往:

> 惠泉山下土如濡,阳羡溪头米胜珠。
> 卖剑买牛吾欲老,杀鸡为黍子来无?(节选)

宜兴是江南气候温和之地，土肥米美，苏东坡真的不想再过让家人担惊受怕的日子了。

但时局变化得很快，神宗病逝，太子即位（哲宗），其祖母太皇太后高氏临朝听政。太皇太后想到了在外飘零许久的苏东坡，要他回来中央复官。苏东坡隐居不成，仕途忽然大放光亮，这……到底是个好消息，还是坏消息？

先是复官朝奉郎。八月，封他当登州知州，才到任了五天，又改为礼部郎中，要他回朝中去。十二月，再改为起居舍人，做记载皇帝言行与国家大事的史官。宋代规定曾被朝廷处罚的罪官，若要重新起用，要一步一阶循序渐进，才能渐渐恢复正式官职。

高氏是英宗皇后，向往她公公仁宗时天下太平、宽厚平和的朝廷风气。她一向不认为儿子神宗皇帝用王安石和吕惠卿是对的，何况神宗过世之前，和西夏打过一场无端挑起的战争，大批军士阵亡。军事失败加上政治上的乌烟瘴气，如果不归责于新党诸人，要归给谁？在罢黜新党官员前，要先有班底。她召了当初反对新法者回京，其中最重要的是保守派栋梁司马光。

早在熙宁三年（1070），司马光因为与王安石不和，干脆不问政事、闭门不出，在洛阳与一群学者编辑《资治通鉴》。元丰二年（1079）的乌台诗案，将苏轼入狱的御史们原也想要把保守派司马光等元老重臣全扯进去。苏轼被贬谪，司马光、张方平等人也受到"罚铜"的惩处。司马光回朝，受到百姓夹道欢迎。司马光入朝时，新党的章惇和蔡确还在相位上，冷眼看着司马光先废止神宗时期实施的保甲法、保马法、市易法……然后是青苗法。

蔡确先被免职，当地方官去了。司马光在上奏废除免役法时，曾与章惇发生争执。章惇认为不可废，上书几千言，在太皇太后帘前，还对司马光大声咆哮，因为态度不佳，惹得太皇太后也生气了。后来章惇因为"佻薄险悍，谄事王安石，以边事欺罔朝廷（神宗时发动西夏战争的失败）……又倾附吕惠卿……"的理由被贬出京。于是司马光正式为相，吕公著为尚书左丞。

元祐元年（1086），苏东坡五十岁，入仕二十六年，才以七品官再度入朝。苏东坡终于脱离了九品官的劳务琐碎。

司马光主张全面废除新政。到了罢废免役法时，朝中有了不同意见。当过地方官、并非为了反对而反对的大臣，都认为传统差役法弊病不少，而免役法实行十几年了，人民已经习惯，不一定要全部推翻。范仲淹之子范纯仁曾经劝过司马光，要他仔细考虑，不要因为一味想要废除新法而废止免役法，否则又造成人民的不便。司马光的顽固，比王安石差不了太多。他决定的事，也是不容说服的。

十多年前，苏轼在免役法实施之时也曾经坚决反对过，但在他当过地方官之后，还是发现了王安石免役法的好处。

过去的差役法，会造成官吏可以抓人民服官役的状况，人民不懂官府的规矩，常因官府有权"捉伏"而在无意间犯法，重者家破人亡。免役法则符合"有钱出钱、有力出力"原则，如果有钱人家不想服役，就可以出钱请人代为服役。如此，富者得免役、贫者得钱财。苏东坡认为只要将免役法中官府滥加名目的苛捐杂税改革掉就好了，不需要完全废除。

苏东坡忍不住去劝司马光。司马光没接受，还相当不高兴。这一次与司马光争辩之后，苏东坡心里很气恼，觉得司马光怎么这么不听人话，于是回到家里，还一边骂着："司马牛！司马牛！"

只要有人当权，就有人来附和。苏东坡之前得罪的是新党，现在得罪的还有司马光门下诸书生。

苏东坡此时担任中书舍人一职，中书舍人是宰相的属官，职责除了帮皇帝写诏书，还有军事、财政之外的政事审核权。本来想当日出而作的宜兴农夫，现在却成了写诏书写到半夜才能睡的笔匠。他曾对朋友抱怨，职事如麻，每天半夜才能休息，五更又要早起，连自己的空闲时间都没有了。

之后苏东坡又成为台谏官，弹劾新党蔡确、韩缜、张璪、李清臣、安焘等人。对于吕惠卿之罪，其弟苏辙更洋洋洒洒写了《乞诛窜吕惠卿状》。吕惠卿本已离开朝廷，住在苏州，有官位、无实权，多数大臣认为对吕的处分太轻。

吕惠卿后来又被降了官，移到建州（在福建，吕惠卿故乡在福建）居住。当时在乌台诗案中陷害苏轼的主谋李定，也因为苏东坡的参奏从扬州再迁到更远的滁州居住。苏东坡此举是否为自己或王安石出气？不能说没有此意。这个工作让他可以大鸣大放，但无意间也为自己的未来埋下了地雷。他没想到：如果有一天，新党又再度崛起了呢？

保守派在太皇太后听政时十分得势，却也种下祸因。小皇帝总是会长大的，而年轻皇帝总是不爱老气横秋的保守派。

保守派只盯着太皇太后看，小皇帝在渐渐长大的过程中，从没有觉得大臣重视过他。曾有一位大臣苏颂提醒大臣们注意态度问题，不要把一旁的小皇帝当空气，大臣们并没有注意。

这个提醒后来应验了。后来的哲宗，忆及太皇太后垂帘听政时的事情，只说："我只看见臀背。"这种对众"老人家"的愤怒，是长期的被忽略积累而来的。对祖母发泄不了愤怒的少年，在多年以后，来个怨气总动员了。

* * *

一代政敌王安石和司马光，都在元祐元年（1086）走完人生最后路程。王安石过世时，司马光已病重。司马光病中还给了王安石一个正反面都有的评价："介甫文章节义，过人处甚多，但性不晓事而喜遂非，致忠直疏远，谗佞辐辏，败坏百度，以至于此。"肯定了他的人格与文章，把问题怪在他的情商与识人不明上。司马光在此时仍留着君子的风度，急急给吕公著写信，请他主持公道，不要让人诋毁这位国之大老。苏轼代为撰写诏书，也多用褒词，使得王安石仍留有身后美名。

元祐元年，是苏东坡的升官年，或许是太皇太后太喜欢苏东坡了。这一年，以七品官入朝的苏东坡，到了仲夏时成为翰林学士，这可是三品高官。他没多久前还在黄州种田，应该想不到自己还会有青云直上的一天。升官升得太快，是个大麻烦。苏东坡常直言不讳，得罪的不只是新党诸人，他也得罪了同属保守派的人。

新党既去，保守派开始大斗争。元祐初年，朝政大臣分成三派，地域之见很深：程颐、朱光庭、贾易等人被称为"洛党"；苏东坡、吕陶、秦观等人便是"川党"或称"蜀党"；而司马光弟子多是北方人，刘挚、傅尧俞、梁焘、王岩叟等人则为"朔党"。

又是考题出了问题。在某次试馆职的考试中，程颐的弟子，与苏东坡同年登进士第的朝臣朱光庭把苏东坡的试题取了两段出来，弹劾他在讥毁仁宗、神宗两位皇帝。太皇太后看了，不认为苏东坡思想有问题，将他免罪。

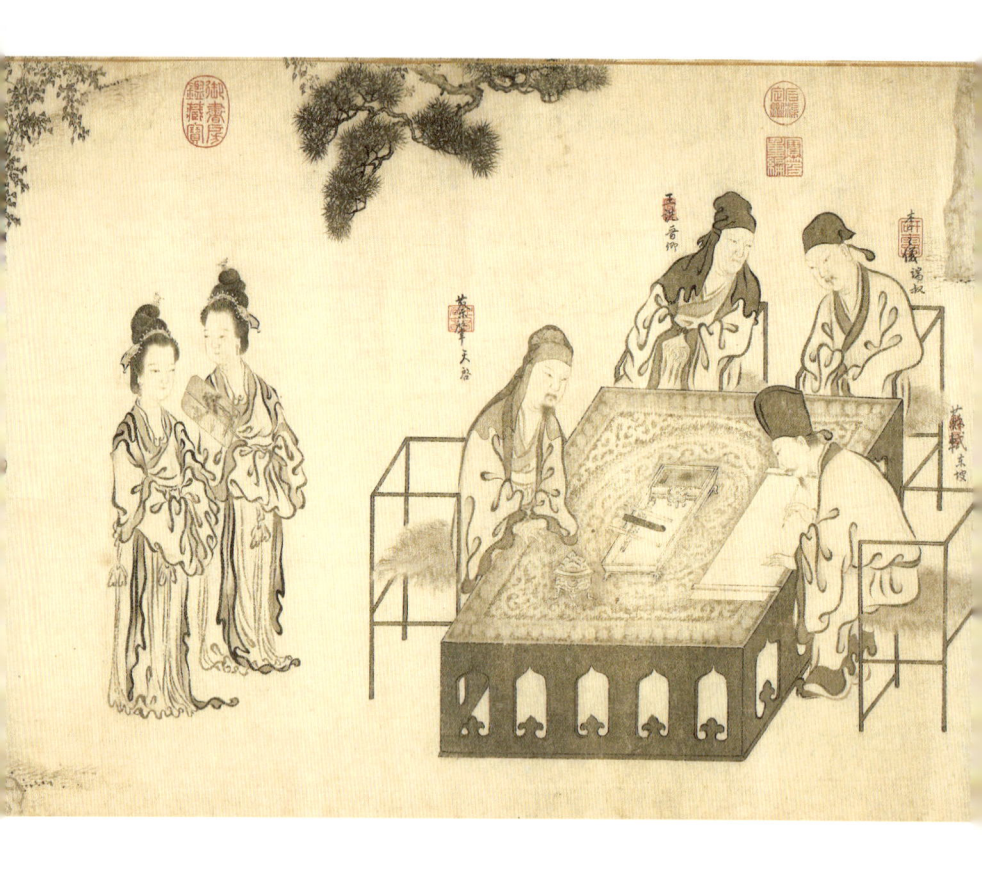

《西园雅集图》(局部) 〔北宋〕李公麟(传) 台北故宫博物院藏

画中描绘了众名士在驸马王诜宅邸西园集会的场景,有主客十六人:王诜、苏轼、苏辙、黄庭坚、秦观、李公麟、米芾、蔡肇、李之仪、郑靖老、张耒、王钦臣、刘泾、晁补之以及僧圆通、道士陈碧虚。另有侍姬、书童六人。据研究,本画为后人托名李公麟所作。

细看那两段文字，当真看不出哪里有指责仁宗、神宗皇帝的意思。

为苏东坡辩护的吕陶也上奏了，说朱光庭是公报私仇，因为苏东坡以前常常嘲笑程颐，学生想要为老师挣面子，所以公报私仇。

苏东坡虽然没事，但司马光的门生"朔党"也因此趁机追杀。这两人是御史中丞傅尧俞和侍御史王岩叟。他们在太皇太后面前，雄辩滔滔指责苏东坡，惹得本来想要调停的太皇太后十分不悦，问他们难道是朱光庭同一党的吗？于是，这两人一起丢了乌纱帽。

这件事后来因宰相吕公著打圆场，诸官才得以官复原职。

第二年，太皇太后要苏东坡兼任皇帝的老师。苏东坡很高兴地接受了这个使命。人治时代，君主的教养非常重要，苏东坡认为这个工作很适合他。

苏东坡没有想到，帝王之师可是一个非常危险的差事。

哲宗之前的老师是程颐。程颐是个爱说道理的老夫子，以一介布衣，受到太皇太后的欣赏，成为翰林学士和皇帝侍讲。这位知名的理学家可以说是哲宗童年阴影的首要创造者。哲宗不过十来岁，还是个孩子。有一次，程颐听说哲宗在宫里行走，会刻意避开蚂蚁、不愿踩踏，于是他便来个机会教育：愿陛下将这份仁心推及于四海……说教说了很久；另一次，等老师好不容易讲完课，哲宗走到门槛边想折一根柳枝来玩，程颐便教训他说："春天天地万物生长，你去折枝，是伤了天地的和气！"

可以想见，连折一根柳枝都要被说教，这皇帝的童年好闷、好难过。程颐不苟言笑，以严厉出名，什么都要遵照古礼，小皇帝动不动就会被批评和规劝，一肚子闷气可想而知，连司马光都曾经批评程颐："以前的人不喜欢亲近儒生，就是因为有他这样的人。"

偏偏这个小皇帝又是个发誓长大之后要来报复老师的人……这是多年以后的事了。

哲宗的这两个老师，个性不同，在朝中不合，发生过很多小龃龉。苏东坡自己曾说"臣素疾程某之奸，未尝假以辞色"。看不起我的老师，就是看不起我！这是程颐的门生朱光庭为什么那么讨厌苏轼的原因了。

苏东坡看似鲤跃龙门，一年之间扶摇直上，荣宠集于一身，却也埋下祸根。

苏东坡在朝中待了三年多，太皇太后越信任他，群臣们对他的攻击就越是无休无止，不管苏东坡写了什么，都会有人上奏找他麻烦。保守派内讧不断，他得罪了洛党，也得罪了朔党。想动他的人，动不动就给他加个毁谤先帝的帽子，想要弹劾他文字罪状的状子，满柜子都是。毁谤皇上的指责，似乎是苏东坡一辈子逃不了的诅咒。"我离开朝廷，外放去当地方官，总可以吧？"元祐四年（1089），他又累又倦，不断请求外放。太皇太后终于允许他以龙图阁学士之名到杭州当知州。

这个恩准，正中苏东坡心意。苏东坡真心喜欢杭州的江南水秀。

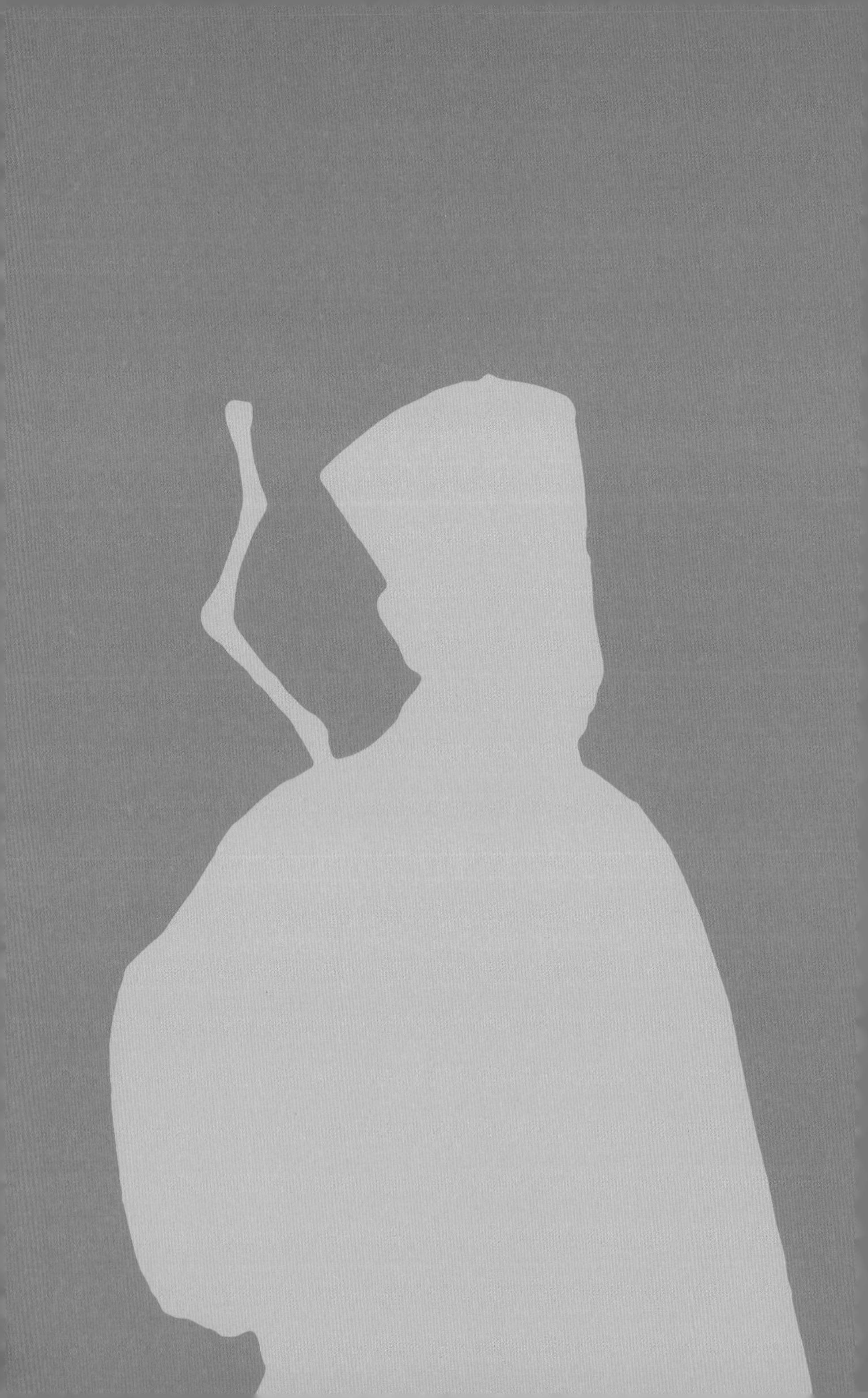

还西湖一方清净

自请外放，是为了杜绝耳边嚣嚣不绝的叫骂声，是为了躲掉不断飞来的流矢与暗器。这是一种暂时安静的方法，但真的是一种好方法吗？

　　政治是一条不归路，能够急流勇退、安然无恙者少之又少。

　　曾经进入权力中央的大臣，除了告老还乡或回乡养病之外，只有两种方式可以离开中央。

　　一种是申请外调，不在核心里头争食人人都想吃的权势美肉。看起来潇洒又优雅，但是当你在外头当地方官流汗时，朝廷里头那些人，怕你再回来，攻击绝对也不会少。而且，他近你远，你不知道自己被攻击，也无法及时自白。

　　苏轼因乌台诗案谪居黄州，面临的就是朝中诸臣不想让他活着回来的问题。苏轼当时从杭州通判做起，这次隔了十多年，又外调成为杭州太守。此时如果不找他麻烦，这转啊转的，不就可能又会转回朝廷吗？不，不能让苏大炮回来！讨厌他的人是这么想的。

乌台诗案出于构陷，构陷者近，他远。如果臣子们天天在皇帝面前说他写什么都在毁谤皇帝，说一次你不相信，说一千次你能不动摇啊？

古有明训，说三次，连孝子曾参的母亲都认为儿子可能真的杀了人。

谣言天天吹起耳边风，自古以来不知吹掉了多少忠心耿耿的大臣与将军的性命。

当年苏轼被那些从朝廷派来的小吏绑着游大街之前，也是堂堂一太守啊，他的治绩，人民没少称赞过。宋代号称是最尊敬文臣的时代了，有所谓不杀士大夫的祖宗之法，但真的宽仁为尚吗？

古代文人出路很少，机会有时候也来得很巧，一篇策论正中君主下怀，于是成为人中之龙，然后……伴君如伴虎。权力之梯，能者不得不往上爬，离君主越来越近。君主有明君、昏君与暴君，明君只占百分之十——我可能还是高估了。

当你爬到梯子的最高一截，厌倦时，能找到下坡路的人极少。下坡路常是一道门，那道门打开后，你只会看到万丈深渊。

用这个简单的道理来理解武则天，就大略知道为什么她敢挑战帝位，尽管在她之前根本没有任何女人成功过，之后也没有——简单地说，也是因为她没有下坡路走，不是打开门跳进悬崖，就是为自己找另外一架梯子来爬。

我扯远了。

* * *

离开皇帝身边，除了死，还有一种最糟的方式叫流放。

多少流放在外的朝臣，从此再没有回来？流放之地，往往越放越远，甚至在外地遇到豪强恶霸，被暗杀了，草草了事，谁为你申冤？

苏东坡在朝中，从来不怕得罪人，他一直有着理直气壮的风范，也不卖弄心机搞别人，更不曾翻脸如翻书，因利益朋友变敌人。以士人来说，坦荡磊落，但以做官来说，他的处境怎么可能不危险呢？

文人念的都是圣贤书，学的是仁义道德。不过拿笔害人、扣别人帽子的文人，哪一代没有，又哪一年没有？

在朝廷待了三年多，苏东坡风光到杭州任知州。太皇太后赐他衣一套、马一匹、金镀银鞍辔一副、金腰带一条。这在当代，是封疆大臣才能得到的赏赐。

这时有个朝廷行政官员叫赵君锡，见到太皇太后如此厚待苏轼，将来说不定又会把他叫回来拜相也不一定，所

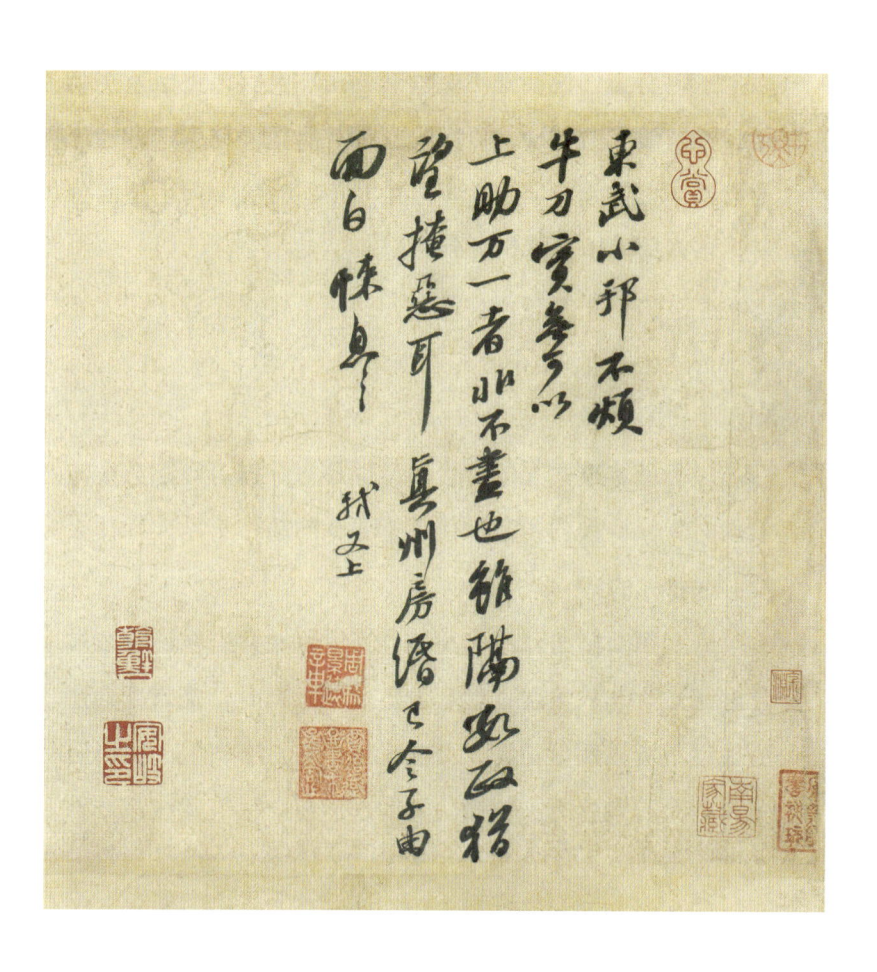

《东武帖》 〔北宋〕苏轼 台北故宫博物院藏

  此帖书于元祐四年（1089），是苏轼在前往杭州赴任途中写给王巩的信，此时王巩刚被任命为密州知州。

以上了篇奏折，说朝廷不能没有苏东坡，应该把他留在朝廷。苏东坡十分感动，以为大家都在骂他，只有这个姓赵的懂他，把他当成朋友，不过后来……后事如何，下回分解。将来我们还会说到这个小人。

这次去杭州当知州，又有人劝苏东坡别作诗了。大老文彦博劝他："你要小心，诗少作些，不然又有人毁谤你，别忘了我的话。"

一个最尊重文人的时代，竟也是一个连写诗都会被流放的时代，诗人的本意如何不重要，问题在于别人用什么居心在看你的诗。

离上次到杭州已经十几年，当地百姓素来知道苏东坡是好官，欢欣鼓舞迎接他。数年前他下狱时，杭州百姓还为他设了祈福解厄道场，到此时还留着。事实上，他谪居黄州不太有吃食时，杭州的老朋友们还会派人远探，带上土产，像什么晒干的荔枝、红螺酱，还有西庵茶去看他，让他感受到温暖。

但杭州可不只是美丽的烟雨江南，还有不少艰辛的工作等着他。他来之前的春天，雨下个没完没了，稻田淹水，第一期早稻没法插秧，这意味着第二年肯定缺粮；到了五六月水退之后开始插秧，又碰上旱灾。怎样及时找到救命水，是另外一个问题。

苏东坡做事很有条理。要求朝廷减收税赋，等来年丰收时再偿还，采取一些平衡物价的措施，先把粮价压下来。

诸多杂事等着苏东坡解决，他在这里又成为水利工程师，调了士兵整修河道、浚河通航，以防西湖泛滥成灾，为了城内人的日常水源，又进行了西湖的导流工程。

没有足够公款，于是他请求朝廷赐"度牒"来补财务短缺。他也明白中央财政困难。

所谓度牒，就是出家人的许可证。想出家当和尚，可不是剃了头发，诚心修行，或有师父要收你就可以，你要买一份出家许可，而这许可由中央专卖；也就是当和尚的人越多，朝廷赚的钱就越丰厚，压根是无本生意。宋时政府出卖度牒的收入，竟然可以占中央财政收入的十分之一。各地度牒的价钱也有差异，出家风俗盛的地方就贵些，有些地方甚至要花一百石米。

财务资源和出家人数，在宋代的统计学上属于显著正相关。

那百姓买度牒做什么？目的可不一定是诚心想要去寺里灵修的。

和尚可以不服兵役和劳役，也不用缴纳苛捐杂税，寺院田产不用缴纳赋税……所以，万一你家土地太多，那一定要买张度牒，看看是不是可以省点税。

然而，对朝廷来说，这个替自己添油香的方法有它的矛盾律：度牒卖得越多，税就收得越少。

又是要一块给五毛，刚开始发给杭州的度牒少得可怜，经过苏东坡力争,折腾几个月,杭州终于分到了一百多张度牒,苏轼才有了修水道的经费。

苏东坡在杭州,为了人民安乐,也着力于清除鱼肉乡民的恶霸。但是恶霸也有势力。苏东坡曾将一对罪犯颜家父子在脸上刺青后发配到边地去。此举在当时逾越了知州可行的法令,他判了案后才自己向朝廷请罪。

要知道苏东坡在朝中,最会得罪御史们,一群人为此事吵翻了天,说他违法,应该革职。后来,这两个恶霸也被朝廷下令放了。太皇太后亲自下旨免了苏东坡的罪,但御史们把恶霸放了的举动,是免了恶徒的罪,也是对地方官的不信任。苏东坡很无奈。

身为地方官,他对于欺负人民的恶霸,严加惩治。对于小事,他又很宽厚。

民间有段东坡画扇的佳话,若是真的,就是苏太守以文创做慈善的开端:有个做扇子的商人,因为欠了人家两万文钱没还,被告到衙门。原来是因为连季阴雨,扇子卖不出去,所以还不了钱。苏东坡灵机一动,发挥了特长,要他拿二十柄白团扇来,为其在扇面上题字、作画……扇子一把千文,卖出一空,立刻解决了制扇人的债务问题。

或许,苏东坡该意会到,他的字、画可能比度牒管用?也许苏太守只要在房内作几天画,治水的钱也可以筹得大半,不用旷日废时地跟朝廷一直上奏书?

东坡不只有诗文之才,他的字与画别具一格,在当世已是珍品。如果当时商业能容文人的文创事业,或者能让东坡开餐厅,那么太守中年之后,就不必与穷神为伍。

当然,这些都只是我以今推古的无聊提醒。

* * *

苏东坡第二次到杭州,成为一州之长,得以有权柄做更多的事。

当时杭州是江南水路要道,并不是今日这般的繁华城市。杭州成为首善之区,是南宋以后的事情了。南宋不得不定都江南,不得不"错把杭州作汴州"。

当时杭州是水陆交通之要道,各方舟船密集,各地的瘟疫都可能带到这里。苏东坡开创了"病坊",让百姓可以求医,医生由通医药的僧人主持;又自己制造了"圣散子"这种"无所不治"的药,发给众人。虽然现代人肯定不相信世上有什么无所不治的,但传说当时也救治了许多人。他说这药方得自他家乡眉州,是他苦求而来的秘方,如今公开秘方,让众人得知。

苏东坡还以钱塘六井的建设,解决了人民饮水的问题。六井的淡水源自西湖,所以一定要使西湖无枯竭之虞,西湖之前被定为皇家放生池,后来因为没人管,杂草丛生、泥沙淤积,一点正面作用也没有。苏东坡为民兴利,在元祐四年（1089），又向朝廷要度牒来充经费，清除杂草，募民工来筑堤。他自己也努力监工，常常没空回家吃饭，和民工们一起吃饭。在杭州的地方官如刘季孙、苏坚、许敦仁也尽心尽力协助。

苏东坡筑堤，除了为百姓谋净水之外，还有特别的使命感。苏东坡最景仰白居易，白居易也曾在西湖为官，浚治西湖，修筑原有的堤防，杭人名之曰"白堤"。到了苏东坡时，西湖水源出现荒废状况，东坡修堤进行了四个多月。从南屏到曲院，堤上有六座桥梁，两岸种植了芙蓉（后来才改成桃花）和杨柳，创造了西湖最美丽的景观。苏东坡离开杭州之后，这座本来无名的堤防，被命名为"苏公堤"。宋朝有不少人修过堤防，据史所载，以六塔河、二股河的修筑而言，曾经动用过数十万民夫，溺死多人还没有修成。东坡修堤，只用了四个月，实在不是一件容易的事情。

因为苏公堤，如今到西湖，可以缅怀苏东坡，可以眼见他当时所见的大致风景。

如果没有总是被投诉，或上奏常被置之不理，苏东坡可以完成更多想做的事。他是懂得民间疾苦的能臣，不是一个只会做官的人，也不是一个只会舞文弄墨的人。

苏东坡擅长民生工程，也能够为地方政府开源节流；他是个好长官，在他任杭州知州期间，历任的通判和他的感情都好，愿意为他做事。他在杭州曾写下一首脍炙人口的绝句，送给派驻杭州的将军刘季孙。刘季孙调动部队帮忙，在筑堤上尽了不少力。

这首诗就是：

> 荷尽已无擎雨盖，菊残犹有傲霜枝。
> 一年好景君须记，最是橙黄橘绿时。

简单的句子，道尽杭州美景。但"荷尽"二字，也有寓意。他知道刘季孙有兄六人，都已过世，只留他一人，所以这么说。"菊残犹有傲霜枝"，则暗示刘季孙已经年近六十了，仍然是欹崎磊落的真君子。

苏东坡在杭州的生活，除了督导工程、解决民生问题之外，和当时的士大夫相比，算是很清静俭朴的，他家中并没有蓄养家妓或歌姬，只有朝云可为他弹琵琶唱曲。有人送他两副"拍板"的伴奏器具，说是要给他家的歌姬使用的，结果，他自己拿来唱《金刚经》了。

没养歌姬，不表示没有娱乐。在朝中苏轼之所以和程颐处不来，大半的原因也是他看不起那些动不动就要说教，把人生活得一点味道也没有的"迂儒"。

仍是传说。有个诗妓名叫琴操，某日来苏东坡宴会中助兴，其间一名宾客咏唱苏轼弟子秦观（1049—1100）（后人称"苏门四学士"之一）的《满庭芳》。

> 山抹微云，天连衰草，画角声断谯门。暂停征棹，聊共引离尊。多少蓬莱旧事，空回首、烟霭纷纷。斜阳外，寒鸦万点，流水绕孤村。
>
> 销魂。当此际，香囊暗解，罗带轻分。谩赢得，青楼薄幸名存。此去何时见也，襟袖上、空惹啼痕。伤情处，高城望断，灯火已黄昏。

宾客唱错一个词，把"谯门"唱成"斜阳"，于韵不合。琴操立刻纠正他。那官员故意考她说，你才华这么高，就帮我将错就错，改个韵吧。琴操直接改"阳"韵，唱道：

> 山抹微云，天连衰草，画角声断斜阳。暂停征辔，聊共饮离觞。多少蓬莱旧侣，频回首、烟霭茫茫。孤村里，寒鸦万点，流水绕红墙。
>
> 魂伤。当此际，轻分罗带，暗解香囊。谩赢得，青楼薄幸名狂。此去何时见也，襟袖上、空有余香。伤心处，高城望断，灯火已昏黄。

灵思精巧的诗妓琴操（生卒年无考），本名蔡云英，据说本来是官宦人家女儿，从小聪明伶俐，家里让她接受教育，琴棋书画、歌舞诗词无一不能。她十三岁时，父亲受到宫廷案件牵连被杀，母亲气愤身亡，家产被没收，流落为妓。苏东坡一直很赏识她。只要泛舟游湖，琴操常跟随其间，苏东坡偶尔也会考验她的才华。

一日在湖中，苏东坡考她："何谓湖中景？"

琴操说："落霞与孤鹜齐飞，秋水共长天一色。"

东坡又问："何谓景中人？"

琴操回答："裙拖六幅湘江水，髻挽巫山一段云。"思绪敏捷，几乎直觉。

东坡再问："何谓人中意？"

琴操又答："随他杨学士，鳖杀鲍参军。"这话的意思，是自比杨学士（杨日严，北宋文人）、鲍参军（鲍照，南朝宋人，知名文士）之才华。可见琴操自视甚高。

东坡又问："才华这么高，又能怎么样呢？"

这把琴操问得答不出话来。

如此，也不过是个诗妓，色艺双全，将来又能怎样？

琴操一时没说话，东坡抢答："门前冷落车马稀，老大嫁作商人妇。"

这是白居易的《琵琶行》中的名句。或许东坡的本意，也只是为了调侃琴操，但聪明的琴操怔怔不语，立即了悟，后来削发为尼，常伴青灯古佛。玲珑山多了一名尼姑，而苏东坡少了个可以来参加宴会的歌女。

传说苏东坡在杭州时，常去玲珑山找琴操论诗说文。

之后的故事，就是红颜薄命了。杭州太守做得再好，再怎么眷恋杭州，任期顶多也就是那三年。后来的苏东坡，一贬再贬，留在玲珑山的琴操，在二十四岁的时候过世了。如今琴操墓碑仍在杭州，后人说是苏东坡所立，不知真假。以苏东坡当时身不由己的状况，能够安葬琴操的可能性极低。

毕竟是美丽传奇，信不信由你。

* * *

苏东坡在杭州，依然有好朋友，又结识了许多有意思、有才华的僧侣，也会浪漫地到寺里去批公文。我认为，这是他当地方官那么多年中最快乐的时光，公余之暇，座上客常满，樽中酒不空，毕竟这是人文荟萃的江南水乡。他肯定也忘记了前辈的告诫叮咛：诗少写一点，以免多言惹祸。

有时候，望着西湖美景，苏东坡也会想起十几年前第一次来杭州当通判时的情景，悼念当年故人，如今皆已不存：

> 余十五年前，杖藜芒屦，往来南北山，此间鱼鸟皆相识，况诸道人乎？再至惘然，皆晚生相对，但有怆恨。

悼念的不只故人，还有年轻的自己，转眼之间，半百光阴已逝，人生困局依然，苏东坡是个没办法假装看不到的人，在杭州还是为了人民福利与国家敛财之法对抗，官做得越尽力，朝中急着弹劾他的人越多。

《西湖柳艇图》（局部）　〔南宋〕夏圭　台北故宫博物院藏

此图以水墨设色，画出西湖的柳岸、画舫，点缀以游人，远处雾锁烟迷，意境优美。苏轼所见的西湖，也大抵如此吧。

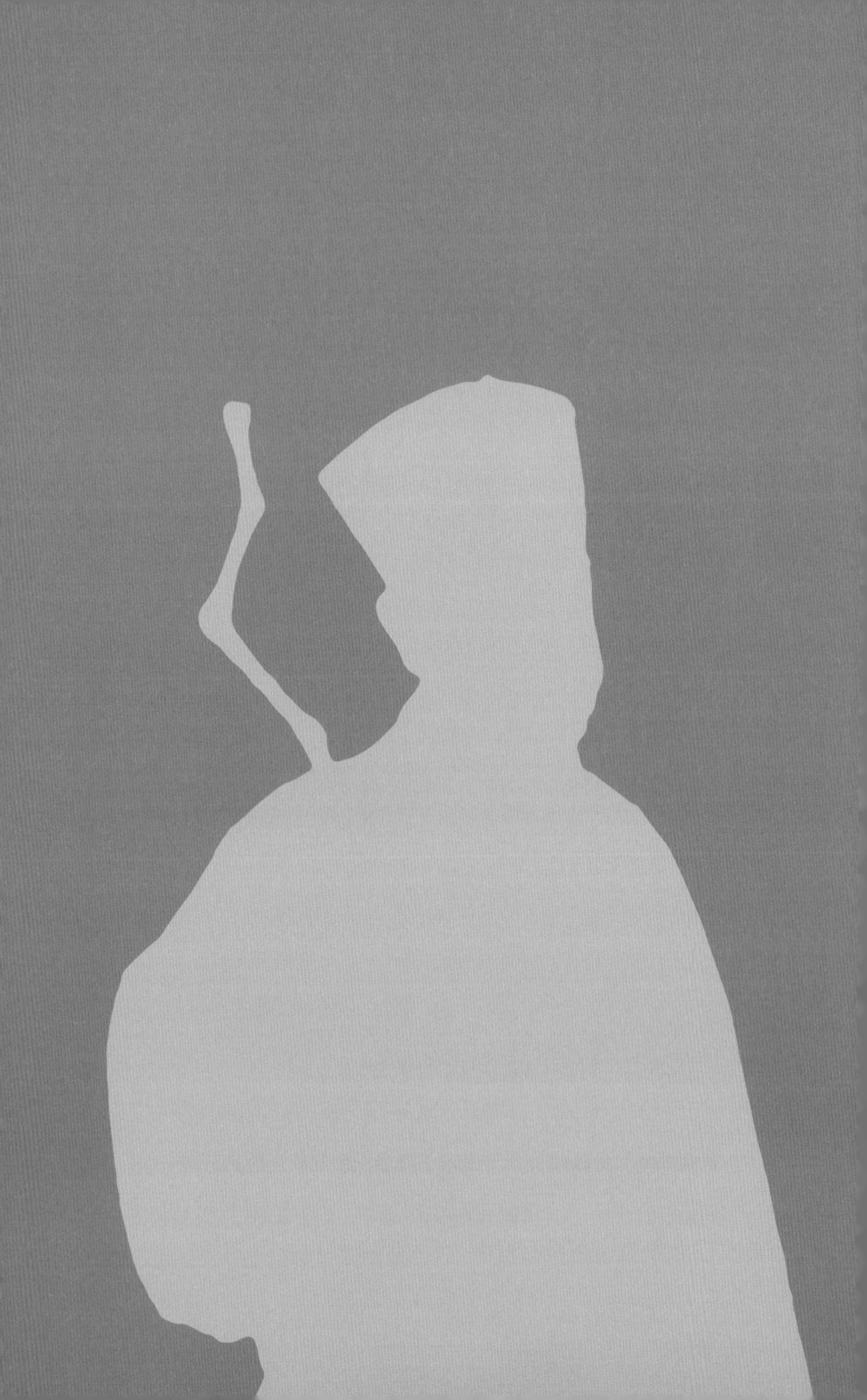

几番归来
风兼雨

宋朝集权中央，当地方官的，不管做得有多好，"外放州郡"都没有在中央做官来得高尚。老在申请外放的苏东坡想法比较不一样，他宁愿辛辛苦苦地为民兴利，不愿意回朝廷每天眼见各种斗争。外放对他而言，更加适合他的性情。

他自请外放杭州之后没半年，太皇太后就希望他回到朝中。当时答应他到杭州，原本的意思只是让他避避风头。元祐五年（1090），太皇太后两次请人传达了意见，希望苏东坡回朝，还想要让他当吏部尚书。换成别人早就风速入京，但苏轼并不愿意，推说自己又老又病，无法担此大任。

这一年，太皇太后让司马光的门生刘挚当了宰相（宋神宗之后，宋代宰相为左仆射兼门下侍郎、右仆射兼中书侍郎，刘挚是后者，前者为吕大防担任），苏辙当中大夫、尚书右丞，这就已经是位极人臣的二品官，也就是副宰相了。

在朝中最公平的事情是：谁都可能受到攻击。对于苏家兄弟升官，御史台上奏负评写得极狠，说苏辙以文学自负，个性刚猛，用他等于又用了一个王安石；而苏轼虽然文学造诣是有的，却属于苏秦、张仪一类，说得天花乱坠，并不实在。御史们的意思是："太皇太后啊，你喜欢他的文章是一回事，但用他来执政，恐怕就是祸国殃民。"太皇太后仍坚持己见下诏。但因已经先用了苏轼的弟弟，为了避亲，没有再用苏东坡当吏部尚书之理，以翰林学士之职，召苏东坡回京。

苏东坡在元祐六年（1091）离开杭州。彼时又逢春季洪水泛滥，他乘舟先到湖州、苏州巡视水患。看到灾民为水患所苦，他食不下咽。他想的是，当时说王安石当权，用人不当，改革操之过急，官员狐假虎威又从中渔利，不体恤百姓，但是……现在旧党当政，难道有比较好吗？并没有。大水泛滥成灾，为时许久；他曾经为了救灾，向朝廷请求拨放一百万贯，太皇太后虽已准许，但中间主事的发运使，却说米价昂贵，大家都不愿意卖，所以迟迟未有救济。朝廷不肯想出解决方法，眼睁睁看着人民挨饿。一腔热情想救灾，处处被阻断！

回到朝堂当理论家,再度卷入一群文人的斗争,非苏东坡所愿;何况,弟弟现在当了尚书右丞,他理应回避。本来非常想念弟弟的他,牙一咬,决定暂缓赴京,转往南都候旨,住在他的恩师张方平家里,这是他最后一次见到恩师张方平。

朝中此时的状况,也是一波未平,一波又起,虽然吕大防及刘挚并为丞相,但吕大防是个质朴君子,没有刘挚懂得运作权谋,权力已经由刘挚掌控。刘挚在王安石为相时,是条硬汉,虽然王安石也很看重他,但他还是勇于直言,勇于反对,不畏新党权势滔天;但人在换了位置之后,毕竟也还是会换个脑袋。此时刘挚的政治对手,早已不是被贬谪的新党诸旧人,而是朝中人士,包括宰相吕大防,还有苏轼、苏辙。

苏东坡、苏辙性情差很多。苏轼做人随意,爱开人玩笑,即使在朝中也是一样,连司马光当丞相时,他都敢暗骂他"司马牛"。苏辙是个小心翼翼的人,很难被抓到把柄。有苏东坡这种多言惹祸的哥哥,就已经够让他头痛了,哪里还能够大而化之?兄弟俩形成了互补性格。

苏东坡毕竟是了解自己的。他回朝中,必然又会成为被攻击的对象,会给当了副宰相的弟弟惹祸。乌台诗案时,他不就连累了弟弟,让进士弟弟去做一个管盐、管市场的小官吏,而如今弟弟贵为副宰相……他想,自己还是不要回去捣蛋了吧。但太皇太后的命令是不能违抗的。

苏东坡个性务实、没有架子，到处都是民间友人，和尚、歌姬、贩夫走卒都喜欢他，但他在朝中得罪的人可多了，不只是新党。苏家两兄弟在朝中被称为"蜀党"，他们蜀人势力其实最小，而苏东坡还真的把司马光的弟子们形成的"朔党"，以及程颐夫子及学生们的所谓"洛党"全都给得罪了。朔党一说起他，就说他像张仪、苏秦那些耍嘴皮子的人；洛党只要看见苏东坡又写了什么，就牵强附会，希望再给他戴一顶长得像乌台诗案的帽子。

刘挚（1030—1098）和刘安世（1048—1125），都是北方人，本来都是司马光那一派的，刘安世掌握御史台。这两人在太皇太后垂帘听政时，配合得相当好，问题在于行政权和监察权的结合，在政治逻辑上肯定不是好事。行政权容易用这些掌握弹劾权力的御史大夫们排除异己。刘安世掌握御史台，用的就是洛党朱光庭、贾易、杨畏等人，"朔""洛"结合，不止一次地找苏东坡麻烦。苏东坡几次向朝廷申请赈济遭受江南水患的灾民，挡他的就是贾、杨这些人，苏东坡怕人民饿着了急得要死，他们硬要说苏东坡胡说八道，不是实情。

只为排除异己，宁可百姓受难，造成的后果，和新党当道时，也没有区别。

在日后元祐党人所面临的波折里，苏东坡很惨，能够跟他比惨的，只有刘安世。之后再提这二人在先后被朝廷流放中上演的"敌人变朋友"戏码。在这里必须说明，所谓的元祐党人，虽然都在元祐时期受到太皇太后重视，但在政治上可不是意见都相同。

元祐四年（1089），刘安世曾经弹劾过乌台诗案中陷害苏东坡的主要推手谢景温，说他"天姿奸佞，素多朋附"。简单来说，就是个性天生是个小人，又擅长交往小人朋友。谢景温因而被外放。但刘安世也不是苏东坡的朋友。他的地域观念很深，看不起以南方人为主的新党，至于苏东坡这些从四川来的人，对他来说也是地不灵、人不杰的产物。

刘安世厌恶苏东坡这种"文人"，常说："士当以器识为先，一号为文人，无足观矣。"

有人胸有成竹地等着苏东坡进京。

苏东坡一入京师，贾易就拿他在杭州写的诗开刀。这首诗就是他曾题在扬州竹西寺的"此生已觉都无事，今岁仍逢大有年。山寺归来闻好语，野花啼鸟亦欣然"。说他在神宗过世这年，暗自庆幸。事实上这首诗写的是苏东坡听闻自己获准在常州居住时的心情。苏东坡当时已经不是罪官，无事一身轻，打算要去宜兴种田。颠倒时间顺序，是兴文字狱者必有的训练。在那个时代，谁也不能够好好证明时间顺序，而东坡的文字又流传极广，人家什么时候传抄，并不是他所能控制。

这件事，右相刘挚也被指为推手之一。

此时，有个小人登场了。曾经为了谄媚苏东坡，上奏说像他这样的栋梁之材应该要留在中央的赵君锡，为了自己的升官利益，和御史台那些洛党的士大夫们联手，上奏说起苏家兄弟坏话。大家明知道他和苏家兄弟交好，他说的话就更加有杀伤力，变成了"大义灭亲"的证词，他说苏家兄弟私下议论朝政，泄露朝廷机密，告到太皇太后那边去了。

赵君锡为何不惜参奏朋友？因为他想要升官，过去苏辙只要升官，补他的缺的就是赵君锡。现在，苏辙身居副宰相之位，如果把苏辙搞走了，他不就可以更上一层楼？

苏辙谨言慎行，不好告发，但他哥哥热爱发表各种感言，可就好下手了。弄走了哥哥，弟弟也会受到牵连获罪。所以赵君锡决定依附右相刘挚那一边，先弄掉苏家兄弟再说。

苏东坡在太皇太后跟前，解释了自己那首诗并不是在神宗过世之后写的。最让他伤心的是，遭到赵君锡背叛，实在心灰意冷。

每次他出京时，都有人告诫他不要乱写诗，还真的都一语成谶！

赵君锡参奏苏东坡，造成了"损人不利己"的局面。

太皇太后明白了苏东坡不愿还朝的心意，让他以龙图阁学士到颍州当知州。苏辙本也自请外放，但仍被太皇太后挽留，仍为副宰相，而赵君锡偷鸡不着蚀把米，被降了级。

五十六岁的苏东坡又被赐了金腰带、银鞍辔，一身荣誉出京去了。

刘挚那一伙人，在他走后，仍然以苏辙为主要进攻目标。但下一个牺牲品，却是拥有大权的刘挚，他与左相吕大防早有矛盾，被杨畏参奏。杨畏在御史台解释了许多，说刘挚的儿子和章惇的儿子交情好，想要让新党复辟，抄了刘挚给朋友的书信，到太皇太后面前检举他。太皇太后生气起来也不得了，使得刘挚在苏东坡离京后不久就罢相，到郓州当知州去了。

苏东坡的幸运，足见太皇太后对他的偏爱。颍州在今天的安徽，风光秀丽，风调雨顺，人文荟萃，是晏殊、欧阳修的故乡，相对富庶。郓州在山东西北，《水浒传》即以宋时郓城县宋江、晁盖落草为寇作场景，大概可以想见郓州当时的乱况。

* * *

李一冰《苏东坡新传》形容得好："政坛里的打手，打人成了习惯，不论何时，都须有个攻击的目标，倘若没有敌人可打，就打自己的同伙。他们没有是非，没有道义，凡是挡在路前面的都是障碍，都是攻击的靶子。"刘挚此番落马，即是如此。

很多人以为，小人嘛，只要不惹他、对他好就没事。其实和小人为敌，相当麻烦，但也不能对小人好，他们更容易出卖你。因为他们眼中并无真正的朋友，只有自己。

五十六岁的苏东坡常常会想着归隐。他已经厌恶那些一直被参奏、一直要为自己辩解的日子。但他却不能因此将他的笔束之高阁。要他什么都不写，可能比死还难过。此诗最足以说明他当时的心情：

> 此境眼前聊妄想，几人林下是真休。
> 我今心似一潭月，君已身如万斛舟。
> 看画题诗双鹤鬓，归田送老一羊裘。
> 明年兼与士龙去，万顷苍波没两鸥。

他的幻想是有一天能够跟弟弟一起退隐，像两只鸥鸟一样，消失在茫茫大海之中。

这是多么难实现的愿望。不是一起贬，就是一起忙。

苏东坡在颍州时，他的长子苏迈也获授"河间令"一职，离开父亲身边。这个孩子，之前为了和父亲到黄州去，用了最好的青春陪父亲谪居，以尽照顾之责。如今也三十多岁了，才得了个小官做。

颍州相对政清人和，没那么令人焦头烂额，苏东坡又在颍州和几个好朋友会面了：很有才学的宋朝宗室赵令畤，时任颍州公事签书官；还有好朋友陈师道，正在颍州当州学教授。好朋友在一处做官，颇为怡然自得。

苏东坡曾在诗中将颍州西湖与杭州西湖相比，说："大千起灭一尘里，未觉杭颍谁雌雄。"

欧阳修去世已久，颍州西湖上的歌女还在画舫中唱着欧阳修写的词。这常常让苏东坡怀念起欧阳修，欧阳修不只是他的前辈，欧阳修的儿子也是他的亲家：欧阳修的孙女嫁给苏东坡次子苏迨。长大后的二儿子苏迨也是个很有才学的青年，可惜身体不太好。

在颍州，不过半年，苏东坡认真地完成了防洪、防旱的水利工程，做了不少好事。当时邻州大闹饥荒，难民们都逃到颍州来，他又依照老办法，跟朝廷要度牒赈济灾民。

朝廷给他的任官期限，比想象中短，元祐七年（1092）春天，他又被调到扬州去了。

在扬州，他一上任就做了件大事：下令不再举行万人空巷的万花会。

扬州的芍药与洛阳牡丹齐名，也和洛阳一样举行万花会，一次用花十几万枝；官员宴会的场所，都用牡丹花作为屏障。屋的梁柱及斗拱，也都费心用竹筒贮水插花展示，人们一抬头，都是花团锦簇，美则美矣，但用的都是民脂民膏。苏东坡到扬州任官，正是花开季节，办事的官吏向苏东坡报告这"惯例"，东坡裁示停办。苏东坡写信给他的朋友王巩（官宦世家，张方平女婿），是如此解释的："办一次花会要用成千上万的花朵，办事官吏借机从事贪污，剥削人民，我已将它停办了，虽然有点煞风景，但也省去许多不良效应。"这个考量也有局势问题，颖州、扬州收成虽佳，但是附近诸州都因水灾无粮可食，流民遍地，他并不愿意在此时如此铺张。

扬州梦又是半年而醒。深秋，朝廷又下了诏令，授他兵部尚书兼侍读，要他回到朝中来。

调动频繁，是宋朝习惯。半年太守，能做多少事？席子没坐暖，又得走人。

回到朝廷去的苏东坡，再上奏向太皇太后请求外放越州。越州在今日绍兴一带，和杭州很近，一样是水乡泽国。太皇太后并没有准许，让他做端明殿学士兼翰林侍读学士。此时皇帝满十七岁了，已经大婚。现在的皇帝，和之前那个不踩蚂蚁的男孩，个性大不相同。太皇太后把苏东坡召回来再任帝师，应该是希望能借他之力，改变皇帝的叛逆态度，以及他对于当朝老臣的反抗心理。这时的年轻皇帝，对大臣们只恭奉太皇太后的态度更加不满了。他知道，总有一天他会掌握政权，总有一天要用自己的方法治理他的大好江山。

苏东坡尽责地给皇帝说了许多教诲，到头来对年轻皇帝而言只是一场梦话，后来更换了自己一身倒霉。

回到朝中的苏东坡，可想而知又受到御史台的大量攻击。御史台还是洛党天下，他们说苏东坡结党营私。自从苏东坡回到朝廷之后，举荐了不少和他亲近的人，如王巩、张耒、晁补之、秦观（后三人和黄庭坚并称"苏门四学士"），又说他在颍州时乱用官钱，和宋朝宗室赵令畤亲善，要赵家妇女来陪酒吃饭……当然还有一些套路，比如用诗文毁谤先帝之类；还说苏东坡之前在宜兴买田，是强占民产……

太皇太后和宰相吕大防还是维护苏东坡的，两名收集千百条罪状参奏苏东坡的御史，因为"诬陷忠良"之名被贬为地方官。

京师真的不是好地方啊。经过了此番折腾，虽然想害他的人反而被贬降了，但苏东坡并没有感受到胜利的喜悦，更多了几分无奈感。人在京师，就是要和这些老是在找麻烦的谏官鬼打架，这样耗费生命，真的有意义吗？

元祐八年（1093）盛夏，曾和他一起流落四方也饱受惊吓的王闰之病逝于京师，享年四十六。这一年，苏东坡五十七。

王闰之是一个沉默而贤惠的妇人。苏东坡《后赤壁赋》

《四学士图》　〔北宋〕李公麟（传）

《宋史·黄庭坚传》："（黄庭坚）与张耒、晁补之、秦观俱游苏轼门，天下称为四学士。"

曾记，有天客人带了一条大嘴巴的鱼来找他，问他有没有酒可以配鱼。王闰之马上说："我藏了一壶，就是为你的不时之需而准备的。"苏东坡就提了酒、拿了鱼，到他所称的"赤壁"之下去烤鱼吃了。

苏东坡在祭文中说她"三子如一，爱出于天"，也可知这个后母做得没话说。毕竟，他的第一任妻子王弗是王闰之的堂姐。此时，他和王闰之的儿子苏迨二十四岁、苏过二十二岁，都在做"承务郎"，八品文职官。

妻丧之后一个月，太皇太后病逝。苏东坡受诏为定州知州。

* * *

传说太皇太后在过世前，老早就知道年轻的哲宗皇帝，非常厌恶这群没太看重他的元祐老臣，老早有自己的打算，所以在过世前，将苏东坡任命为定州知州，希望他远避朝堂。

太皇太后葬礼之后，苏东坡又风尘仆仆履职去了。定州在今河北保定，是与辽国接壤的边防重镇，来此与在江南水乡除水患不同，他的关键任务在于整顿军纪。边界侵扰频繁，任务之吃重、心情之沉重可以想象。

短时间内，苏东坡想归隐还是没有希望。

《后赤壁赋图》（局部） 〔北宋〕乔仲常 美国纳尔逊－阿特金斯艺术博物馆藏

　　《后赤壁赋》为元丰五年（1082）苏轼重游黄州赤壁后所作。乔仲常据之绘《后赤壁赋图》，此处表现的是东坡一手拿酒，一手拎鱼，从家中走出，妻子在门口送行。

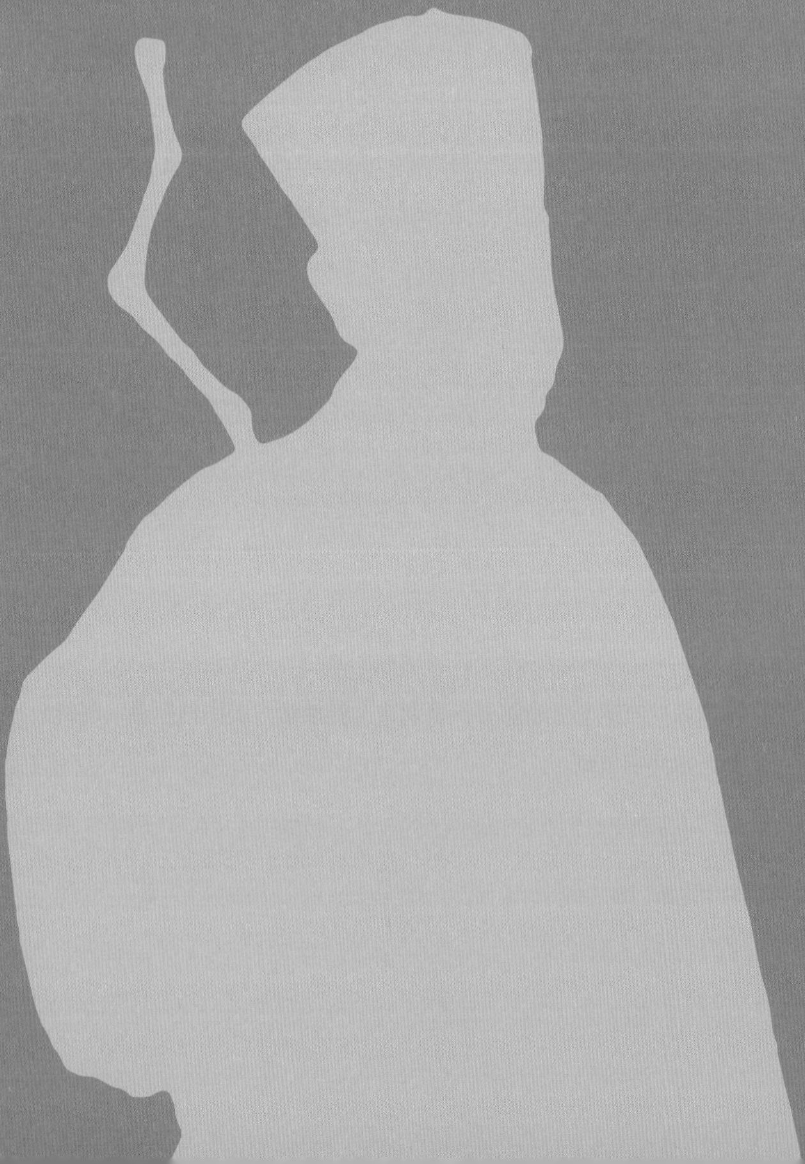

苏东坡到底得罪了谁？

苏东坡到底得罪了谁？

很多、很多。之前我们已经说过，除了新党，还有跟他一样被归为保守派的所谓的朔党和洛党。

苏轼是个少年得志的才子，意气风发，写起文章来气势磅礴，也天生很会得罪人。他在朝臣中太显眼、太特殊了，想要把自己藏起来也藏不了，变成了一个发光的箭靶子。

要明白任何斗争，攻击小咖是没有用的，要发难都要先整倒那个最放光的角色。

这些事情，在他的人生中发生过千百次，终身难免除。

以现代的话来说，一言以蔽之，就是天生招黑体质。固然，我们也不必为他避讳，有些事还真是他自己招惹来的，有些事祸源不在他，但是他太显著了，攻击他才有痛快感。

*　*　*

先来说他如何得罪推崇程颐的洛党。

我们说过,程颐在苏东坡之前,担任过哲宗小时候的老师,小哲宗恨这位老师恨得牙痒痒的,所以长大之后给老师的处置,比对付仇人还狠。

你可以说,这位皇帝并非可教之材,也可以说他的童年阴影太深。

神宗过世后,在太皇太后、朝臣和百姓的呼唤中,原本隐居洛阳编撰《资治通鉴》的司马光忽然接任宰相。他推荐了程颐这位不苟言笑的理学大家来当太子的老师,想把太子教成正人君子,程颐桃李满天下,但是恐怕不怎么适合"幼教",不理解青少年心理。

程颐(1033—1107)和他的哥哥程颢(1032—1085)并称"二程",两个人都是教育史上的重要人物。哥哥程颢比他大一岁。哥哥曾经考上进士,弟弟落榜之后终身不考了。程颐曾在朝廷为之修建的"伊皋书院"(元朝改名为"伊川书院")讲学近二十年。二程门生弟子不计其数,考上进士的也很多,之后不少官员被称为洛派。朝廷多次任命程颐做官,他都辞而不就,后来是因为司马光等大臣请他来当皇帝的老师,程颐才应允。

原生家庭相同,但两兄弟个性差异很大。他们的学生是这样形容的：程颢（明道先生）终日坐着，如泥塑人，待人接物一团和气。程颐则总是板着一张脸，动不动就会训人圣贤大道理。程颢与学生们讨论问题，如果学生意见不同，他会说："我们以后再商量看看。"程颐（伊川先生）则会马上说："你错了！"

你喜欢哪个老师教你？

我想，如果程颢活得久一点，是他来担任哲宗老师的话，或许哲宗在青少年时期应该不会有那么大的性格变化。

从生活中的小事也可以看出这两位夫子的个性完全不同。传说他们一起应邀赴宴，其中有家妓劝酒。程颐很不高兴地离座走人，程颢则留下来跟大家喝个痛快。第二天，程颐还去书房责问哥哥，你怎么可以那么不坚持？程颢笑着说："原来你还在在意这个？昨日座中有妓，我心中却无妓。今日书房中无妓，你心中竟然还有妓。"

你又觉得这对兄弟哪一位修养好呢？

程颢、程颐兄弟二人性格不同，人缘差别也大。有一回，这对兄弟一同进入一座寺庙，寺庙左右各有一道门。程颢走右边那道门，一大帮弟子都跟着他走右边；程颐打左边走，身后一个人都没有。程颐就很感慨地对程颢说："在待人方面，我实在比不上哥哥。"不过，他也没改。程颢也曾有感而发地说："要让人尊师重道，我弟弟肯定可以做到；但是要造就人才的话，我可要比弟弟高明些。"

二程的老师是著名的理学家邵雍和周敦颐，邵老师曾赞许这两兄弟是天下一等一的聪明人。后来苏轼在朝中的死对头朱光庭，年轻时曾经慕名去向程颢问学，停留超过一个月，回去后曾对人说："我一个多月都沉浸在春风中。"这就是成语"如坐春风""春风化雨"的由来，用以形容老师给学生的温暖感召力。

苏东坡从黄州回到朝廷，和程颐的白热化冲突起因于司马光葬礼。司马光的葬礼，程颐本职是皇帝老师，又奉命成为司马光的治葬委员会主席。

司马光过世时，文武百官正随着宋哲宗赵煦参加在明堂的祭拜典礼，这是很早就定下来的国之大事。苏东坡刚返回朝中，大臣们得知宰相过世的讯息后，纷纷要求去司马光家中吊唁。

此时，突然有一人拦住他们，不许他们去吊唁司马光。

正是程颐。

为什么？很有学问的程颐引经据典地说道："《论语》中说过'是日哭则不歌'，既然我们刚刚参加完明堂的吉礼（"歌"），又去参加葬礼（"哭"），就是对死者的不尊重，就是对刚才的礼仪有所冒犯。"

听完这些话，大家面面相觑。程颐忽然搬出"古礼"来不许凭吊，实在不近人情。群臣无言以对的时候，苏东坡站了出来，反驳道："《论语》中只是说'哭则不歌'，又没说'歌则不哭',不是吗?"

这是顺序的问题。大家点头称是。苏东坡是个过目不忘的人,脑袋也清楚。他最讨厌胶柱鼓瑟和用繁文缛节来约束人,马上把程颐堵了回去。

苏东坡也得理不饶人,补了一句:"这应该是该死的叔孙通所制的古礼吧。"

叔孙通是汉代大儒,为刘邦制定汉朝礼仪,不过因为礼仪繁复谨严,后世便失传了。

苏东坡这当面一骂,群臣很难忍住不笑。不过,稍晚苏东坡和众大臣前往司马光家去吊唁时,司马光的儿子竟然闭门谢客,没有一个人出来迎接他们。原来程颐还派人来跟司马光的儿子说,此时接受悼祭,于礼不合。这个尴尬的局面让苏东坡也不高兴,讽刺道:"程先生的礼仪还是有疏忽,应该要写个信,烧给阎罗王报知一下才好。"

两人之间还有不少摩擦,都是宋朝人笔记里写的。由于两人的确不合,添油加醋的人也多,聊备一格。有一回碰到国家的忌日,大臣们都到相国寺祈祷,程颐是主办人,下令寺方供应素菜,苏东坡又杠上了,说:"你不是不信佛吗?为什么要吃素呢?"程颐不甘示弱,也引经据典地说:"根据礼法,守丧期间,不可以喝酒食肉;忌日,是丧事的延续,自然也应该遵守不喝酒、不食肉的规定。这可不只是佛家说法。"但东坡却刻意和他打对台,一面令人准备荤菜，一面吆喝道："为刘氏者左袒！"这是汉高祖皇后吕后去世之后，吕氏、刘氏对峙时的故事，后来刘氏子孙消灭了吕氏族人。苏东坡把程颐那一派比喻为吕氏那一派，大臣们各自选边站；秦观、黄庭坚这些苏门学士则食肉，程氏弟子等人食素，壁垒分明。

不过，我认为这个故事不是真的。两人在相国寺杠上，不合礼法，中年苏东坡个性也没这么冲动。他刚被从谪居之地放回来，心里对于自己人在朝廷的动辄得咎，还是会心存警惕。

总之只要看到程颐，苏东坡都没给好脸色，他还曾明明白白骂程颐奸险。程颐的学生们，觉得没被尊重，对其恨之入骨。

蜀、洛两派不合，他们的朋友和弟子们为了争一时长短，意气用事，搞出更多事。苏东坡的好友孔文仲（1038—1088）是孔子第四十七代孙，非常不喜欢程颐。元祐初年曾上书参奏程颐，说他替皇帝讲学时，常常引用不实的言论来影响皇帝的想法。皇帝原本单纯，年纪也还小，没有不良的嗜好，程颐却莫名其妙常提醒他不要接近女色；皇帝没信任什么小人，程颐却一再唠叨要他远离小人，结果服侍皇帝的内侍们都以为程老师在骂他们；甚至程老先生还经常在小皇帝面前自夸"就算孔子再生为陛下讲课，也不过是这样罢了"。又说程颐利用替皇帝讲学的身份，往往超越分际，甚至勾结权势、搬弄是非、离间作乱、挑拨恩仇，因此民间称他为"五鬼之魁"。

这话批得十分严苛，明明是孔文仲上的奏章也被算在苏东坡账上，说是他挑拨。有人认为程颐和苏东坡的恩怨，是好人难为好人、君子难为君子，其实没错。不合出自于个性，而互相看不对眼的两人都有些小心眼，彼此杠上，肯定是事实。因口舌而形成朝廷的派别纷争，也是事实。

洛派人也有他们的说法。他们说苏东坡是为了争取替司马光主持丧礼，没有成功，所以才攻击程颐。后来，猛烈攻击程颐的孔文仲去世了，洛派的人又说：这位孔子后裔原本个性纯厚，只因受了苏轼的唆使而做出残害忠良的蠢事，后来觉悟了，才抑郁致病而死。又说：吕公著为相时，对程颐甚为器重，有问题都会问他，选拔人才也都决定于他，苏东坡、苏辙才会猜忌攻讦程颐。

程颐的古板是很知名的。传说，苏门四学士之一的秦观曾写过一首词，里面有一句"天若知也和天瘦"，流传民间。把天拟人化，属于文学性的惯用修辞法。有一天程颐遇到秦观，问此词是不是他写的。对秦观说："上天是很尊严的，怎么可以把它写在诗词里，来侮辱上天？"

"饿死事极小，失节事极大"也出自程颐。宋代的寡妇是可以再嫁的，也是民间常情。但程颐认为：丈夫死了，未亡人不可再嫁,再嫁就是失节。娶失节的寡妇,等同自己也失节,所以要人不可娶寡妇。弟子又问:如果寡妇不再嫁,便"贫穷无托",没有谋生能力,可能会饿死,饿死的恐怕还包括孩子,那能否再嫁呢?程颐说这只是"怕饿死"的借口,然后说出了被后世痛骂冷血无情,但后来的确有许多烈女遵循为礼的十个字:"饿死事极小,失节事极大"。

朱熹(1130—1200)承传二程之学,崇拜程颐,曾说:"昔伊川先生尝论此事,以为饿死事小,失节事大。自世俗观之,诚为迂阔;然自知经识理之君子观之,当有以知其不可易也。"基本上,也是赞成的。近代这句话成为"吃人的礼教"的代表句子,影响了民间风俗,明清之后不少节妇,夫死殉命,不管老公是不是真的良人。此二派学风不同,朱熹在教学时也常拿苏东坡来骂。

反正,谁看谁不顺眼,什么问题都有。这两派之争,从此没有停过。

苏东坡与程颐在哲学观念上也有很大的冲突。比如对于"天理""人欲"的看法,在程颐看来,"敬"字是他学说中最重要的。苏东坡对"天理性情"的理解与程颐几乎完全相反。他反对程颐的"节欲制情",认为情无善恶,要顺情达欲。他对程颐一派强调"敬"的作风甚为反感,当他看到朱光庭"端笏正立,严毅不可犯,班列肃然"的样子，会随口调侃人家说："什么时候才要打破这'敬'字啊？"

大家都是国之栋梁，为了这些小事吵架，好像有点不识大体。但魔鬼其实都在小事里。现在大家应该可以理解，朱光庭为什么一直要参奏苏东坡了，苏东坡爱戏谑，不一定每个人都会认为是幽默。

然后，我们来聊聊蔡确（1037—1093）。

章惇和苏东坡，本来是约定要一起退休的好朋友，后来却变成章惇想要置苏东坡于死地，只差没有派人来直接谋杀他……中间肯定有一些剧烈转折，蔡确诗案事件关系重大。

蔡确这个人，在王安石和吕惠卿离开朝廷之后，成为继续推动新政的主力。他和吕惠卿、章惇都是福建人。

蔡确仪表堂堂，也属官宦人家子弟，嘉祐四年（1059），年仅二十三岁就考上进士。王安石很欣赏他做事果断，提拔他当左右手。

在元代修的《宋史·奸臣传》中，蔡确被列为奸臣之首，但公平吗？请你继续看下去。

他的死，是被陷害的。苏东坡也有间接责任。

蔡确年轻时刚正，只要他觉得道理不直，就很敢顶撞长官，也是个有豪气的人。推行新法的目的，是因为他相信变法图治、富国强兵。

保守派当然不喜欢他，元丰五年（1082），他手握大权，神宗让他成为右相（左相是王珪）。此时已经出京的富弼曾上奏直言"蔡确小人，不宜大用"，这句话大大影响了后世对他的评价。

神宗过世前，并未真正立太子。在谁应该继承皇位的问题上，有这样一个说法：

元丰八年（1085），神宗病重，左相王珪（1019—1085），点头表示同意。高太后、皇子赵煦（1077—1100，本来叫作赵佣）和朱德妃（赵煦生母）当时都在场。

等到退出神宗卧室，王珪等人又跪在高太后面前，要求太后听政，高太后起初不肯。

话说赵煦又不是嫡子，本与皇位继承无关。但这也是抽到了机会牌的问题：宋神宗有十四个儿子，前五个儿子都夭折，不到十岁的赵煦成为序齿最大的那一个。

但是，蔡确却有不同的意见。

高太后除了神宗之外，还有两个亲生儿子，雍王赵颢（1050—1096）和曹王赵頵（1056—1088），正好是三十六岁和三十岁。两个人都聪明好学、年富力强，均称贤能。反正宋朝又有宋太宗"兄终弟及"的先例（这件事一般都认为是宋太宗的一个大阴谋，更有些人认为赵匡胤是他弟弟杀的，有"斧声烛影"的传说，故事很长，确有蹊跷，在此不多讲）。蔡确认为，为什么不直接立高太后的儿子、神宗的弟弟就好？

于是就请邢恕以赏花为名，开始运作。邢恕邀请了高太后的两个亲侄子高公绘和高公纪到家。高公绘和高公纪应邀前来后，邢恕找机会说了这句话："皇帝陛下的病情已重，恐怕回天无力，他最大的儿子太小了，是否请太后考虑一下雍王和曹王，他们的声望都很高……"继位的事，按理臣子们是不能够提建议的，高公绘非常警觉地说："你可不要陷害我们全家！"就赶紧拉着弟弟一起离开邢府。

如果这件事真的出于蔡确的策划（有人说他只要成功拥护高太后之子，一定可以扳倒左相王珪取得大权），他的最大问题在于他不了解高太皇太后。高太皇太后是个守礼的一国之后，把名誉看得比什么都重要。她认为神宗又不是没有儿子，父死当然要子继，她不会因为自己还有成年儿子，就去抢这一杯羹，不然，后世的人会怎么讲呢？一直到了她走到生命的尽头，她还在问大臣："你们说，我摄政的这些年，我难道有给我们高家人任何特权吗？"

的确没有。这是不容易的。

但如果以结果论英雄，说真的，短命的哲宗实在不是什么英明好皇帝，他一辈子就活得像个赌气的青少年。如果高太皇太后当时答应以自己的儿子来接续皇位，那说不定（有关未来，谁说得定？）历史就会改写，之后宋朝也

《历朝贤后故事图·女中尧舜》 〔清〕焦秉贞 故宫博物院藏

宣仁太后高氏是宋英宗皇后,宋神宗的母亲。元丰八年(1085),神宗皇帝病逝,立哲宗,哲宗年幼,她以太皇太后身份代理朝政,复用司马光等人,恢复旧法,十分器重苏轼。

不会在新、旧法之间反复来去，使得人民一直在主事者的各种变局中被整来整去。至少赵颢曾经为了新法和哥哥神宗有过口角，如果高太皇太后都起用保守派，他应该不会像哲宗那样，在高太皇太后去世后马上来个新旧大翻盘。

神宗不久就病逝了，哲宗即位，由高太皇太后摄政，蔡确成为左相，章惇成为右相，但很短暂。司马光被迎回执政后，尽罢新法；元祐元年（1086）蔡确罢相出京，当过陈州、安州，以及邓州的知州。

然后，出了车盖亭诗案导致蔡确之死。这个诗案其实跟苏轼的乌台诗案异曲同工。很多人认为当时差点把苏轼整死的乌台诗案，看来是邢恕主谋，但其实是蔡确的唆使。这个车盖亭诗案是保守派，尤其是苏轼、苏辙的报复。乌台诗案没有整死苏轼，但是车盖亭诗案整死了蔡确。

蔡确在安州游车盖亭时，写下《夏日登车盖亭》十首绝句，在朝的政敌吴处厚向朝廷检举他。

吴处厚比蔡确早七年考上进士，两人素有恩怨。

传说，蔡确曾经跟吴处厚学过如何写赋。然而，蔡确的官职升得快，蔡确担任宰相，吴处厚写信向他求官，蔡确却一直无意提拔他。不提拔一个人，也不能怪蔡确不知恩图报，说不定蔡确就是明白吴处厚可能是位好老师，但不是个好官，因为了解他。

吴处厚后来当大理丞，不是蔡确帮忙，而是当时的左相王珪推荐的。反正后来只要遇到蔡确，吴处厚为官都不利，吴处厚就认为蔡确一直故意跟他过不去。也有这么一个传说，吴处厚爱作诗，有个官吏从汉阳到安州办事，蔡确问吴处厚近况，官吏随口背了首吴处厚的诗，其中有"云共去时天杳杳，雁连来处水茫茫"两句，蔡确听后不屑地说："仍是胡言乱语。"

为何我老爱用"传说"开头？因为，苍蝇爱叮有缝的蛋，只要两人有点不合，就有人爱编织谣言，传到那个不合的人耳朵里，煽风点火，恨上加恨。不然，请问是谁把"仍是胡言乱语"又传到远在天边的吴处厚耳朵里去的？

总之，因为这些斑斑点点，吴处厚就怀恨在心了。在蔡确罢相之后，都还想找他麻烦。终于，他有灵感了。吴处厚后来也被写在《宋史·奸臣传》里，且听下回分解。

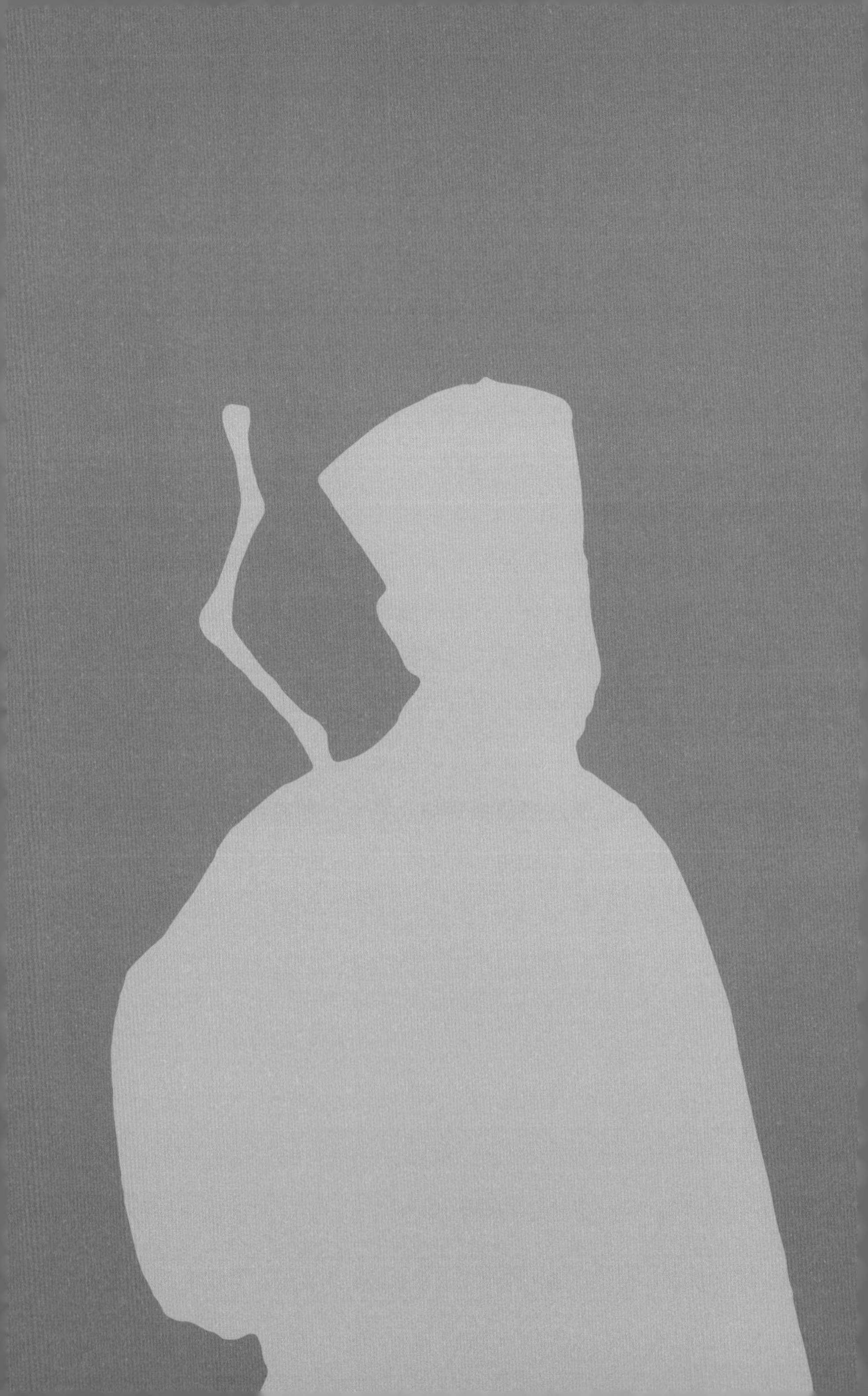

最好的朋友
最坏的仇人

吴处厚花尽心思找蔡确的麻烦。

这个文字狱的确和苏东坡涉及的乌台诗案如出一辙。为了整人，什么话都可以编排。蔡确本来以为，他外放那么多年，应该没事了。换个角度看，他外放诸州当地方官时，还可游山玩水，不要理那"一朝污秽"。

这么多年了，不放过他的，就是曾经和他有交情的人。《夏日登车盖亭》诗，也不是什么太精彩的诗作。蔡确虽曾贵为宰相，也不像苏东坡，诗文传抄的力道那么大，想要找出他的把柄必得有心搜集。

吴处厚检举他，车盖亭诗有五首都在讥讽朝廷，其中有两首更是丑诋太皇太后。其中有"矫矫名臣郝甑山，忠言直节上元间"的句子，就是把摄政的高太皇太后比作武则天！

蔡诗多用典故，必须解释一下。郝甑山是何人？他就是车盖亭所在地的安陆市人——唐朝大臣郝处俊（607—681），他的父亲郝相贵，在唐朝曾经当过滁州刺史，受封甑山县公，他世袭了这个爵位。唐高宗年间，郝甑山文武全才，曾随名臣李勣（徐世勣）奉命远征高丽。

他在武则天称帝前就过世了。武后为除异己，用了一班酷吏，只要被诬造反，全家都没有活口。郝处俊的孙子凤阁舍人郝象贤在武则天时代因被诬告造反而被处死，武则天还下令将郝象贤的尸体割裂分解，又溯及祖先，大肆破坏郝处俊的坟墓。

郝处俊是安陆市人，蔡确登车盖亭想到了他，在乡怀其人，也是理所当然的。解释了这么多，相信多数人不会认为这里有什么讽刺意味，就是在写郝处俊啊。

但所谓讽刺，是思想犯，只要我认为你有这个意思，谁管你真的有没有意思？逮到机会的吴处厚就添油加醋一番了。

高太皇太后平常实在不是个不讲理的女人，但她垂帘听政时最大的地雷就是"别说我像武则天"，我都已经那么努力地在辅佐孙子，也没有任何私心去立我自己另外两个亲生儿子了，你们还想要怎么说？她很敏感。

蔡确一案，惹怒了高太皇太后。经过一番讨论，高太皇太后将蔡确贬为光禄寺卿分司南京。这样就没事了吗？没那么简单，如果说乌台诗案是改革派陷害保守派，那么车盖亭诗案就是保守派打击改革派，都是北宋文质彬彬的士人的恶斗，相同点在于找一个人写的诗开始编文章。

苏东坡在这个案子中的参与，有证有据。有学者研究过他的某种奇妙报复心理：当政敌蔡确发生车盖亭诗案，苏东坡是个文字狱的过来人，当然不会相信诗中有什么明显证据毁谤太皇太后，但他确也不甘心就让蔡确太轻易就能脱罪。他心里可能还有点气：自己被贬到穷乡僻壤，蔡确还在南京闲居，这也太宽容了吧？因此他也上了《论行遣蔡确札子》，提出了他的建议与做法。

仔细看这篇文章，可以得出两个结论，简单地说：第一，他并不想害死蔡确；第二，他想让蔡确也经历一下自己在乌台诗案中的惶恐与不安而已。也就是：他认为应该把蔡确打入监狱进行彻底的调查，最终无罪赦免。（有没有很像他自己经历过的事呢？）只想把自己的苦，让当初的加害者蔡确也去品尝一下吧。

苏东坡从正反两面说到蔡确的处置原则，一是："若朝廷薄确之罪，则天下必谓皇帝陛下见人毁谤圣母，不加忿疾，其于孝治，所害不浅。"为了杜绝毁谤和闲言闲语，不能放过蔡确。另一方面："若深罪之，则议者亦或以谓太皇太后陛下圣量宽大，与天地等，而不能容受一小人谤怨之言，亦于仁政不为无累。"也就是说，若是责罚太重，又会伤害太皇太后的宽大仁政，认为您连一个小小的毁谤都不能宽容也不好啊。所以苏东坡提供了一个"双赢"之法，先以皇帝之名下令让蔡确进监牢，司法审问，再由太皇太后下诏来赦免蔡确。

在太皇太后的盛怒之下，他并没有为蔡确辩论，没有完全以德报怨，但他建议的方法，其实还是可以看出他仍有仁慈之心。

苏东坡的建议比较像一个剧本，让皇帝和太皇太后一个扮黑脸、另一个扮白脸，合演一出吓吓蔡确的戏。也许也想警告那些还没心死的新党之人。学者张忠智写过《苏轼的报复美学》一文，很生动地形容苏轼在想出这个点子时，心中一定也很佩服自己能够想出这么好的办法，这在儒家叫作"以直报怨"，通俗的说法是"以牙还牙"，但终究还是不想伤仁害义。

但他低估了太皇太后对蔡确的厌恶之心。将蔡确贬得越远越好，是太皇太后自己的意思。太皇太后为什么要下重手？《宋史》上有载，高太皇太后曾在元祐六年（1091）跟大臣陈述了这样的意思："让儿子继承父亲的位子，天经地义，有什么好说的？蔡确当时却煽风点火制造事端，想要混乱朝纲。我不忍心明白说出他做了什么，只是托毁谤之名把他放逐罢了。"太皇太后所不忍明言的事，应该就是在拥立新皇帝的继位上，蔡确和太皇太后的高家侄子产生纠纷的那些事情。而蔡确在朝中的确很没人缘，朝臣在他外放后还在骂他，因为他当时从知制诰一路升到御史中丞、参知政事，都是以兴狱来夺走别人的位子给自己坐。这个因，也是蔡确自己埋下的。

但最后太皇太后和蔡确的冲突并没有以双赢结束，保守派梁焘、刘安世等支持诗案成立，蔡确被贬为英州（广东英德）别驾、新州（广东新兴）安置。吕大防和刘挚还挺有良心，曾以蔡确之母年老，岭南路远，请改迁他处，但高太皇太后说："山可移，此州不可移。"铁了心，案子就这样定了。当时，将一个曾经位极人臣的士大夫流放到岭南瘴疠之地，可是开了先例，之前没有这么严苛的。

元祐八年（1093），蔡确病死于新州。

《宋史》将蔡确列入《奸臣传》，有人认为很不公平。他曾经害过人，也被害，他的确曾经想为国家做些事，但也有采取过一些非常手段来排除异己。这样，算奸臣吗？

人总是有缺点的，就看是瑕不掩瑜，还是瑜不掩瑕。我不想妄下论断，只想陈述历史上的客观证据。人固然都有自己的喜好，但若不分青红皂白选边站痛批先贤，和因为太喜欢一个人就为贤者讳，都不是客观态度。

* * *

当时，蔡确和章惇是新法的重要代表人物。苏东坡这样处理蔡确，章惇应该感到心寒。

后来处置苏东坡，让他一路被贬到岭南，又被外放到海南岛，也依循着处罚蔡确的残酷路径。

这种流放，在当时就属活着的死罪了。

苏东坡一定也怀疑，他的官位不算高，怎么老是他最惨呢？他的最高官位还不如苏辙。一直被当标靶，可能有几个原因：比如，有代表性的都比他早走，司马光任相不到一年即离世，谁想迫害他也无机会，只能祸延其"支持者"。

宋代不像武则天时可以"自在"地把人家祖坟挖出来捣烂或鞭尸，那太不文明了。看看后来报复的方法：宋徽宗和蔡京（很不幸的，他和蔡确同是福建人，而且是同宗）联手刻的《元祐党籍碑》，把那些"前朝保守派坏人"都刻在碑上，让大家永志不忘，子孙也永不录用：包括曾任高位的司马光、吕公著、范纯仁、吕大防、文彦博、刘挚、苏颂……苏东坡的官位只能排在第二档首位，但他却是活罪最难逃的一个。被特别对待，想来还是因为苏东坡最有名，整他最有代表性。关键点还在于，苏东坡扎扎实实得罪了一个不可忽略的人，也就是他曾经最好的朋友、后来变成了他最坏的敌人的章惇。

* * *

章惇（1035—1105）成为宋哲宗时的宰相，辅佐皇帝重新往他父亲神宗的理想前进。

他本来和蔡确一起担任神宗时期的左相和右相，后来

《元祐党籍碑》石刻拓片

南宋庆元四年（1198）梁律重刻于桂林月牙山龙隐岩壁。

被弹劾出京。

那个时候蔡确已经被外放了。他留在朝中,应该也知道自己没有太多日子可待,却还是为着新法存废理直气壮地争辩着,可以见得他的性格:没在怕。

章惇和苏东坡本来有着深厚友谊,两人是嘉祐二年(1057)同一榜的进士,年纪相仿。不过,章惇后来虽中进士,还是决定这次不算,重考!因为在这次礼部廷试中,章惇有个族侄章衡(1025—1099)太优秀了,荣获状元;章惇落在晚辈之后,愤愤不平,质疑考官批卷子有问题,自愿放弃功名,宁可又考了一次。

这事你一定觉得莫名其妙,算算章衡的年纪,虽然辈分比章惇小,但年纪毕竟还比他大十来岁。你说,章惇是有气节还是自尊心过强?还是……基本上他觉得章衡才华比他差,竟然拿了状元,让他回家不好看?

这是胆识,还是好面子?是太看得起自己,还是太爱比较,还是……看不得人好?

总之,不是一般人性格。这样的人,自尊很强、爱恨分明,也一定记仇。

章惇和苏轼真正的交往起始于章惇被派任商洛令,苏轼第一次当凤翔府节度判官时。这两个地方都在陕西,相当接近。他们在任内一起被邀请参加长安举行的乡试试务工作,两人变成了无话不谈的好朋友。

好朋友，趣味相投未必要个性相同。有两个传说，说明两人性格大不同。

一是，二人一同游山玩水，到了南山的仙游潭，有一个地方，双峰对峙，之间只有一座独木桥，下有渊深万仞。苏东坡一看惊呆，惧高怕死不敢前往；章惇则面不改色，跨过木桥，而且用藤蔓当绳索，一头绑在树上，一头缠住腰，然后拿着笔蘸墨汁在石壁上写着：章惇、苏轼到此一游。（这一点我实在有点怀疑，写石壁用墨汁，怎么磨墨？就算带着磨好的墨水，蘸笔书石恐怕也没么方便吧。这故事应属宋人笔记编派，合理性可疑。）

章惇的胆子比苏轼大很多。苏轼看到章惇耀武扬威地又回到对岸来，用手拍拍章惇肩背感叹："子厚（章惇字）必能杀人！"章惇问："为什么这样说我？"苏轼解释说："敢这样拼命的人，就一定敢杀人！"

章惇听了，哈哈一笑。

又有另一个传说。说两人在山寺里喝酒，有人说附近有老虎下山。两个人都喝得醉茫茫，壮壮胆就骑马去找老虎了。果然找到老虎，离老虎一段距离，马就不肯前进。苏轼酒醒了，说："我们还是回去吧。"章惇不怕，拿了准备好的铜锣用石头猛敲，把老虎吓跑了。后来章惇得意洋洋地对苏轼说："你这人胆子小，将来肯定不如我。"苏轼不是个会跟人争勇的人，应该也是哈哈一笑。

（你认为这个冒险故事真的合理吗？）

章惇的商洛令任期期满，要离开陕西，也曾到凤翔拜访苏轼。苏轼尽地主之谊，招待他游山玩水，留下不少诗文。

两人的感情虽然不能说如胶似漆，但堪称知己，氛围也该称得上是和谐的。在密州的苏轼曾回《和章七出守湖州二首》（其一），其中有"早岁归休心共在，他年相见话偏长"，还提醒着章惇，我们退休之后要一起过诗酒人生、好好聊天啊。

乌台诗案发生后，苏轼被御史台一群乌鸦咬得遍体鳞伤，基本上是时任宰相的王珪所主导。之前，我们说过这个故事：当时重返朝堂担任翰林学士的章惇，在神宗面前反驳王珪，为苏轼仗义执言。王珪列举苏轼《王复秀才所居双桧二首》（其二）中"根到九泉无曲处，世间惟有蛰龙知"的句子，说："陛下飞龙在天，苏轼却以为您不懂他，而求之地下的蛰龙，这不是目无君上，是什么呢？"神宗不是傻瓜，说："诗人之词，怎么可以这么解释？他咏桧木，关朕什么事？"王珪一时说不出话来。

退朝后章惇继续质问王珪："你是想让苏轼家破人亡？"王珪推说是舒亶告诉他的。章惇还直接讥讽王珪："舒亶的口水难道可以吃吗？"对于王珪此举，章惇很不服气，曾批评这名长官"想要害人，真是无所忌惮，什么都说得出来！"所以后来苏轼才无性命之忧。

苏轼被贬到黄州后，不久就收到章惇表达慰问之情的信。苏轼十分感激老友的慰问，在回给章惇的书信中赞美他："子厚奇伟绝世，自是一代异人。"他也认为，章惇在大家落井下石时，还这么敢挺他，此种胆识，一定会出将入相。这段时间，很多官员因怕被牵连故都避之唯恐不及，章惇却还会寄药物及生活物资给苏轼。

得知苏轼在宜兴买地，计划将来隐居于此，章惇还写诗相赠："君方阳羡卜新居，我亦吴门葺旧庐。身外浮云轻土苴，眼前陈迹付籧篨。涧声山色苍云上，花影溪光罨画余。他日扁舟约来往，共将诗酒狎樵渔。"

——子瞻你在宜兴建筑新房，我也准备修葺一下在苏州的旧屋子。将来咱们俩驾驶扁舟相约湖上，一起写诗喝酒，与樵人渔夫为伍，这种日子多逍遥啊。

什么时候从最好的朋友变成最坏的敌人呢？

高太皇太后垂帘听政，重新起用旧党人物，苏轼得以回到朝廷，这是苏轼仕途中最为风光的七八年，也是章惇最不得意的那些年。这个期间，友谊渐渐变质。

起初，苏轼还当和事佬调停章惇和司马光。太皇太后摄政初期，章惇由右相改为执掌枢密院，也就是最高军事长官。当时新、旧两派人士，还在为新法的存废激烈交锋。司马光口才不是章惇的对手，章惇的激烈言辞常常让司马光很尴尬,苏轼还企图缓和两人的关系,替司马光传话给章惇,劝章惇不要当众羞辱前辈,章惇也尽量听了,态度稍好一些。两人关系并未破裂。

话说司马光当宰相之后,废除新法的诏令一道又一道。变法派人士也纷纷外放了。章惇也被旧党围攻,攻击他的用语也都很刻薄,他被列为新党罪大恶极的"三奸"和"四凶"之一。

章惇可能认为,苏氏兄弟恩将仇报,是他落马又入泥的推手。

章惇最不能原谅的,应该是苏氏兄弟也加入了对他的攻击行列。元祐元年(1086),刚接任右司谏的苏辙上了《乞罢章惇知枢密院状》,批评了章惇和司马光在太皇太后面前争论时态度无礼,又说他阻挠了免役法的废止及传统差役法的进行,希望罢免章惇的军事长官职务。

这个奏章是苏辙写的,也许你会问,关苏东坡什么事?章惇有恩于苏轼,和他感情这么好的弟弟,却来罢免他?即便苏辙上奏章前,苏轼不知道,但在苏辙上表之后,苏轼也没有为章惇讲话,在章惇看来,这不等于是帮凶吗?

其实苏辙这个奏章写得有些奥妙。这件事情,导因于司马光废止新政的免役法,改回传统的差役法,产生不少弊端,弹劾的竟然不是司马光,而是曾经气呼呼阻止司马光废免役法的章惇。章惇一定感到愤恨难平。事实上,苏东坡本也反对废止免役法，不是还气呼呼偷骂司马光比牛还顽固吗？可是，苏东坡此时装聋作哑。

苏辙的弹劾让章惇在几天后就被贬为汝州知州。在章惇已出知汝州后，苏东坡竟还补上一奏。在《缴进沈起词头状》之中，说新党等人，包括章惇在内，附和王安石谋求边功，导致朝廷巨大军事损失，兵连祸结，死者数十万人……这些人随意激起边区战争，后来吃了败仗。不是针对章惇，但文中提到章惇"招降五溪边民"的事情，本是章惇的得意功绩。苏轼在密州时，曾写诗给章惇赞美他"功名谁使连三捷"，这回竟然出尔反尔给予负面评价。这算不算是落井下石呢？没过太久，章惇又被贬为提举杭州洞霄宫，从枢密院大臣一下子跌落为一个闲人。章惇曾因此作诗自嘲道："洞霄宫里一闲人，东府西枢老旧臣。"

苏东坡提到章惇涉及的军事行动，或许是出自后来的反省，因为这些神宗时期的边区战事，在当时看来是威武凯旋，盖棺定论来看是错误策略，而且还害死了很多人。你也未必能够说他前后不一。很多事情，当时舆论和后来结论是不一样的。

然而在章惇心中，苏东坡应该已经从好朋友变成一个小人！

之后，章惇在哲宗时咸鱼翻身，当了七年宰相，成为苏东坡最可怕的敌人。

《归安丘园帖》 〔北宋〕苏轼 台北故宫博物院藏

此帖书于元祐元年（1086），是苏轼重回政治权力中心后，为安慰当时被贬汝州的章惇所作。

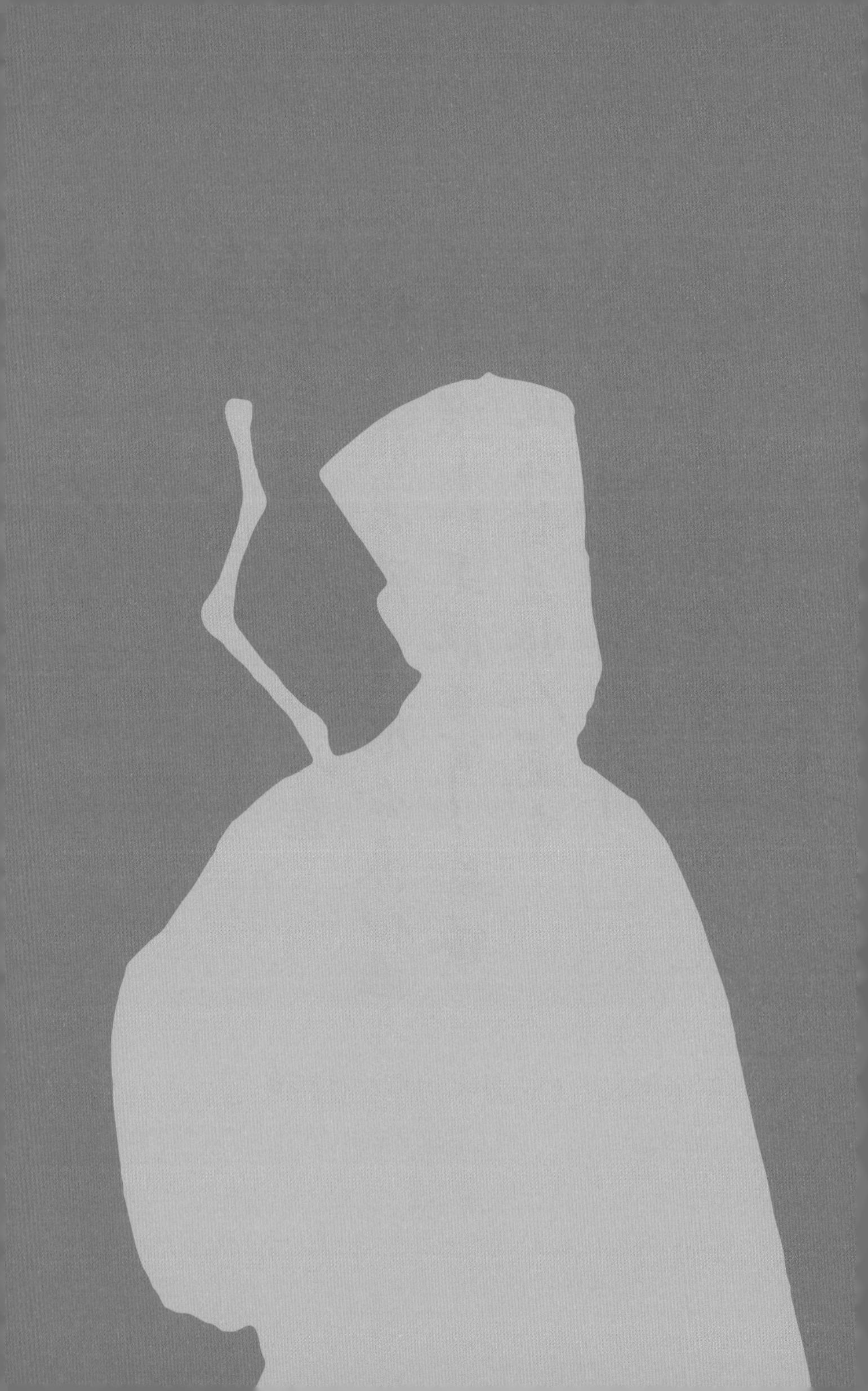

流离的序曲

这次第，怎一个"恨"字了得？

章惇为什么这么记恨苏东坡，一步一步将他逼向没有光的所在？许多学者都分析过，但都不可能完全了解章惇的心理活动。人心莫测，一个人的心理暗流到底如何运作，有时候连自己都不明白。

苏东坡不是章惇被贬的主要加害者。其实在司马光回朝之后，变法派的人应该明白，章惇迟早就是要外放的。章惇与司马光之争，并不只是为了自己。他极精明，不是个不明白时势的人，虽知朝中迟早待不下去，但他竟还敢在太皇太后面前，为了免役法爆粗口，扬言跟司马光来个单挑如何……这当然很不礼貌也不会看脸色。司马光是前辈，也是太皇太后信任的人，但这证明了此时的章惇为了自己的执政理念，不想让新法尽毁，不顾一切。他并没有因此想要讨好保守派，苟安于朝廷。

说章惇是小人未必公平，但说章惇不是小人，也未必。得势之时，他也心狠手辣。

他的贬官，苏氏兄弟也不是直接推手，但他后来凤还巢之后对苏东坡的加害，是一招比一招狠辣，就是要这个昔日好友永劫不复。

其实在元祐年间，苏东坡对章家仍有恩德。章惇的儿子很优秀。章惇两个儿子章持、章援，在元祐三年（1088）成为进士，主考官是苏东坡，章援排名第一，章持第十。

所以在苏东坡人生最后几年，向太后再想起用保守派，苏东坡有机会从海南北返时，刚好章惇被贬雷州，章援曾经写信给苏东坡为父亲缓颊，怕苏东坡回到朝中时又展开报复（不然，为什么早不写呢）；苏东坡还回了信，里头诚恳地说："某与丞相定交四十余年，虽中间出处稍异，交情固无所增损也。闻其高年，寄迹海隅，此怀可知。但以往者更说何益，惟论其未然者而已。"从海南岛回到本土的他，承受过那么多苦难，连陪他的人都在谪居时纷纷病故，他自己也是九死一生。想想章惇在他贬谪黄州时还会送药来；但在他贬谪惠州及海南岛时，送的可都像毒药。然而，苏东坡给章惇儿子的回信，却半点幸灾乐祸的话都没有。他承认之前是因为政治问题看法不同而有不合，但不损及友谊；过去都过去了，说了没用，能努力的只有未来了。信中反而殷切地聊到章氏兄弟如何孝养。如此对待想让自己死的人，是人格的最好说明。

这是后话了。

* * *

在苏东坡外放定州之前，朝中大臣已经意识到哲宗亲政后国事将变，保守派必定首当其冲。苏东坡去定州当知州，是元祐八年（1093）高太皇太后去世时就定下来的。在哲宗亲政的同一个月，苏东坡出京前往定州。表面风光，但内心不可能没有忐忑，他给弟弟的诗中写着"今年中山去，白首无归期"。

定州是大宋边陲，北临辽国，军政任务重大。

苏东坡没闲着，一到定州就开始忙碌。他的治州方针，除了一贯的"振兴经济，关注民生"的原则外，又多了"整军经武"。

苏东坡在当地方官方面也是个能臣。在政事上，不管是不是他熟悉的业务，他从来没有糊弄过。他眼中的定州，军政腐败、兵饷很低、军营破烂，官兵们的专长在于贪污盗窃、酗酒赌博，士兵毫无战斗力，万一辽国哪一天又入侵了，肯定死的死、逃的逃。

他整顿军纪，约法三章，管制纪律，惩罚偷盗、赌博、酤酒，向朝廷申请专款，修缮营房，官兵们不再住乞丐窝里。

苏轼被贬黄州时为副团练使，不过是虚衔，在这里他还真的开始民间团练了。他组织了民兵自卫队，让各村年轻人"带弓而锄，佩箭而樵"，也就是武装生产。若有敌情，击鼓相召，自动集结。

为了安抚百姓，又明令禁止官员征收苛捐杂税，两次上奏朝廷"粮米减价"和"开仓贷米"，让定州五万饥民度过荒年。出身农家的他还开发水田引进稻种，教人民种稻技术，希望定州以后也能有千顷碧绿稻田。他还对当地记录人民插秧时唱的秧歌稍加改良，增加农忙时的娱乐。

大块假我以文章，苏东坡不管到了哪里，都有文学灵感源源不绝，工作娱乐并重，访察民情时，仍不忘游览定州山水。

不过，不管苏东坡在定州政绩如何，命运终究无可挽回。从王安石变法之后，朝廷上只有党派，没有是非，做出什么不重要，选哪边站才是重点。不管新、旧党谁当权，都希望把另外一边剿灭。朝中之争，比外患严重，而改来改去的法令，对人民的伤害，以及对国力的削弱，比外患带来的痛苦更多。

改来又改去。变法派再起，章惇、曾布当权，恢复王安石变法中的保甲法、免役法、青苗法。哲宗当政次年，改元"绍圣",立志绍述他父亲神宗未完成的使命。

在苏东坡南贬的路上,章惇开始发挥他的报复力。元祐九年(1094),苏东坡接到改任英州知州的诏令。但走到半路上,诏令又改,有人认为对苏东坡的处置太轻,把他的"端明殿学士兼翰林侍读学士、左朝奉郎……"头衔降为"左承议郎,仍知英州"。

这还没结束。朝廷有人又觉得惩罚太轻,在苏东坡赴英州的途中,知州这个还算岭南大官的职位被取消了,再贬为宁远军节度副使,惠州(广东惠州)安置。官越来越小,地越来越远,又像当时被放在黄州安置一样,等同于一个被管束的罪官。惠州比英州更遥远,更晚开发,更加荒芜。

这个待遇,只比派人在路上暗杀他好一点。

苏东坡文名远播,听说他要"下来",一路上有不少县令景仰他的大名,沿路欢迎。苏东坡一向不擅长理财,一大家子也不好跟他一起下放。苏辙此时也罢了副宰相之位,被派到汝州当知州。苏辙家里孩子多,早年受到哥哥牵连只能管市场,养活家人都有问题。苏辙有三男六女,当时嫁女儿是要筹备许多嫁妆的,苏轼甚至为了苏辙嫁女儿,出面替他借过钱。所幸后来苏辙在京师居高官较久,俸禄较多,花用又比苏轼来得撙节,在苏东坡一路南下时,苏辙理所当然伸出了援手,拿出了一半积蓄,让苏迈带领大半家人到苏东坡一直想去退休的宜兴定居,靠着苏东坡买

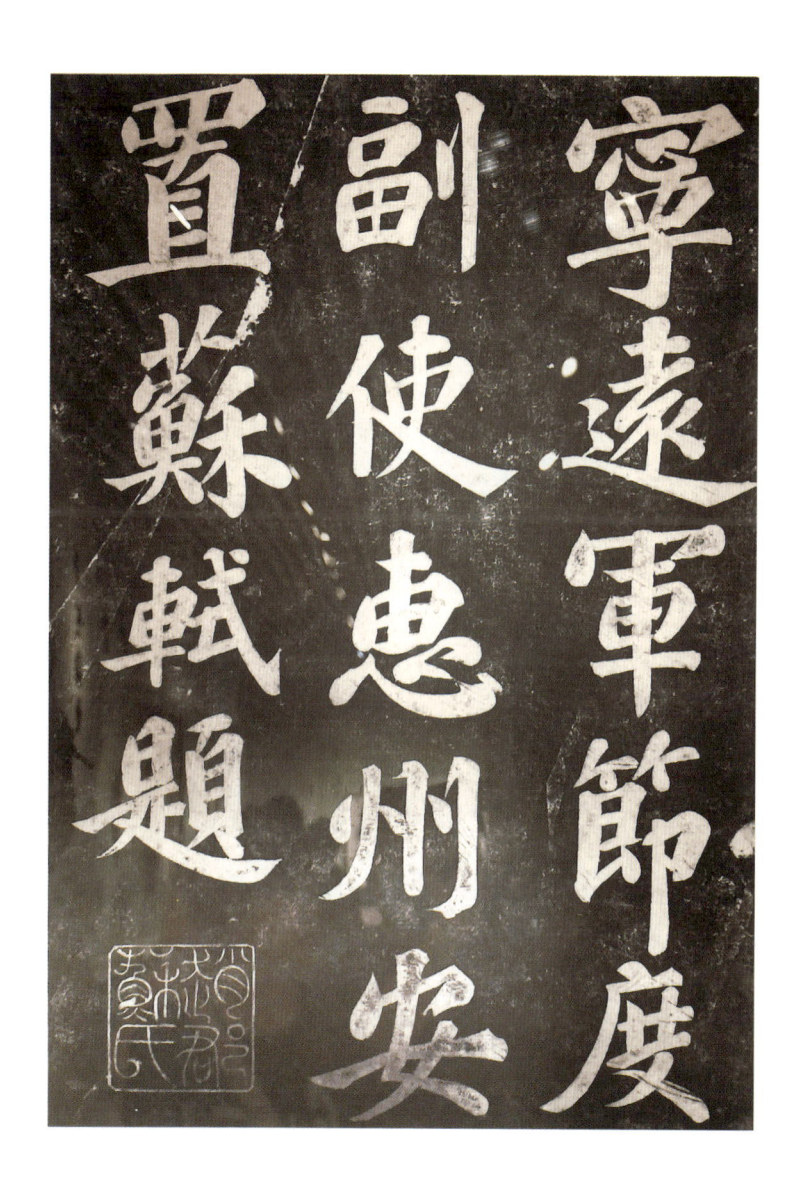

"宁远军节度副使,惠州安置"碑刻拓片

苏轼以"宁远军节度副使,惠州安置"的身份谪居惠州。

的一点田产过农耕生活。陪着苏轼南贬的，是他的第三个儿子，二十三岁的苏过。

之前被贬至黄州，由苏迈陪伴，当时苏迈也是二十来岁的青年；二儿子身体一向不好，所以这次被贬到岭南，换成了小儿子陪伴。苏东坡对于耽误儿子的青春，因为自己让孩子们没法有什么大好前程，内心一直相当愧疚。

苏东坡之前有个侍妾名碧桃，诗文记载不多。年纪大了，跟苏迈一起到宜兴生活，只有朝云，坚决跟随着苏东坡。

好不容易到了惠州。刚到惠州时，惠州百姓扶老携幼热烈欢迎他。惠州太守詹范文质彬彬，很景仰他，安排他在官府的接待客栈合江楼居住。但处处都有探子传报消息，过了半个月后，"上面"降责，不许优待苏东坡，要他一家人搬到一切居住条件恶劣的嘉祐寺居住。

这次变法派的复苏，展开的报复又猛又急，竟然还有人上奏哲宗，说要把司马光和吕公著的坟墓挖开、暴尸荒野，以儆天下。哲宗觉得不道德，才未实行；但这少年皇帝还是把他们原先被追赠的谥号都改了，也把墓道表示尊崇的神道碑都碎毁了。

对已经过世的人尚且如此，活着的人更在劫难逃。

变法派全部还巢，除了吕惠卿。哲宗本来还想要把吕惠卿找回来，也的确找他回京城了。不过，吕惠卿背叛恩师王安石的事,天下皆知。哲宗找吕惠卿回来之前,监察御史常安民再度提醒他,吕惠卿具有背叛型人格:"他这次回来,肯定是会一边说着先帝一边大哭,希望能够感动陛下,好让陛下把他留在京师。"果然,吕惠卿这么做了,趴在地上痛哭。哲宗认为他演得太过,罢了起用他的念头。

吕惠卿之贬,是神宗贬的,可不是元祐时保守派贬的。这是吕氏和还巢的新党官员不一样的地方。

* * *

四十一岁时,苏轼曾写过一首诗:

> 暮云收尽溢清寒,银汉无声转玉盘。
> 此生此夜不长好,明月明年何处看?

当时,他和弟弟在彭城过中秋。这回到了岭南,过中秋时这首诗又浮现在他脑海里。想想,当时自己还算年轻,应该没有预料到今天这种命运吧?但他还是安慰自己,既然当时不知此时命运,那么今日虽然状况可悲,也不知道未来是不是会有什么喜事临门。苏东坡是擅长安慰自己的,他在寄给定州同事的一封信中说,自己"凡百委顺而已,幸不深虑",也就是逆来顺受,还好,自己想得不多。

苏东坡能够平安到惠州,得力于他的学生张耒在润州当知府，派了两个忠厚士兵陪着他南下，并且照料他的安危。

朝中的章惇等人，在苏东坡南贬的一路上，意犹未尽地一再改变他的命运。除了章惇，曾受他提拔的礼部侍郎林希（1035—1101）也是加害他的好手。他本来相当奉承苏轼，之前常顶苏东坡的缺，比如苏东坡离开杭州时，林希接任了杭州知州一职。林希后来加入福建同乡甚多的变法派，对苏东坡的"报答"就是将他贬往南荒的告词，说他"辩足以饰非，言足以惑众"，罪该万死，当自绝于君，所以被贬到岭南去，算是一种宽容。

林希还曾替皇上撰文，以皇帝之名骂高太皇太后"老奸"，连哲宗自己想想都觉得不安，看了之后把笔丢在地上说："这是败坏我的名节了！"

这个哲宗皇帝年轻气盛，虽然从没被称道是个圣明君主，不过，在大臣们展开疯狂报复时，也稍微踩了刹车。这年，苏辙被贬至汝州当知州，还有人想来降罚苏辙，皇帝自己说："都已经贬了，可以停了。"章惇等人本来打算让之前的宰相吕大防再被贬，贬到岭南去，但哲宗改为安州（湖北安陆）。不过，哲宗身边的人并没有放过这位个性质朴的老宰相，绍圣四年（1097），吕大防被再度贬到循州（治今惠州市）安置，走到江西，吕大防就过世了。有人说是病逝，也有人说是酒后自戕而死。临死前吕大防对陪着他南下的儿子吕景山说:"我没办法再往南边去了,我死了,你就可以回乡去。这样我们吕氏还留着一缕香火,如果我们一起到那瘴疠之地去,可能两个人都回不来。"

如此这般,看看章惇得势的时候,如何的威风八面。就算是林希等同僚所为,章惇也都是点了头的;当然,不能只说章惇,这些都是哲宗自己点了头的。二十来岁的他,在学会治理国家之前,先学会了搅动斗争的腥风血雨,将他眼中的"老人"痛整一番。高太皇太后看似努力教育孙儿,得到的却是反效果。教育,真的没那么容易。

苏东坡曾在此时写的文章中形容自己是"挂钩之鱼",形容得贴切,他的生死已经不是他自己所能操控的。

苏东坡到惠州的第二年,一个亲戚来到惠州当提刑——代表国家的巡按大臣。这个亲戚就是苏洵因女儿八娘之死宣布绝交,已与苏家绝交超过四十年的苏东坡前姐夫程之才。

之前提过苏洵与岳家绝交的事。苏东坡的姐姐八娘,十几岁时亲上加亲嫁给程之才,没有多久就过世了。如何过世,细节不明,总之,八娘生前在夫家过得很不愉快。明明公公是母亲的亲兄弟,又嫁到另一个书香世家,却导致这个结果,实在出人意料。按苏洵的说法,八娘过世(可能是病逝,也可能是轻生)是因为程家疏忽,程家待她不好,程家有各种见不得人的问题。苏洵的个性比他两个儿子还刚烈许多,宣布与程家绝交。现在派了一个可能是仇家的人当巡按大臣来岭南巡视……很多人都认为这是一个"借刀杀人"的大阴谋。

如果这原来是一个阴谋,那么,必然是要了解苏东坡家庭关系、私交好的人才知道的。章惇应该明白。程之才(生卒年不详),苏东坡同乡、表兄、前姐夫,也是仁宗嘉祐年间的进士,他来到这里探访这么一只钩上之鱼,苏东坡也很胆战心惊,先写了信探问,从程之才回信中知道他并无恶意,一颗悬着的心才放了下来。

程之才回信说:"我们已经四十来年没见面了,对于过去曾有的误会,我仍然耿耿于怀,希望有弥补的机会。"看来,程之才始终认为苏洵宣布绝交源于误会。苏洵宣布断交,让误会一直没有解释的可能,程家在家乡也背了罪名很久了。

程之才来到苏东坡住的嘉祐寺找他。两人化解前嫌,若说要程之才来当巡按,想整苏东坡,是章惇的阴谋,那么,程之才应该没有办法回去交差才对。

程之才有意化解两方恩怨,还让苏东坡搬回比较舒适的合江楼居住。不过苏东坡还是在合江楼和嘉祐寺间搬来搬去,年余才迁入位于白鹤峰的新居。苏东坡手头很紧,整修这新居花的钱,多半还是弟弟、朋友们的支援。建造新居的苏东坡,本以为自己会在惠州终老,谁知章惇后来还是觉得他被贬得不够远。

苏东坡在惠州，仍然做了不少事。如出资、募捐帮助建设东新桥和西新桥，推广农业技术、解决驻军占用民房问题，设放生池，习医炼药，企图解决瘴疠问题。因为没太多事做，他时而和道家朋友们炼丹打坐。他也忙于种菜，自耕自食。在此他继续发挥美食家天分，用桂花酿酒。写了《煨芋帖》，赞美惠州的芋头美味。对于他自己种的菜，则形容是"芥蓝如菌蕈，脆美牙颊响，白菘类羔豚，冒土出蹯掌"。菜呀、菇啊被他写得都有灵魂了。关切四时变化，每天都看着园中菜蔬长大，看似化解了钩上之鱼的哀愁。

正如苏东坡所说的，他想得不多。也不是想得不多，他要自己不要多想。

因为命运不是他可以掌握的。那又怎么样呢？古今人类谁又曾真正掌握过自己的命运？既然没有办法改变什么，那么有一些"小确幸"也是极好的。

岭南偏乡，但荔枝甚为甜美，不如好好享受一番。产季来临，他每顿都吃荔枝配饭，曾经这么写："罗浮山下四时春，卢橘（枇杷）杨梅次第新。日啖荔枝三百颗，不辞长作岭南人。"

自我安慰，是被贬之官最难得的专长。

虽然无入而不自得，生活倒也悠闲如意，但是仍有难忍的生离死别，在未来默默等着他接受。

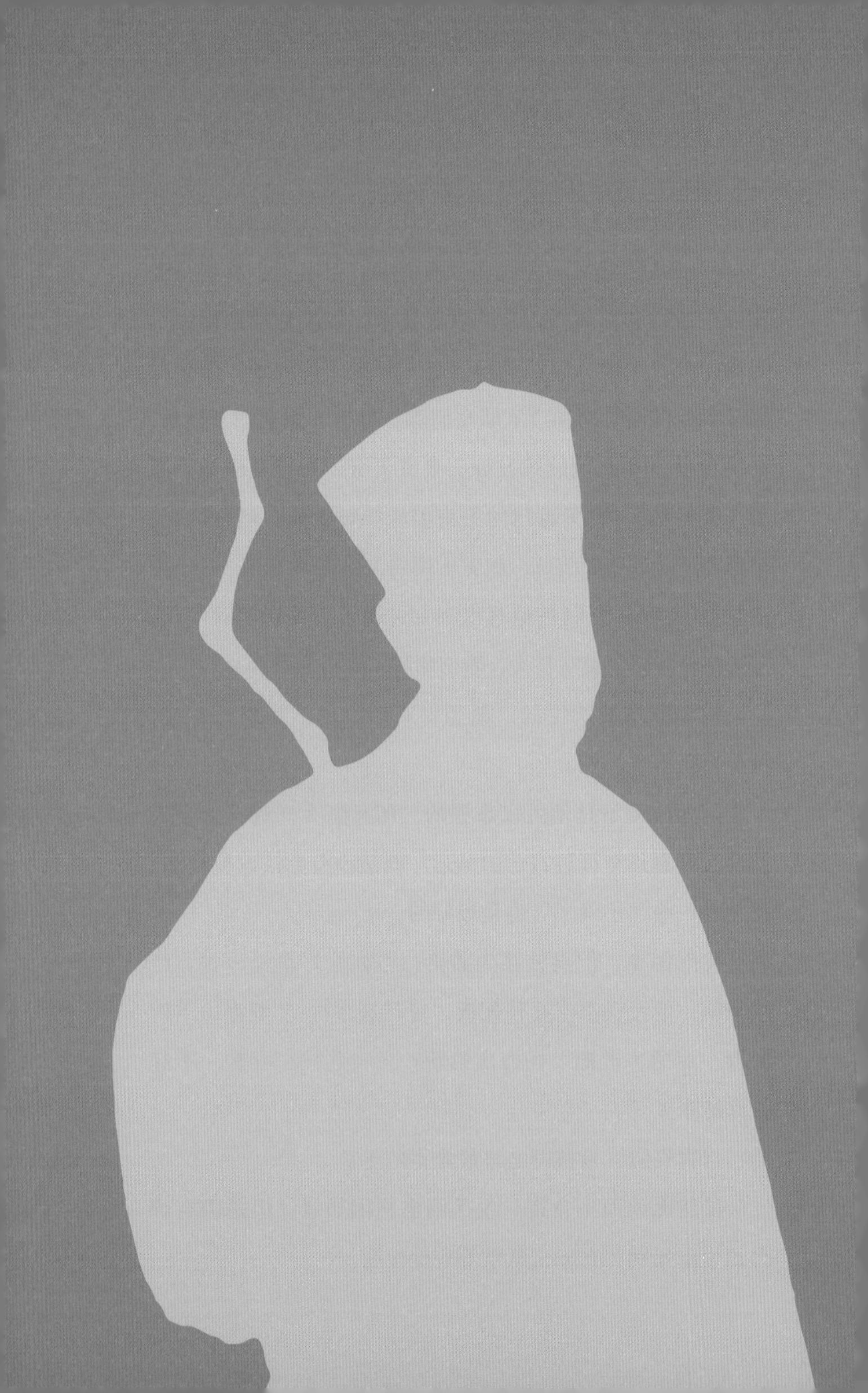

去似朝云
无觅处

被贬到惠州的苏东坡，幸运的是还有佳人与佳儿相伴。

苏东坡的继室王闰之去世后，朝云担起了主妇的职责。

王朝云（1063—1096）在进苏家门当侍女之前，本来没读过什么书，在苏家耳濡目染，也变得渐通文墨。天资聪颖的她成为苏东坡的红颜知己，明知被流放到岭南瘴疠之地，凶多吉少，仍然一心愿意跟着到惠州来受苦。

朝云懂得苏东坡的个性。在京城时，有一天下朝之后，苏东坡吃饱了饭，摸着肚子在家中慢慢行走，问旁边侍女们："你们来说说，我这肚子里装的是什么？"苏东坡身材瘦削，却有个大肚子。

一个侍女说："您肚子里都装着好文章。"又有一个侍女说道："您一肚子都是超卓见识。"只有朝云笑说："苏学士有一肚皮的不合时宜。"听了这话，苏东坡捧腹大笑。

朝云本为杭州乐妓，十二岁就到苏家当侍女。宋朝士大夫将蓄妓视为风雅，朝云会弹琵琶，在苏轼日子好过的时候，也充当歌妓。自从进入苏家门，她的命运就随着苏东坡流转。苏东坡被贬到黄州、惠州，朝云都跟着。在黄州时，十八岁的朝云成为苏东坡的侍妾。苏东坡的夫人和儿子们，和朝云的感情也很好。朝云学佛，与苏东坡谪居黄州四年时常与佛印禅师及继连大和尚往来有关。

还记得苏东坡那首充满嘲讽意味的《洗儿》诗吗？朝云为他生下的儿子遁儿满月之时，习俗上要为婴儿进行洗身仪式，贬居黄州的苏东坡，留下《洗儿》诗自嘲："人皆养子望聪明，我被聪明误一生。惟愿孩儿愚且鲁，无灾无难到公卿。"本来都要除罪回京了，不到一岁的遁儿却在前往金陵的路上，因病在朝云怀里咽下最后一口气，苏东坡和朝云都悲痛万分。苏东坡认为是自己的业障太多，害了孩子，《悼儿诗》中有"归来怀抱空，老泪如泻水"，直白地写出他的心中之痛。丧子之痛让当时的他不因被解除看管而喜，他不想做官、不想回朝，只想到常州去养老。

"吾年四十九，羁旅失幼子。幼子真吾儿，眉角生已似。未期观所好，蹒跚逐书史。摇头却梨栗，似识非分耻。吾老常鲜欢，赖此一笑喜。"这个幼儿的出生，曾为他带来喜悦，为他贬居在黄州的生活带来一抹鲜活光亮。只可惜，留不住。他喜欢的，老是留不住。想要归隐，又不能如愿，一纸诏令还是把他召回京师，一回京师又是各种攻击纷涌。

绍圣元年（1094）秋天，苏东坡初到惠州，写了一首《朝云诗》：

> 不似杨枝别乐天，恰如通德伴伶玄。
> 阿奴络秀不同老，天女维摩总解禅。
> 经卷药炉新活计，舞衫歌扇旧因缘。
> 丹成逐我三山去，不作巫阳云雨仙。

这首诗用了很多典故：朝云能歌善舞，就像白居易的侍女樊素一样，深情款款，就像常伴刘伶玄的樊通德（刘伶玄，汉朝人，曾任淮南丞相、江东都尉，相传是《赵飞燕外传》的作者，据说此传是依据樊通德口述写就，樊曾是赵飞燕侍女），白发红颜，两个人年纪差很多，但在文学上很谈得来。"阿奴络秀不同老"比喻朝云为他生了儿子，儿子却夭折了。这里用典故，不直接写，也有深意在，怕朝云又伤了心。阿奴是李络秀的儿子，《晋书·列女传》说，络秀不顾阻力嫁给心上人周浚，周浚后来封了侯，络秀生了三个儿子，小儿子周谟，小名叫阿奴，三兄弟后来都做了大官，不过，三个儿子个性差异很大，阿奴虽没啥特别才华，个性却最为平和，后来守在母亲身边的只有他。

朝云生子早夭，苏东坡以"不同老"来写这段伤心往事。

朝云一心学禅，苏东坡把她比喻为天女维摩，说她已经通晓了佛学大义。到了惠州后，读经和熬药，变成了她生活中的重要部分。熬药，也是为了苏东坡。熬药炼丹，是苏东坡在惠州的生活重心，朝云认命地以他的乐趣为乐趣。

末尾苏东坡说出了梦想：一旦仙丹炼就，朝云就将随他一起赴传说中的蓬莱、方丈、瀛洲去，就不会再如巫山神女那样为尘缘所羁绊。

在这么困顿的老年，有朝云在旁，苏东坡还有幻想。

苏东坡为朝云写的诗词最多。到惠州的第二年，十二月初五，朝云生辰，苏东坡也写了"好事心肠，着人情态。闲窗下、敛云凝黛。明朝端午，待学纫兰为佩。寻一首好诗，要书裙带"来形容朝云的情态。这是一个在艰难命运中，还很认真读书、学佛的善良女子。

就跟苏东坡前后两位夫人一样，朝云没有等到苏东坡炼好他的丹药，无法和苏东坡走到最后。惠州有台风、有洪水，也有瘟疫，当时人对这些自然灾害，无法防范，只凭运气。绍圣三年（1096）七月，朝云到惠州不到两年就因为一场袭击惠州的瘟疫，失去了性命。那时候她虚岁才三十四。弥留之际，她念着《金刚经》："一切为有法，如梦幻泡影。如露亦如电，应作如是观。"

苏东坡将她葬在惠州西湖南畔栖禅寺的松林中,并写下墓志铭,赞美她:"敏而好义,事先生二十有三年,忠敬若一……浮屠是瞻,伽蓝是依。如汝宿心,惟佛之归。"

朝云过世的那年冬天,苏东坡又以《西江月》悼念她:

> 玉骨那愁瘴雾,冰姿自有仙风。海仙时遣探芳丛。倒挂绿毛幺凤。
> 素面常嫌粉涴,洗妆不褪唇红。高情已逐晓云空。不与梨花同梦。

他怀念着朝云的清新容颜,宁愿想象朝云已经成仙去了,只留自己在尘世哀伤怀念。后来,苏东坡又写了《悼朝云》,其中有"伤心一念偿前债,弹指三生断后缘",他认为自己与朝云的缘分来自前世,一想到朝云,只能努力宽慰自己,朝云已逝,情债已还,摆脱情缘之苦。毕竟他欠她的,实在还不了。

苏东坡以为自己大概就要在惠州终老了,写了百首"和陶"诗诉说自己对农耕生活的向往。程之才离开惠州后,他不好再住在惠州的官舍里,就在惠州觅了块坡地,监造了白鹤峰的房子,供一大家子安居,自比于陶渊明,种菜、种果树,不过,就在新居建造完成两个多月后,一

《东坡朝云图》 〔清〕朱耷 台北故宫博物院藏

朝云去世后,苏轼在其墓址所在地建六如亭,并写下一副对联。联曰:"不合时宜,惟有朝云能识我;独弹古调,每逢暮雨倍思卿。"

道命令，又让苏东坡的退休梦粉碎了。

章惇此时权力甚大，掌握朝臣的贬谪大权。绍圣四年（1097），他又让哲宗下了一道诏令，再度降罪高太皇太后起用的诸大臣。这些大臣早已远离朝堂，如果还活着的话都已年迈了，他却执意将他们贬得更远，当时曾为相的吕大防与刘挚、范纯仁等，还有范祖禹、刘安世……都再度被贬到蛮荒之地，才造好房子打算在惠州终老的苏东坡，被"加"贬到雷州；后来又追加了一道命令，直接贬到与雷州隔海的海南岛去了。

吕大防在半路上过世。范纯仁已双目失明，一句话也没吭就上路，路上还遇到船只翻覆，所幸捡回一条命。苏辙也被贬过岭南，苏东坡被贬得最远。

又是传闻。苏东坡会这么倒霉，是因为有首诗传到京都，诗名《纵笔》："白头萧散满霜风，小阁藤床寄病容。报道先生春睡美，道人轻打五更钟。"明明说的是"白头"与"病容"，偏偏章惇在意的是"春睡美"。章惇惊觉仇家苏轼竟然还过得这么逍遥自在，于是又下了一次狠手！

被贬官的日子不容易，被贬路上的盘缠还要自己负责。这几年在惠州，苏东坡连贬官的薄薪都没领到，白鹤居的打造花光了所有积蓄，苏辙也接到贬谪令，没有能力再金援兄长。苏东坡只能写信请惠州官员好友帮忙，把之前三年未拨下来的粮食配给券发给他，让他到市场上变卖换旅费。

好心帮忙的官员，不久就被究责弹劾。只要帮过苏东坡，都会被秋后算账，可以见得朝廷的确有人跟他过不去。

此时，长子苏迈本来接到去岭南当县令的任命，也因为父亲，连县令都做不成，只能携家带眷到白鹤峰居住，又是小儿子苏过护他渡海。离别那日，全家抱头痛哭。苏东坡认为自己年纪那么大，又被赶到蛮荒之地，此生应该没有再回来的希望。

渡海前夕，知道苏辙被贬到雷州，离他很近，他终于可以绕路去看看四年未见的弟弟。"谁言瘴雾中，乃有相逢喜！"握着弟弟的手，他仍然在苦中作乐，从容以对。

记住人生中最亮的光，而不是一直注视着黑暗面，是苏东坡的特长。他和苏辙在路边卖汤饼的小摊子一起进餐，苏辙觉得这饼是他吃过最难下咽的，放下筷子叹息，苏东坡却把自己的那一份大口吃个精光。苏辙难以置信哥哥还有好胃口，只见哥哥笑着对他说："弟啊，像这样的东西，难道你还要慢慢咀嚼吗？"

苏东坡陪着弟弟到雷州，在雷州住了四天，怕朝廷怪罪，不敢久留。而这是他最后一次见到弟弟了。

* * *

儋州，在海南岛，在和比城墙高的巨浪搏斗之后，苏东坡平安到达海南岛。这时的海南岛可不是度假胜地。若说惠州是瘴疠之地，儋州则更加荒凉。

苏东坡一来就生病了。他眼见的儋州是什么状况呢？习惯用笔记录生活的他，形容此地生活：

天气酷热，湿气很重，什么都会腐坏；人不耕作，没有米，只有杂粮，男人在家游手好闲，女人上山砍柴谋生；以芋为食，没有正常的肉吃——除非像土人一样吃蜜渍老鼠、蝙蝠、蜈蚣；有海鱼，但苏轼怕腥，不喜吃鱼；生病也没药医，土人相信杀牛可以治病，以巫为医，以牛为药。民生物资都没有生产，他所要的纸、盐、糖、姜等，幸亏有惠州好友遥遥寄来；和土著语言不通，连话都说不上。

还好，苏东坡总擅长在一串悲哀的形容后吐出个"还好"，他和在雷州的弟弟，还能借来往的船只通信和写诗。

还好，被派来此处的长官叫张中，对他非常礼遇，也与他的儿子苏过交上朋友。张中是进士出身，被派到南边荒岛来，竟然可以见到他崇拜的苏东坡，相当惊喜。后来，张中也因为对苏东坡太好而被免官了。

就算没好料，苏东坡还是发明了"东坡玉糁羹"。还自己说此羹色香味俱全，如同天上琼浆玉液，人间肯定没有，其实就是芋头加上野菜做成的羹。

吃不到精致美食，用想的也可以。他写了《老饕赋》，怀念自己从前吃过的好东西：

尝项上之一脔,嚼霜前之两螯。
烂樱珠之煎蜜,滃杏酪之蒸羔。
蛤半熟而含酒,蟹微生而带糟。
盖聚物之夭美,以养吾之老饕。
…………
响松风于蟹眼,浮雪花于兔毫。
先生一笑而起,渺海阔而天高。

这些美食好茶是他用想象力所烹制的一场大梦,最后两句是:"先生一笑而起,渺海阔而天高。"

是的,画饼充饥,多么潇洒。想象自己吃到了,就是吃到了啊。

* * *

章惇在哲宗年间一直大权在握。对这些老同僚、保守派,不断下杀手。他的主要对象,除了苏轼,还有之前提过的吕大防,以及当年的保守派大臣范祖禹和刘安世。这两人也一再被贬,范祖禹五十八岁也在岭南贬地去世;而刘安世被贬到了梅州之后,还曾遭数度"逼死"。

刘安世(1048—1125),进士,司马光的学生。元祐四年(1089),刘安世奏劾了苏轼乌台诗案主谋谢景温,不过到了元祐年间苏东坡回朝廷时,他又成为苏东坡针锋相对的死对头。

比苏东坡小上十二岁的刘安世,与苏东坡先后被贬。变法派的章惇,不想让保守派死灰复燃,对于比较年轻、个性刚毅的刘安世,下手更狠。因为当时刘安世曾说章惇等人是四凶。章惇一当权,恨不得弄死刘安世,他将刘安世贬官至英州、梅州等边远荒恶之地,前后流徙七年。不知哪天想到刘安世还活着,又来气了,又派蔡京到梅州想办法除去他。

刘安世当年被任命为谏议大夫时,曾回家禀告母亲:"朝廷任命我为谏议大夫,做这官,就必须无所畏惧,直言敢谏,担负起言官责任。但是,一旦触怒了朝廷、权贵,说不定就会招来灾祸。现在皇上以孝道治天下,我若以母亲年老为由,就可辞去官职。您觉得我应该接受这官职吗?"

刘安世的母亲毫不犹豫地回答:"你父亲生前,一直很想当这个官,可惜没有能当上。你现在得到这个官职,就要有随时献身报国的决心;如果将来因此而获罪,流放到那蛮荒之地,不论路途多远,我都跟着你一起去,你不必担心。"刘安世接受谏议大夫这官职,命运也就决定了。

刘安世担任谏议大夫时,常与皇帝当廷争辩。皇帝生气时,他就不声不响站在一旁。待到皇帝怒气消了,他又继续坚持己见。皇帝身旁的人每每吓出一身冷汗,他却毫无畏惧。所以有人将刘安世称作"殿上虎",大家都怕他。

这样不怕得罪人的人,必然得罪很多人。他和苏东坡得罪人的方式不一样，但遭政敌流放也是必然的。

章惇曾叫蔡京想办法除去刘安世。宋朝表面上说是不杀谏臣，变相做法却很多。蔡京想办法请人迫使刘安世自杀，刘安世就是不肯。于是蔡京擢升一个土豪当转运判官，命令他去逼死刘安世。这名判官急速骑马将要到达梅州，梅州守臣知其来意，派人告知刘安世。刘安世面不改色，与通知者相对饮酒谈笑，并平静地写了几页信交付给自己的仆人说："我如果死了，按照信中所说的去做。"回头对客人说："这样，要我死也不难了。"通知者私下从仆人那里看到，信中所写都是被同贬而死的昔日同事的家事。天注定刘安世命不该绝，这土豪判官没有走到二十里，因为赶路赶得太急，竟然自己呕血而死，刘安世也就再度解危。

此时哲宗已废掉高太皇太后为他选的孟皇后，改立自己宠爱的刘婕妤为后。章惇跟这位刘皇后说刘安世之前曾经说她坏话，大意是劝谏年轻皇帝不要太好女色，就是针对她而发。皇后想要报复刘安世，命人用囚车捉拿刘安世回京审判。然而，世情变化很快，途中二十四岁的哲宗病卒，他的弟弟徽宗即位，由神宗皇后向太后辅政。向太后颁布元祐诸臣赦令，刘安世逃过一劫。

话说苏东坡获赦北返时，曾经与刘安世在虔州相见。当年两个人在朝中没太交好，虽然同属保守派，却也是对头。在一番同是天涯沦落人的漂泊之后，两人竟放下一切恩怨,在虔州成为游伴。

在这里先把这位刚直之臣的未来交代一下。忌惮刘安世的人很多,他最后就算被赦免,还是没能入朝,向太后摄政时,他成为地方官。宋徽宗时蔡京当宰相,元祐保守派又惨了,刘安世也曾连续七次被贬谪到蛮荒之地,他仍然撑到七十八岁,命是够硬的。

那时,苏东坡已经不在了,不然,命运也不会比刘安世好,可能在老年又因变法派的兴起,三度被流放。蔡京将元祐群臣的名字刻上《元祐党籍碑》,昭告天下,他们都是恶人,子孙永不录用。

蔡京一定没想到:这"恶人榜"后来反而变成"好人榜"。

让我们回到苏东坡在儋州的生活。这是他流放生涯的最后一站。他曾说,如果你要问我这一辈子有何功劳,那么我的功绩就在黄州、惠州和儋州。

苏东坡,一如他的本性,在这里采药、制墨、抄书、写书,偶尔还咀嚼着海南岛的浪漫:

半醒半醉问诸黎,竹刺藤梢步步迷。
但寻牛矢觅归路,家在牛栏西复西。

醉中,循着牛屎的痕迹找到回家的路,也是海南岛的独特游历经验。

章惇的手，仍然远远地伸入儋州，没事就来整一下苏东坡。他惩罚了曾经好好接待过苏轼的地方官；也曾下令要苏东坡搬出官舍，于是苏东坡和苏过在桄榔树（棕榈类植物）下住了好些日子，苏东坡父子曾在桄榔树林里盖了几间茅屋居住，命名为"桄榔庵"，人们称之为"载酒亭"。传说苏东坡便在其中给汉、黎各族学子讲学授业，此亭在清代改称"东坡书院"。苏东坡因此被尊为海南岛的重要教育人物。

苏东坡被贬到海南岛，只要和他有关系的人，包括他的学生，全部都被流放了。秦观就是在被流放的过程中中暑而死的。当大臣一被贬，所有有关故人的消息传来，都不是好消息。

都被贬到这么远了，章惇还不忘思思念念。

元符二年（1099），苏东坡六十三岁了，朝中的章惇和蔡卞，更重新掀起对元祐年间保守派的整肃活动，查出与当年旧党有关联者八百三十家，以钉足、剥皮、拔舌等方式逼供。这在宋朝可是不得了的酷刑。

政治的得势者为了长长久久巩固权势，读过什么圣贤书都忘了，都可能不惜满手血腥。别人的痛，反正不是痛……然而，"永远"掌握政权，都永远是执政者自己的想象。

一朝天子一朝臣，章惇的噩梦也来了。你怎么对待别人，别人就怎么对待你，一报还一报。

《东坡笠屐图》

　　此图描绘了苏轼在海南岛生活,头戴斗笠、脚踏木屐的形象。

儋州东坡书院

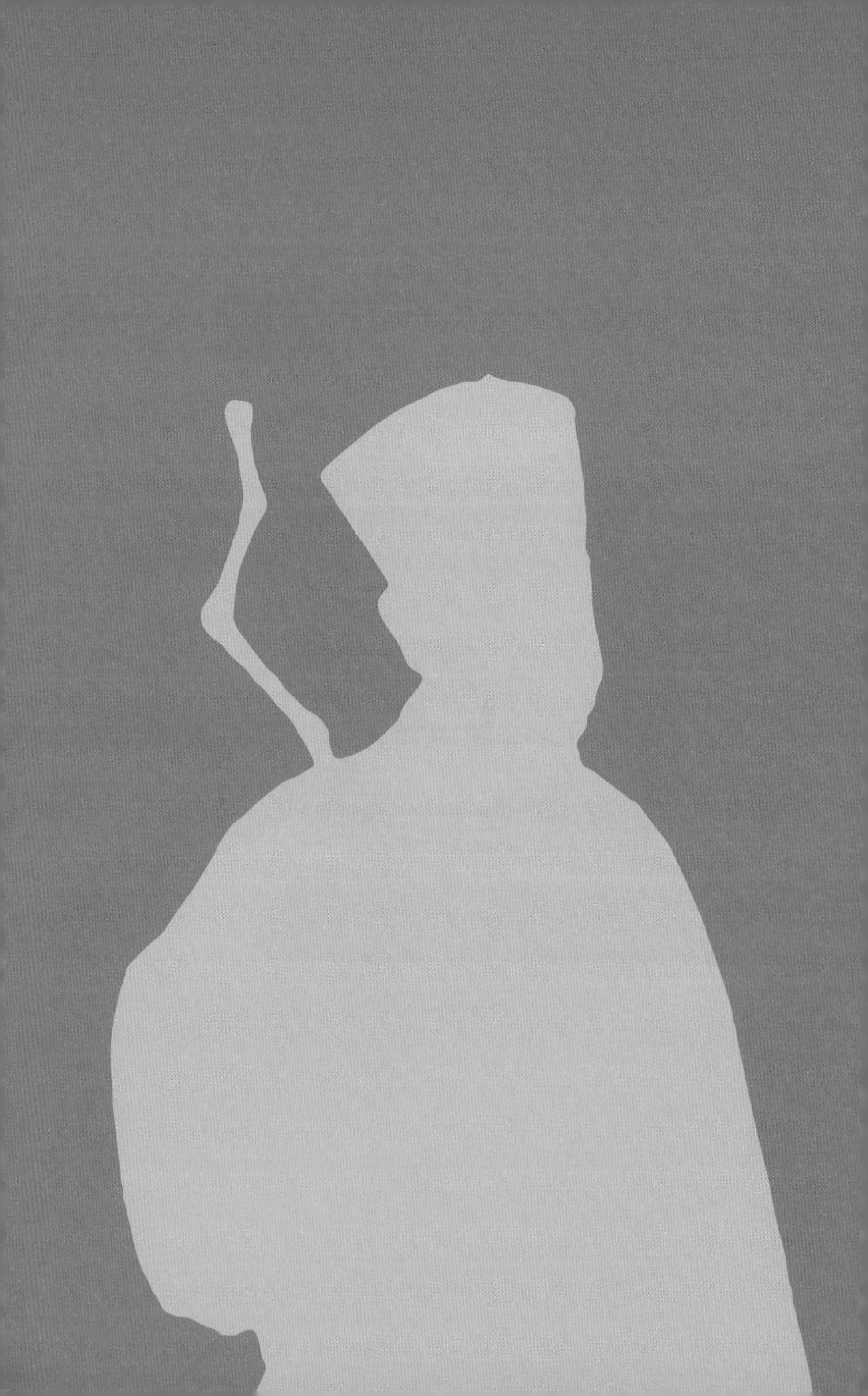

世事一场大梦

哲宗的死亡改变了变法派的梦想。异母弟赵佶继位，是为徽宗。

谁都想要让自己的儿子继承帝位，但是哲宗自幼身体不是很好，传说他患有肺结核。

因此，受哲宗尊敬的嫡母向太后——在高太皇太后和哲宗执政时非常低调、温良恭俭的向太后，面对如何立储，伤透了脑筋。

向太后是神宗皇后，自己无儿女，后来选择了对她非常恭敬的徽宗继位。徽宗（1082—1135）是神宗第十一个儿子，时任端王，当时十九岁。关于选择谁作为皇位继任者，向太后和章惇意见不同，章惇曾说端王赵佶轻佻，不适合当皇帝，想要推荐和哲宗同样是朱太妃所生的简王赵似。最终向太后获胜。

神宗之后的皇帝，都是变法派，但摄政太后都偏向于保守派。向太后摄政时，以韩琦之子韩忠彦为相，韩忠彦推荐的谏官弹劾了章惇及蔡卞，换这两人被贬出京。章惇也一再被贬，后来被发配到雷州。

苏东坡终于获赦北返。

北归途中苏东坡才知道他的学生兼好友秦观过世的消息，十分悲恸。当他到达广州时，在此停留了一个多月，之后仍继续按着朝廷的诏令慢慢北上。苏东坡停留广州的日子里，他的大儿子、二儿子都带着家眷来相会，距离这一家人上一次的团聚，已经过去了七年。

行程实在遥远，天气又越来越热，六十四岁的苏东坡，已经有吃不消的感觉。他曾在度大庾岭时在一家村中小店的壁上写道：

鹤骨霜髯心已灰，青松合抱手亲栽。
问翁大庾岭头住，曾见南迁几个回？
——《赠岭上老人》

能够活着回来实在难得，他自己知道。

很多人都在猜测，苏东坡、苏辙两兄弟被召回之后，会得到什么样的封赐。这一路许多人来拜会苏东坡，他在英州见到了当时献给神宗《流民图》，后来被流放的郑侠，郑侠写诗希望他如甘霖济众生，苏东坡连忙推托"孤云倦鸟空来往，自要闲飞不作霖"以代表他的心情。

其实，苏东坡不再对仕途抱任何希望。此时的他也并不知道，朝廷到底要让他去哪里。

就在此时，得知章惇被贬，章惇之子章援写信给苏东坡，希望苏东坡若返朝，不要报复他的父亲。苏东坡也给章援回了一封平和的信，信中充满谅解。但是对于曾是自己继任者的林希，苏东坡就没有那么客气了。

本来与苏东坡友好，屡屡受他推荐升官，却为了前途投奔变法派、不惜对他落井下石的林希，在被贬时病死在舒州（林希在变法派章惇和曾布的内斗中得罪章惇被贬职），苏东坡知道消息后，感叹道："林子中病伤寒，十余日便卒。所得几何？遗臭无穷，哀哉！哀哉！"

小人所得不多，却可能遗臭万年，又何必呢？

这一路上变化剧烈，就在保守派纷纷复职或等待复职的时候，朝中局势随着向太后的忽然过世又改变了方向。向太后（1046—1101）摄政一年就去世了，徽宗亲政。徽宗皇帝亲政时，本想采取新、旧党并立的折中政策，除了

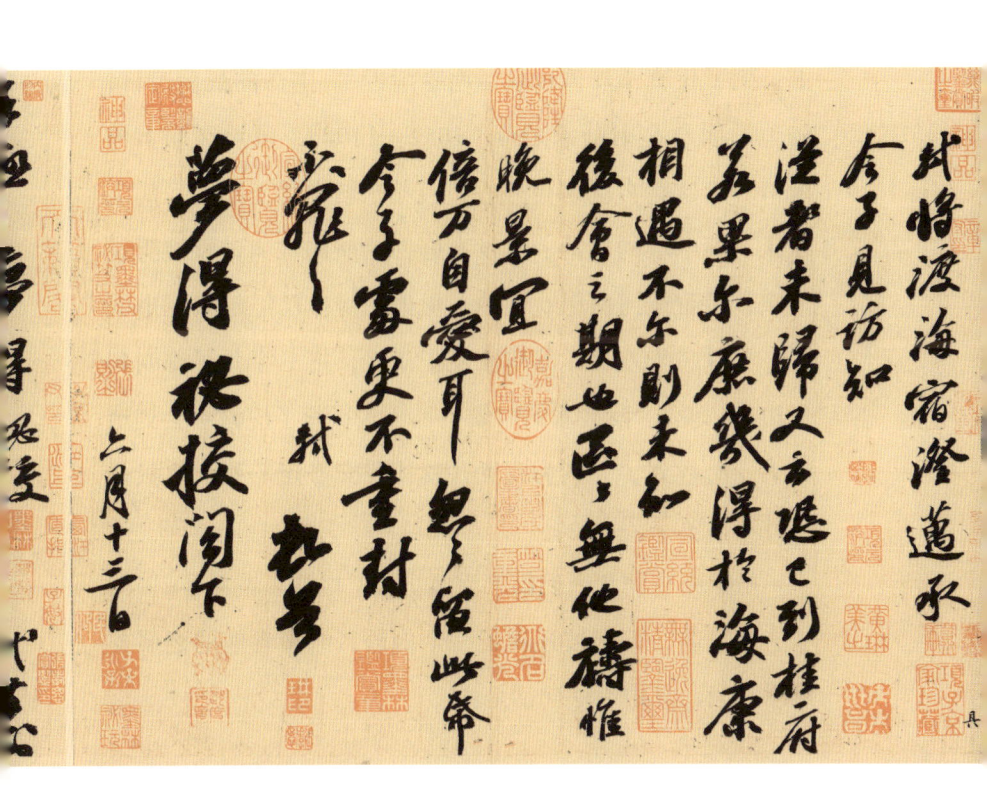

《渡海帖》 〔北宋〕苏轼 台北故宫博物院藏

  元符三年（1100），六十四岁的苏轼从儋州量移廉州，将渡海北上，途经澄迈，未遇挚友赵梦得，于是留下这封信。此作又名《致梦得秘校尺牍》，运笔苍劲有力，沉着痛快，为苏轼晚年代表作。

韩忠彦,又起用新党的曾布为相。

建中靖国元年(1101),苏东坡还在以船为家的漂泊路上,到了仪真(江苏仪征、南京附近)。生命的最后时日,陪他的朋友是书画家米芾(1052—1108),虽然在船上与米芾一起鉴赏古玩聊得开心,但苏东坡也得了痢疾,病倒在床。苏东坡的病情一直没有好,船航向常州,百姓听说他来,沿着运河两岸欢迎他,但他的身体已经越来越虚弱了。七月二十八日,苏东坡发了高烧,把三个儿子都叫到身边来,说:"我活着的时候不是坏人,死了应该不会到地狱去。时候到了,别为我哭,就让我安心走。死活也只是一件小事罢了。"

虽然浙东的和尚们都来为他祈福,但苏东坡累了。

过世前,苏东坡还说了一个偈语,给来看他的老朋友维琳和尚。其中有一句话是:

大患缘有身,无身则无疾。

其后,苏辙将他和夫人王闰之就近合葬在郏县小峨眉山。

苏辙自此隐居许州(今河南许昌)颍水之滨,自号"颍滨遗老",读书学禅度日。不再任官是个正确抉择,不

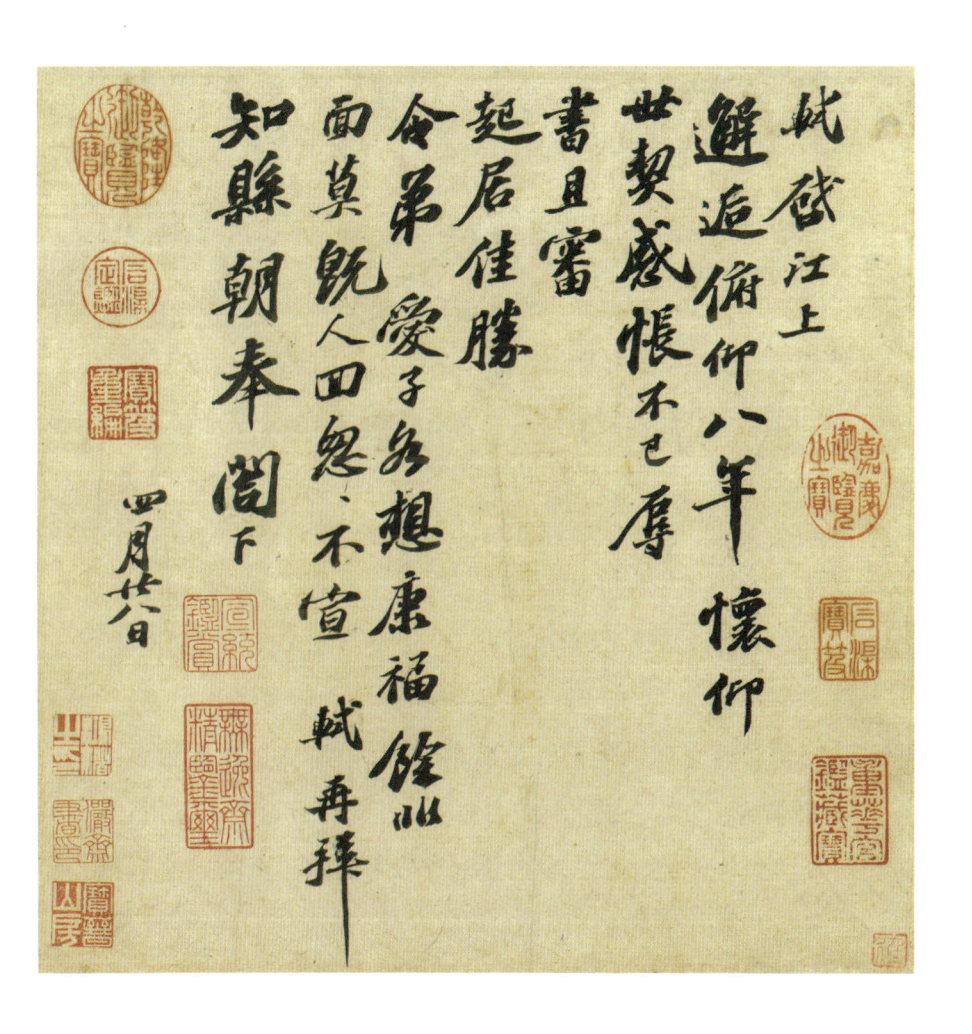

《江上帖》 〔北宋〕苏轼 台北故宫博物院藏

此帖为苏轼辞世前三个月所写,也是苏轼存世墨迹中年代最晚的一件作品。

然徽宗朝又将迎来另一波贬谪。七十四岁，苏辙在颍州安详过世，与兄苏东坡合葬。兄弟俩终于不再分离。

* * *

其实，苏东坡尚未下葬前，朝廷又翻了好几番。保守派与变法派从没和平相处过，先是变法派的曾布取得大权，韩忠彦罢相；徽宗信任人际关系一流的蔡京，蔡京得势又赶走了曾布，朝廷将元祐党人名字刻在碑上，宰相以文彦博为首恶，其他大臣以苏东坡为首恶，刻碑立于宫门。又下诏令毁掉三苏以及范祖禹、程颐、黄庭坚、秦观所有文集、著作与碑铭。"对事不对人"这句话在宋代从没真正被认可过。

被蔡京列在《元祐党籍碑》上的"坏人"越来越多，后来从九十八个扩张到三百零九个。蔡京还命令天下州县都要刻同样的碑放在办公厅里，"永为万世臣子之戒"。

你要相信是上天降罚也可以。崇宁五年（1106），彗星见于西方，扫把拖得很长，人们以为不祥。接着，某个夜里，暴风雨大作，雷电偏偏就只把这个《元祐党籍碑》打坏了，徽宗皇帝被吓到了，立刻下诏自责，除去朝堂外的党籍碑，又废掉才实施没几年的新法。接着，在与右相赵挺之的斗争中，蔡京落败罢相。

传说则十分"怪力乱神":宋朝道士林灵素陪着笃信道教的宋徽宗出行,见到《元祐党籍碑》,虔诚行礼。宋徽宗问他原因。林灵素回答:"碑上所刻的这些姓名,都是天上的星君,臣不敢不行礼。"

又有一天晚上,笃信道教的徽宗命令一个道士在他设置的宝箓宫为他礼拜神明,吟咏祝祷文。道士跪在地上,很久才起身。宋徽宗问他为什么拜了那么久?道士禀报:"刚才在玉皇大帝殿中,碰到魁星在上奏,他讲了很久,之后,臣才能呈上奏祷文。"

徽宗问:"魁星是谁?"道士回答:"正是本朝已故的端明殿学士苏轼。"徽宗听后,心中大惊,于是下令解除有关苏东坡文章的禁令。

苏东坡翻案,靠的竟是方士之言,据传说。

* * *

大儒程颐和苏东坡,都曾是哲宗皇帝的老师,这两个人生前没有和平过,而两人的坎坷,都与当过皇帝老师有关系。

之前说过程颐在教哲宗时相当严厉,让哲宗的童年过得很不开心。哲宗自小被高太皇太后严厉管束,一提起程颐就咬牙切齿,曾对大臣们说:"程颐妄自尊大,在教学时对我很不客气。"宋哲宗亲政后，完全没有忘记报复这个老师：将老迈的程颐送往涪州监管了三年。程颐倒是很淡定，他就在那里与弟子讲学如平常，遇赦得归，也面无喜色。

程颐的弟子谢良佐曾经对程颐说："老师，您之所以有涪州之行，是因为您的族人程公孙和您以前的好友邢恕陷害您。"

程颐知道，还是一派无所谓，说："族子至愚，不足责。故人情厚，不敢疑。"

其实，就是不想深究，算了吧。这是一派大儒本色。

然而程颐的坏运气并未就此终结。蔡京主政后，排斥元祐党人。程颐虽然已经辞官在家，仍被指控著书毁谤朝政，于是程颐又"从容"地被带走了，学校也被毁了。但程颐还是努力著述，在过世之前，写了《伊川易传》等著作。过世时七十五岁，党禁的缘故，亲朋故友和门人子弟都不敢来奔丧。

苏东坡也曾想好好教导哲宗，哲宗似乎没那么讨厌这个老师，但一直到哲宗去世之前，苏东坡都过着流离南荒的日子，哲宗对这个老人毫无宽悯之心。

这可以说是哲宗"尊师重道"的独特方式。

幸亏，后世没有为难这两位老师，死后都有盛名。

* * *

苏东坡的三个儿子都相当有才华，然而，因为父亲如此折腾，三个儿子都没有在仕途发展的可能，是幸是不幸，很难说。苏迈做过最大的官是县令；苏迨久病，闭门读书习医，四十二岁时做过管库官，都是因为家里穷苦；苏过中过举人，曾为县令，在前往真定当通判的路上，遇到一伙强盗，传说强盗强迫他一起为寇，苏过不从，在强盗窝里痛饮而死。

在苏东坡过世后二十多年，除了奢侈浪费没什么政治才能的徽宗，在金兵攻入京城之后被俘到金。金人把徽宗、钦宗及后宫无数的后妃（光是徽宗就有一百四十几个妃子）和宫女带走了，皇帝成为奴隶，后妃成为金人姜妓。沦为奴隶的徽宗身段够软，在金朝依然子孙满堂。

南宋的皇帝们对苏东坡要好得多，他又被恢复为端明殿学士。

在苏东坡过世近七十年后，宋孝宗成为他的粉丝，赠他太师之衔，又请人重刻《东坡全集》。

宋理宗时，十位儒者从祀于孔子庙庭，苏轼和程颐皆在列，死后得哀荣。

苏轼生时，辽、金、高丽等地，已传诵他的诗文。对他才华的尊重,至今犹然。

　　世事一场大梦,人生几度秋凉?夜来风叶已鸣廊。看取眉头鬓上。
　　酒贱常愁客少,月明多被云妨。中秋谁与共孤光。把盏凄然北望。

——《西江月》

　　这是苏东坡被贬至黄州的第二年中秋写下的思念弟弟的词。

　　这首词是悲凉的,他的一生多数在这种氛围中度过。但即使悲凉孤寂,还有壮阔之气。

　　屡屡被恶言中伤,有口难辩,是在他的仕途中不断反复的事,徒然在这种反复中年华老去。做官动辄中箭落马,想罢官却不能罢官,想归隐又不让归隐。

　　这一生活得并不如意。

　　然而,他也赢得了妻贤子孝,也赢得了真的朋友,更有千古之名。害过他的人,几乎全被列在《奸臣传》里。

　　就算在困境之中,他仍然不卑不哀,尽量畅快活着,发挥着他的才华,为民间做点实事。

　　其实古代才子一生顺遂平安者极少,也不必为他特别感叹。他若有知，会告诉你，其实他一生的跌宕起伏，就算抛家弃路，都是小事。

九百多年过去了，还有人那么爱着他的诗词文字，还有人敬佩着他的情怀，不是只因为他才华横溢。他把文人的情怀，提升到了独特高度。

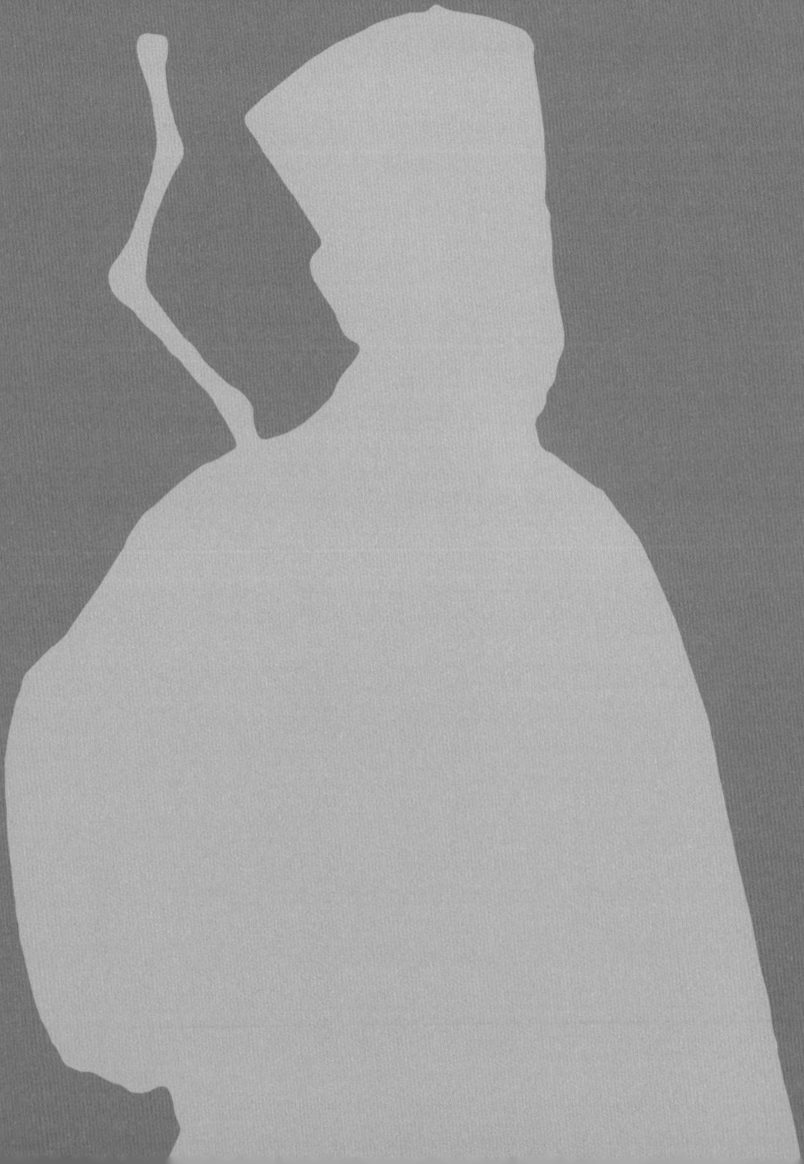

此心安处是吾乡：一些东坡逸事

这一首《观潮》,相传是苏东坡写的:

庐山烟雨浙江潮,未到千般恨不消。
及至到来无一事,庐山烟雨浙江潮。

这首诗,明白易懂,不少人因此中哲理会心微笑。

只要你走过人生种种起伏,细心寻思,就会明白它在说什么。

星云法师曾经写过一篇文章,以苏东坡的几首诗解释人生境界。说他把禅的境界分成三个阶段。

第一个阶段,是没有参禅之前的境界:

横看成岭侧成峰,远近高低皆不同。
不识庐山真面目,只缘身在此山中。

真正参禅时,他又有另一番境界,即是《观潮》一诗。到了开悟以后,就是:

溪声便是广长舌,山色岂非清净身。
夜来八万四千偈,他日如何举似人?

——《庐山东林寺偈》

《庐山东林寺偈》一诗是苏东坡四十八岁时在九江登庐山夜宿东林寺所写。他用"广长舌"来形容佛陀说法。广长舌是佛的三十二相之一。(指佛陀的舌叶广长,覆盖到发际。佛教传说,佛陀在过去世中,能自修十善业,见他人修,心生欢喜赞叹。悲悯众生,教导正法,而有此特征。)流水声就是佛陀出广长舌的声音。山色是佛陀清净的法身。这一晚溪声滔滔说了八万四千偈,我该如何来宣法呢?佛法就在自然之中,气势磅礴惊人。

星云法师又举了个公案:有一天,圆智证悟禅师去看东林寺的住持景元禅师,两人夜里闲谈,证悟禅师就举苏东坡的诗,说这是不易到达的境界。

景元禅师不以为然,认为这种说法还没有看到路径,哪里能说到了目的地呢?

证悟禅师说:"'溪声便是广长舌,山色岂非清净身',假如不是已到了那种境界,如何有这个消息?如何能见道?"

景元禅师说,这只是门外汉而已。

证悟禅师就要求景元禅师为他点破。

景元禅师说:"且从这里用心参悟,或许可以知道本命元辰落在何处。"

证悟禅师听了以后,茫然一片,整夜深思,无法入睡。不知不觉天亮了,忽闻钟声,恍然大悟,去其疑云。他说:

东坡居士太饶舌,声色关中欲透身。
溪若是声山是色,无山无水好愁人。

他拿此偈语奔告景元禅师,景元禅师说:"早跟你说,东坡是门外汉嘛!"

星云法师批注:禅不是用语言能说的,也不是用文字能写的,更不是用心去思想的;禅,完全是透过"悟"才能体认的。证悟禅师一夜深思,那钟声终于撞开混沌的心扉,他和苏东坡的境界就不同了。禅不是知识,是靠自己实证体悟的。(《人间福报》,2009年7月23日)

不知道你参透其中趣味没有？大致是说，不用担忧偈语如何传人。禅，说了便破，无色无声无相，东坡居士你不要自寻烦恼啦。东坡若在世，就算知道此事，他会宽怀地拈花微笑吧。我没有禅学慧根，只能意会，不在这里打诳语多作解释了。

苏东坡到死，当然还是个俗人，还为病痛所苦，还眷恋着作好画，写好诗，想多图几年平静日子，过世前他到仪真稍做停留，有人考证，说是他在仪真曾有些许田宅必须处理，卖了就可多得点钱回常州退休。

苏东坡也不只是俗人，他比俗人飘逸得多。

苏东坡喜欢和化外之人——和尚、道士来往，也留有许多传说，这一则很有意思的，且看《八风吹不动》。

话说苏东坡自认学禅有所领悟，心智澄明，不觉得意扬扬地挥笔写了一首诗："稽首天中天，毫光照大千。八风吹不动，端坐紫金莲。"立刻差遣书童过江，送给佛印禅师看看。

八风指的是：利、衰、毁、誉、称、讥、苦、乐，这些世间杂念，再也吹不动他了。

佛印禅师看过后，立刻回了信，交给书童带回。

苏东坡一摊开信，佛印禅师在他的诗之后评注了两个字：放屁！

苏东坡不由得动了气，佛印禅师不赞美、不回诗也就

《苏轼留带图》（局部） 〔明〕崔子忠 台北故宫博物院藏

所画为苏轼与佛印禅语游戏的故事。佛印问苏轼一个富有禅机的问题，如果苏轼不能立即回答，就要将所系玉带留下。苏轼同意了，取下玉带置于几上。佛印说出问题后，还未等苏轼回答，即命侍者将玉带收下，留在寺内，"永镇山门"。

罢了，何必骂人呢？立即自己过江去找佛印禅师理论。一到，只见寺门深锁，门上贴了一副对联，写着："八风吹不动，一屁打过江。"

苏东坡一看，惭愧不已，从此不敢在佛印禅师面前沾沾自喜。

此类传说很多。只能说，不一定是真人实事，都依江湖传说或模拟东坡性格而写。在此不费篇幅考证。

有关《观潮》一诗是否为东坡所作，学者也做过很多考证。它的格律其实不是典型的七言绝句，比较像是禅偈。有人说，这可能是东坡和佛印禅师互相唱和的诗作。不过，有学者翻找了各种相关古籍，认定此诗非东坡所作。

在此，就让我节外生枝说一段话。我写过一篇北宋江西华林书院的相关论文，华林书院是胡氏家族书院，也是最广为向北宋文人们邀诗的书院。在《胡氏家谱》中曾经见到一首苏东坡的佚诗：

> 曾过华林书院来，芙蓉洞口荔枝阶。
> 藏书阁俯漾纤水，洗砚池边滑沰苔。
> 凭远楼中朝对鹤，挹清馆内夜衔杯。
> 八方亭外五株桂，岁岁秋风一度开。

此诗同样未收在各类文集之中，但它是东坡所写的可能性很大。因为东坡的确在元丰七年（1084）为了见苏辙，曾到华林书院所在地的高安附近，很可能受到此家族接待，而此家族也与苏门四学士之一的黄庭坚素来友善。在此，苏东坡和弟弟有了短暂的相聚。此诗可能只为该家族收藏，也可能是应邀题壁之作。

此诗虽然也是应酬之作，基本上与苏轼诗风并无不合，仍有东坡诗风范：充满对具体细节的观察，以对未知命运的开朗期待作结，表达了对地主的敬佩与祝福。只要有人对他好，苏东坡都是感激的，这就是他的基本性格。

* * *

让我们回到《观潮》一诗。此诗之所以会被认为是苏轼所写，是因为它也像东坡风范，很有禅意。它与青原惟信禅师解释"渐修"至"顿悟"过程的三个阶段有异曲同工之妙。青原惟信禅师说：

> 老僧三十年前未参禅时，见山是山，见水是水。及至后来，亲见知识，有个入处。见山不是山，见水不是水。而今得个休歇处，依然见山只是山，见水只是水。

《东坡时序诗意图》之《端午游真如，迟、适、远从子由在酒局》

〔清〕石涛　日本大阪市立美术馆藏

元丰七年（1084）四五月间，苏轼经过建昌（今永修）、高安、湖口去汝州，弟弟苏辙及侄子从高安往建昌迎接。一大家子于端午相会于云居山的真如禅寺，并置办酒局欢庆了一回，同日又匆匆奔赴高安境内。苏轼因作此诗。

人生三重境界说，几乎人人都听说过。

人终究会发现，绕了一大圈，回到了最初。从傻傻不疑，到处处生疑，到终究不疑。但是，如果没有绕那一大圈，又不能说你看透了、想开了。

总想要想开，是苏东坡的特色。爱苏东坡诗文的人，常是爱上他的小领悟，可不是什么大彻大悟。

在被诬陷与贬谪时，在面临生离死别的无奈时，苏东坡领悟最多。看看《记承天寺夜游》：

元丰六年（1083年，苏东坡年四十七，在黄州）十月十二日夜，解衣欲睡，月色入户，欣然起行。念无与为乐者，遂至承天寺，寻张怀民。怀民未寝，相与步于中庭。庭下如积水空明，水中藻荇交横，盖竹柏影也。何夜无月，何处无松柏？但少闲人如吾两人者耳。

不过就是某个晚上，月光很美，找朋友看月亮，想想，此时虽被贬居，无事可做，但也只有在这个时候，才能够闲晃着静心欣赏夜间的月光与树影吧。当闲人有当闲人的好处，想透了，就知这也是好事。

还有《记游松风亭》：

余尝寓居惠州嘉祐寺（1094年，苏东坡五十八岁被贬到惠州时），纵步松风亭下。足力疲乏，思欲就亭止息。望亭宇尚在木末，意谓是如何得到？良久忽曰："此间有甚么歇不得处？"由是如挂钩之鱼，忽得解脱。

若人悟此，虽兵阵相接，鼓声如雷霆，进则死敌，退则死法，当怎么时也不妨熟歇。

也就是一个平常的日子，他徒步上山，走到半路腿酸了，想到松风亭休息，仰望远处的目的地松风亭，还在森林远处，心想这到底如何才能到得了？好一会儿，忽然想开了：有什么地方是不能休息的呢？谁说人一定要在亭子里休息呢？他像鱼钩上的鱼，忽然解脱了。原来抛弃了那"一定要这样"的执着，也就能随遇而安。悟得此理，虽然在进退两难的风口浪尖上，依旧可以身心安顿。

暂停，哪里都能好好休息。困顿时即为领悟时。

苏东坡以非常优美流畅的文字，写出了他所见的景色与他心中的触发。目之所见，不论明月还是清溪，松风还是落花，他企图把他内心中响起的声音告诉你。

这些随笔写的都是一刹那间的领悟：他又为自己在困顿折腾中开了一扇清新悠然的小窗了。

他说自己平生功劳，都在被贬居的黄州、惠州、儋州，

《苏轼小像》 〔元〕赵孟頫 台北故宫博物院藏

虽然有自嘲的意味，但也绝对没有错。他最受传诵的、如行云流水的诗词，都在这几个与生活、生命挣扎的地方写成，那都是他心跳的声音啊。

对一个士大夫而言，在这些地方活着实在难，但他以"随缘而乐"的态度，找到了许多乐趣。

比如，大家都叮嘱我不要再写诗，以免又被弹劾，但我又不能不写……如果文字会让我又遭横祸，那我写信给弟弟，聊一下自己发明的美食总可以吧。

于是在惠州的苏东坡，发明了羊脊骨的吃法：没人要的羊脊骨，用水煮过，泡了酒、撒了盐，再烤到微焦，就可以啃个半天。由骨缝间剔出的零星碎肉，那种鲜美的味道，可比高贵的蟹螯呢！文章后面，他还开个玩笑说：这个吃法如果传开来，恐怕狗都要不高兴了！

羊脊骨是当地人拿来喂狗的，苏东坡还能发挥创意。

当一个人，能够把自己摆在任何地方，享受所有美好的事情，那么世间的为难，也就不能风刀霜剑相逼。

有没有真的参禅悟道没关系，在小处体会了、想透了，处处都天清月明了。

* * *

苏东坡贬谪黄州之后的诗文，呈现着享受此时此刻的平静安然。苏东坡的贬谪，向来都被当成大案件处理，牵连不少长官及好友。比他小十二岁的好友王巩（字定国）在乌台诗案后也很倒霉，被贬到广西偏乡当小吏。王巩是官宦世家子弟，爷爷是宰相，父亲是工部尚书，也是苏东坡恩师张方平的女婿，和苏东坡非常投缘，一辈子哪里去过偏乡？

几年后，苏东坡和王巩都平反了，返回京城相聚。苏东坡本来非常歉疚，毕竟是自己连累了好友，没想到见到王巩时，王巩一脸春风，容光焕发。王巩家有个歌姬宇文柔奴，伴着他南行。苏东坡于是问候柔奴，在那里真的过得……还……还好吗？柔奴淡淡笑答："此心安处，便是吾乡。"

于是苏东坡就写了《定风波·南海归赠王定国侍人寓娘》：

> 常羡人间琢玉郎，天应乞与点酥娘。尽道清歌传皓齿，风起，雪飞炎海变清凉。
>
> 万里归来颜愈少，微笑，笑时犹带岭梅香。试问岭南应不好，却道：此心安处是吾乡。

所谓苏东坡的豁达，就是：此心安处是吾乡。领会此法，处处都能雪飞炎海变清凉。苏东坡之后，不得意的人没少过。读他的诗文，也得着了安慰。他不只在安慰自己，也安慰了许多被时代扭曲过的干净灵魂。

此心安处是吾乡,挂钩之鱼,就没有解不解脱的问题了。

以此说苏东坡将文人情怀在精神上提升到独特高度,所以他被后人深深地记得,应该无人反对才是。

这是一个谁也学不了的苏东坡。在看似应该的愁云惨雾中,他自有一片光风霁月的天地在。如是苏东坡。

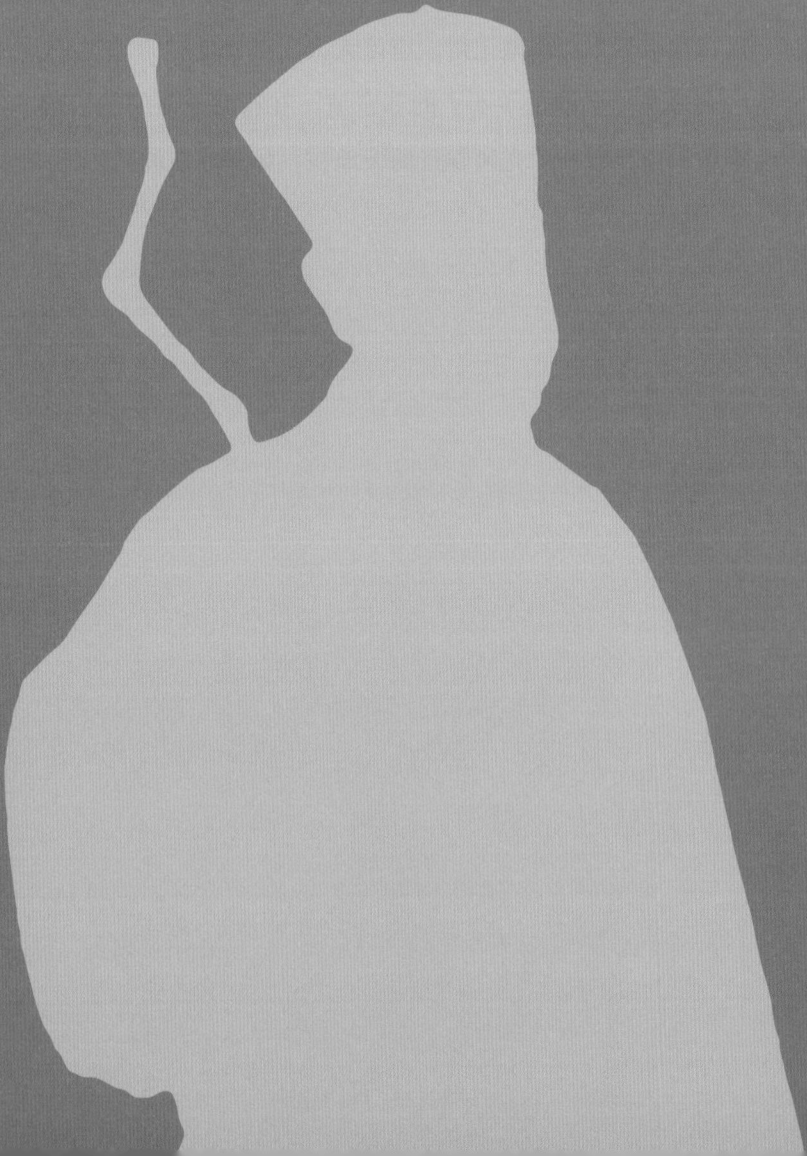

附录

那些年的恩恩怨怨、起起伏伏：
从哲宗孟皇后的视角谈起

　　神宗是一个"想要做些不一样的事"的君主，不过，他对自己"名声"的重视，超过了对"民生"的关切程度；而王安石对于"让国库富裕"的执着，也超过了"让人民好好生活"的基本要求。

　　从神宗到徽宗，新、旧党争跌宕，报复与去除异己的考量，凌驾于国计民生之上。或者也可以说，以国计民生考量之名和毁君谤上之名，行报复之实。

　　当报复成为第一考量，朝中乌烟瘴气就是必然。人治时代，大臣命运取决于最高统治者。如果皇帝真不在乎谁说他什么，那些御史台的乌鸦们也不会那么奋力地把叛徒抓出来。诸大臣们的仕途人生，都在乌鸦们的啼叫中，日暮西山。

　　谁当权谁就掌控了应和的乌鸦们。在越叠越高的仇恨中，保守派和变法派判然划分，没有沟通谈判的可能，随着统治者的变动，一会儿新，一会儿旧，受苦的不只是官员，还有广大人民。等到更没有理想的花花皇帝徽宗上场，完全不顾民生问题，金人攻破首都，把帝王后妃都掳去当奴隶，也是理所当然会造成的悲剧。

金国（之前叫作女真国）算是后起之秀，整个国家就像一支训练有素的武装部队一样，先灭了曾经巨大而强盛的辽国（1125），第二年又南下制造了"靖康之祸"。徽宗在自知不保之后，把皇位让给儿子（这是哪门子好父亲？），于是二帝一起被俘，结果一样。

在神宗之后的朝廷动乱中，年轻的君主都是变法派，摄政的太皇太后（或太后）都是保守派。比较起来，太皇太后（或太后）竟还比皇帝有为。皇帝们想要改变，而太皇太后（或太后）缅怀着宋仁宗那时太平美好的旧时代。反反复复，比原地踏步还惨。

王安石变法，头几年看来国家变得有钱了，但人民却不堪其扰，遇到荒旱或水患的"黑天鹅"来临，更是摧枯拉朽。这些事情曲曲折折，八本书也写不完。在苏东坡活着的时代中，有一个女人的人生也在反反复复中前进，直到句点为止，每一次的波折都戏剧化得令人惊叹。她一生像搭云霄飞车一样忽高忽低，而她手中始终没有方向盘。

宋哲宗皇后孟氏，没当几年皇后，在历史上也默默无闻，不像她的婆婆、太婆婆、太太婆婆，在史上有贤后之名。她本人也没有什么鲜明的个性，只能像一棵逐水流摆动的水草。

既不能享富贵，又不能享清贫；命运有时亏待她，有时又像在优待她，从她的视角，或许会对这个动荡时代有更多的了解。

* * *

哲宗不是嫡后所生，因为前几个哥哥都在年幼病逝，以庶长子当上皇帝。他对嫡母向皇后甚是恭敬，小时候看起来也仁慈懂事，地上有蚂蚁都会怕踩到它们。不管是真的宅心仁厚，还是心里明白这样可以得到些什么——他无论如何也不是真的蠢材。

向太后对他好，但祖母高太皇太后为了要把他养成仁君，对他非常严格。高氏是宋英宗（1032—1067）皇后，宋仁宗的曹皇后是她姨妈，仁宗的孩子也都没养大，所以将堂兄的儿子，也就是后来的英宗立为皇太子。高氏是英宗妻子中唯一为他生下孩子的，还生了四男四女，哪一个女人都取代不了她的地位。

哲宗即位时未满十岁，为了好好把孩子教养成公公仁宗那样的帝王，高太皇太后对他管教极严。哲宗的老师都是太皇太后选的硕学鸿儒,不苟言笑、好训话的程颐就是受太皇太后之邀来当他的老师,肯定给他制造了不少阴影。后来换了苏东坡,看样子皇帝也没怎么在听。

太皇太后对于哲宗生母也不算好。哲宗生母朱德妃是宫女出身。朱德妃出身寒微,生父早逝、母亲改嫁,朱氏从小就寄住亲戚家。少女时被选入宫当神宗的侍女,神宗大概也是跟在身边侍候的她日久生情;就算后来生了赵煦、蔡王赵似和徐国长公主,因为出身低微,地位没有多大改变,直到元丰七年(1084),也就是神宗去世的前一年,才被封为德妃,母以子贵。

看样子,朱德妃低调而温婉,自知出身不高,并没有计较。神宗过世时她才三十多岁,充满宋朝女性的美德,不争不抢、个性温和,对太皇太后毕恭毕敬。但是高太皇太后对她还是有所忌惮,一样进行严格控制。照理说皇帝生母也该被称为太后,但是高太皇太后只许她被尊称为太妃,没有让她和向太后变成两宫太后。位子虽然尊贵,但在太皇太后的管控下还是过得如履薄冰。这种辛酸,儿子看在眼里。儿子比她更不平。

哲宗从少年时便患了肺结核。《续资治通鉴长编》说,哲宗少年时乃染疾咯血,不过他的病情一直被隐瞒着,怕人看到血丝,咳出来的唾液都不能够吐进壶里,只能让侍者用手帕接起来。侍者绝对不可以泄露病征。国医诊视,不可以说他气虚。

　　他不到十岁就当了皇帝，肺疾应该是他被立为皇帝、青少年之后的事情。虽然高太皇太后坚持以自己的孙子当皇帝才是正统，但绝对不可能不知道哲宗病情的发展，也不可能没有想过哲宗过世之后，到底以谁代替。具有取代哲宗的可能性的那两个叔叔，也都是高太皇太后的儿子，都十分优秀。朝中不时有流言，说太皇太后很可能会拥立自己的儿子，哲宗也一定是害怕的。神宗自己的儿子们，死的死、昏的昏，包括后来继位的哲宗异母弟徽宗，都不是什么好材料。虽然高太皇太后在神宗过世后，认为神宗还有儿子在，宁可让庶出的孙子接了班，拒绝以神宗之弟承接大统，哲宗却没有一点感恩她的爱。

　　祖母在为他选择皇后上，也表现了相当强硬的态度。一百个世家之女进了宫，让她挑挑选选。在这么多女孩之中，高氏和向氏婆媳俩都看上十六岁的世家之女孟氏。不是因为她最美，是因为她最有礼貌，个性也好，这就是一国之母的必要条件。哲宗只能说是，不能说不。

　　高太皇太后跟哲宗说："皇后一定要是贤内助，这可不是小事。"就这样决定了。

　　这活在不安中的生病少年，生活在严谨看管的宫中，不可能没有任何心机。生病的人，不会太开朗，疑心病也肯定重。他长期被看管、被教育、被忽略。上朝时大家都知道他不重要,只对他祖母报告,他只看到大臣们的臀部和背部。他曾说,只有大臣苏颂(1020—1101,北宋大臣,科学家与诗人)对他十分恭敬。所以,苏颂虽然也被列为保守派,在神宗时期也被新党下狱整肃过,但还是可以还乡平安终老,在哲宗当政的年代没有遭到大殃,活到八十岁以上,是难得的奇迹。

这一点可以说明,对这些老人家们,他是记恨的。

* * *

元祐八年(1093),高太皇太后去世了。哲宗第一次尝到了权力的滋味。他等不及了,很快就想要展现魄力。

有关朝政,我们不再详述。现在要说的是,哲宗皇后孟氏的命运。

只要是祖母选的人,到哲宗时一律会遭殃。他恨祖母,该表现恨意的地方他都做到了。对元祐诸臣的报复,是他对祖母恨意的最好证明。

哲宗对祖母的不满,在他亲政后恨意十足地发了威,他甚至想要废除祖母的封号,不让她称太皇太后。绍圣二年(1095),宋哲宗批准了追废已经死去的祖母高太皇太后的诏书。传说即将正式公布时,因为嫡母向太后和生母朱太妃被吓得脸色发青,哭哭啼啼劝导,才让哲宗勉强打消了念头。

皇后孟氏是祖母送给他的阴影。孟氏当皇后时,哲宗宫里已经先有了一位刘婕妤。貌美如花、能说善道又多才多艺的刘氏,本来是个宫女,就近和哲宗有了感情,生下大公主后受封为婕妤。哲宗还没亲政时,刘氏的日子也不好过。她生下一女,向民间征求乳母的事情被谏官们知道,谏官以为哲宗在宫中荒淫无度,凛然上奏,要哲宗好好学习、天天向上,不要好色。这个谏官就是后来也一样被报复性流放,"谁要他死,他都不死"而活下来的硬汉刘安世。刘婕妤认为这件事是冲着自己来的,怀恨在心。看来她和哲宗之所以那么琴瑟和谐,共同性挺强——爱报复的性格略相似。

高太皇太后去世后,刘婕妤就常找孟皇后麻烦,反正孟皇后够贤惠,能让就让,似乎没有反击能力。刘氏常去宋哲宗那里哭诉皇后的不是,哲宗的内侍郝随干脆对她说:"别哭了,只要给陛下生个儿子,到时候皇后的位置就是你的。"郝随与章惇,为了处理掉与高太皇太后有关的保守派势力,内外联通,以废孟立刘为目的。刘婕妤宠冠后宫,是需要笼络的,倒向她对自己有利。

这话后来成真了。

孟皇后曾有一个女儿。当时哲宗还没有儿子。高太皇太后过世后,孟皇后只有哲宗嫡母向太后支持。孟皇后温良恭俭让,出身又比刘氏好,要废她必须有万全之计。

绍圣三年（1096），刘婕妤找到了一个好机会。孟皇后的女儿福庆公主病重，太医束手无策，孟皇后的姐姐持民间流传的道教治病符水入宫医治。符水之事向来为宫中禁忌，孟皇后大惊失色，不敢给公主喝。等到哲宗到时，她还亲自一一说明原委，本来哲宗也认为，这是人之常情，并不怪罪。

这件事传了出去，有人觉得是等到了好机会。

不到三岁的公主病逝后，孟皇后的养母燕夫人等来为她及公主祈福，巫蛊案闹大了。事情发生的经过大概是这样的：燕夫人被控以巫蛊小人想诅咒刘氏的罪名，刘氏也因此差点送命（无法求证是真的、假的，还是演的），哲宗大怒，让皇城司逮捕了孟皇后左右侍女及宦官数十人，将这些人刑讯逼供，严刑拷打，打断手脚，有的还被割了舌头，酷刑之下，坐实了孟皇后的罪名。（上述则是史实了。）

当时负责审案的，是一名叫作董敦逸（1031—1101）的老官员。董敦逸其实也是苏轼仇家，元祐六年（1091）因弹劾苏轼被高太皇太后外放过，哲宗时被召回朝。董敦逸刚审理此案呈报的口供，直指燕夫人想害死刘婕妤，蓄意行巫蛊之术；但是他后来却翻了案上奏哲宗，说孟皇后是被冤枉的，还说孟氏被废那天，天气忽然变得阴沉，百姓们都为废后而哭泣。宋哲宗听了，一边喊着："章惇误我!"但也还是没有替孟氏争公道,也没拿章惇怎样。因为董敦逸的上奏,哲宗废了孟皇后后,没有再下重手,让她到瑶华宫出家当道姑,号"华阳教主""玉清妙静仙师"。不过,董敦逸却因而被贬官外放了。

其实是宋哲宗老早有废后之心。章惇、蔡京之流,只是推手。

* * *

废了孟皇后,还是有很多大臣反对立刘氏为后。刘婕妤步步为营,终于达成愿望。

虽然达成,却极为惨淡。

孟皇后被废第二年,刘婕妤又生了一个公主,这当然不是刘氏最想要的。哲宗将刘氏封为刘贤妃。一直到元符二年(1099)八月,刘贤妃生下了哲宗的第一个儿子,才终于得到皇后的位子,反对她当皇后的大臣,都被流放了。

不过,她的皇后才当了一个月,皇子就夭折了;刘皇后哭得死去活来,宋哲宗也十分悲伤,宣布罢朝三日。罢朝后第四天,刘皇后三岁的小女儿竟然也过世了,宋哲宗又因之罢朝三日……悲剧接二连三,之后哲宗也卧床不起,过了几个月,宋哲宗忽然病逝,只有二十四岁。

哲宗过世后,还有缺德事。章惇下令三个月将陵墓建成,调全国工人夜以继日地建造,仅石材一项就用了三万块以上，还有四千六百多名石匠，民伕超过一万人。督工急促，民工们不堪虐待纷纷逃亡，工地上病累而死的人每天都有，没时间埋，只能被弃尸荒野之中。后来那个地方就开始出现鬼故事，都说是工人冤魂在附近夜哭。不管陵墓多么雄伟，此墓在后世一再被盗，只剩下一大面墙。

哲宗身后留下两个公主。除了刘氏早年生的秦国康懿长公主，还有一个陈国公主，是其他妃嫔生的。于是宋哲宗的异母弟宋徽宗赵佶，在向太后的认可中上位了。

宋徽宗先封刘氏为元符皇后，向太后则授意宋徽宗把被废了的孟皇后也接回来，让她的地位比刘氏高一些。刘皇后非常愤怒。

向太后摄政一年就过世了。刘皇后联合了蔡京上表宋徽宗，指控孟皇后被废是罪证确凿，要求他再废去孟皇后。孟皇后又被废掉，再回去当道姑。

妙的是崇宁二年（1103），宋徽宗竟又尊刘氏为崇恩宫皇太后。这可能是宋徽宗和刘皇后关系变得紧张的缘故。刘氏企图干预朝政，并想在宋徽宗生病时垂帘听政，掌控朝政大权。

政和三年（1113），宋徽宗动手了。他安排了个局，让宫女、奴婢们对刘氏恐吓辱骂，逼使她用帘钩自缢而死，那一年，刘氏只有三十五岁。徽宗让她陪葬在最疼爱她的哲宗身旁。

*　*　*

被废的孟皇后，人生起伏还没完没了。她清心寡欲地当道姑，就这样过了十年以上，倒也安然。靖康初年，似乎流年不利，一直遇到大火：瑶华宫大火，搬到延宁宫，延宁宫又遇到火灾，只好住到相国寺前的私宅。

塞翁失马，焉知非福。靖康二年（1127），金人攻陷汴京，徽、钦二帝和百位以上的后妃被掳北行。孟皇后没在宫中，幸运地被遗漏了。诸皇子大多数也都成为俘虏，不那么被重视的徽宗九子康王赵构，因为远离京城得以成为漏网之鱼。

金人离开后，被金人立为傀儡皇帝、战战兢兢的张邦昌，知道自己名不正言不顺，恢复孟太后元祐皇后的尊号，迎接孟氏入居延福宫，上尊号"宋太后"，接受百官朝拜，又请（是请或是胁迫也说不清了）她垂帘听政。

赵构即帝位，傀儡皇帝垮台，孟太后跟着南渡。南渡的过程中遇到金人南侵，高宗赵构一度乘船入海而逃，孟太后的队伍则是从陆路往江西逃亡，一路狼狈、流离失所，幸得无恙。

高宗也知道，孟太后曾是前朝皇后，对孟太后非常恭敬。

别以为故事这样就讲完了。南宋建炎三年（1129）因为高宗包庇贪财好利的权臣王渊及宦官，杭州军官苗傅和刘正彦以"清君侧"之名发动政变，逼迫宋高宗将皇位"禅让"给三岁的皇太子赵旉。孟太后再度被捧出来垂帘听政。孟太后没有野心，还挺能安定人心，先后安抚了苗、刘二人。后来，韩世忠等人率军队来救，宋高宗复辟成功。孟太后又安静告退。

孟太后个性谨慎、做人谦恭、逆来顺受、不好权势，除了之前一直想除去她的刘婕妤之外没有什么敌人，名声一直很好。她有个小习惯，喜欢喝酒，听说孟太后买酒，一定银货两讫，从来不喝免费的。传说她在南方时，曾觉得头晕目眩，宫女自称会用符水治病，这让孟太后想起了年轻时的遭遇，马上命人将这个宫女赶出宫去了。一直到晚年，她过得还算平顺。

善良和气的孟太后，走过了坎坷人生，毕竟得到善终，葬在会稽。

* * *

孟皇后一生，福祸相倚，该挺身就挺身，该离去就离去，也算是善有善报。

她的一生，都在权力中心的边缘度过。虽然一直没有野心，但大环境似乎也不让她当一个旁观者，起起伏伏，几度临危获救，人生充满了时代的烙印。她和苏东坡一样是看得开的人：不如换一场大醉。

命运有只翻云覆雨手，想不开又如何？

走到哪里就到哪里吧，喝口酒换片刻醉意，心里或许想的是：嘿，人家为难你，你可别为难自己。

苏东坡年谱

宋仁宗

景祐四年（1037） 一岁
生于四川眉州眉山县纱縠行。父苏洵，取名"轼"，意思是车前扶手，寓子能扶危救困。

宝元二年（1039） 三岁
弟弟苏辙诞生。

庆历二年（1042） 六岁
始知读书，闻知欧阳修、韩愈、梅尧臣。

庆历五年（1045） 九岁
苏洵游学四方，母亲程氏教授《后汉书·范滂传》，苏轼以范滂为典范，从此以天下为己任。

至和元年（1054） 十八岁
娶妻王弗。

嘉祐二年（1057） 二十一岁
与父、弟共同参加礼部会考，两兄弟一同考上进士，《刑赏忠厚之至论》获得考官梅尧臣、主试官欧阳修的青睐。苏氏父子三人也因此名震京师。四月，母程氏卒于眉山，奔丧归蜀。

嘉祐六年（1061） 二十五岁
考中进士后首次任官。被任命为大理评事、凤翔府节度判官厅公事。冬，与弟弟苏辙别于郑州，作《和子由渑池怀旧》。

嘉祐八年（1063） 二十七岁
始识新任凤翔知府陈希亮四子陈慥（字季常）。季常妻柳氏凶悍，苏轼为他赋诗留下"河东狮吼""季常之癖"。

宋英宗

治平二年（1065） 二十九岁
正月还朝。判登闻鼓院，直史馆。五月，夫人王弗卒。

治平三年（1066） 三十岁
父苏洵在京病逝，护丧回乡。

宋神宗

熙宁元年（1068） 三十二岁
居乡守制，七月服除。娶王弗堂妹、王介幼女王闰之为妻。

熙宁二年（1069） 三十三岁
二月还朝，在京任殿中丞直史馆判官告院。同年王安石执行新法，因苏轼议论其中作为，王安石屡在神宗前诋毁苏轼。

熙宁四年（1071） 三十五岁
上书神宗，论朝政得失，因屡次反对王安石，苏轼被诬陷卖私盐，苏轼请求外放，调通判至杭州。

熙宁五年（1072） 三十六岁
赴湖州，主持相度堤岸工程。

熙宁六至七年（1073—1074） 三十七至三十八岁
任杭州通判，任期满，苏轼以弟弟在济南，求为东州守。后移知密州。

熙宁八至九年（1075—1076） 三十九至四十岁
在山东密州，有《上韩丞相论灾伤手实书》《论密州盐税书》《超然台记》《表忠观碑》。怀念弟弟苏辙，写出名篇《水调歌头》。

熙宁十年（1077） 四十一岁
自密州迁徐州。徐州八月遇黄河大水，苏轼勠力治水，徐州城因而保全，朝廷明诏奖谕。

元丰二年（1079） 四十三岁
自徐州移知湖州，因反对青苗改革入狱、被控以文字讪谤君上，下御史台狱，史称"乌台诗案"。在狱中一百三十余日,神宗责授黄州团练副使。弟弟苏辙上书救赎,也责授监筠州酒税。

元丰三年(1080) 四十四岁
赴黄州谪所。

元丰四年(1081) 四十五岁
为求自给自足,始辟东坡,自号东坡居士。

元丰五至六年(1082—1083) 四十六至四十七岁
寓居临皋亭,躬耕东坡,筑东坡雪堂。居黄州期间为其文学创作的重要阶段,作《赤壁赋》《后赤壁赋》等,与张怀民交游,也与禅门人士(佛印)互有往来。

元丰七年(1084) 四十八岁
改迁河南汝州团练副使,游庐山,过金陵访王安石,上表乞于常州居住。

元丰八年(1085) 四十九岁
二月奉准居常。八月除知登州,十月才到任五日,被召还朝任礼部郎中,旬迁起居舍人,辞于宰相,不许。

宋哲宗

元祐元年（1086） 五十岁

与司马光争役法，得罪司马之门。哲宗幼年即位，太皇太后摄政，除翰林学士、知制诰，主管职试。同年王安石、司马光过世。

元祐三年（1088） 五十二岁

权知礼部贡举，主省试。

元祐四年（1089） 五十三岁

因勇于论事，陷入新、旧党争，为言官所攻，上书乞求外放。三月除龙图阁学士，知杭州。七月，到任杭州，筹粮赈灾，疏浚河川，以工代赈。

元祐五年（1090） 五十四岁

在杭州疏浚西湖，建南、北长堤，人称"苏公堤"，计划钱塘江水利工程。苏轼在各地都为民兴利除弊，政绩颇善，口碑甚佳。

元祐六年（1091） 五十五岁

被召回为翰林学士、知制诰兼侍读。八月出任颍州知州，冬天帮助颖州赈灾。

元祐七年（1092） 五十六岁

知颖州，二月移知扬州。八月以兵部尚书诏还兼侍读，十一月迁端明殿学士兼翰林侍读，授礼部尚书。

元祐八年（1093） 五十七岁

继室王闰之病逝。太皇太后病逝，朝局将变，苏轼乞补外，九月出知定州。

绍圣元年（1094） 五十八岁

在定州。以讽斥先朝罪名贬知英州，后又任宁远军节度副使，惠州安置。疲于应付新、旧党争，苏轼虽反对王安石激进的新法，也不赞成旧党尽废新法，最后两党都排斥他，常被贬至远方。

绍圣二年（1095） 五十九岁

惠州野外多暴骨，建议州守聚资收葬，作《葬枯骨铭》。

绍圣三年（1096） 六十岁

在惠州建白鹤峰新居，侍妾朝云病卒。

绍圣四年（1097） 六十一岁

五月忽有贬海南之命，责授琼州别驾，昌化军安置。留家于惠州，与幼子独行。与苏辙相遇于藤州，同行至雷州。六月渡海，七月到儋州，居官屋屡被逐出，乃在城南桄榔林中结茅屋三间，名曰"桄榔庵"。

元符元年（1098） 六十二岁

续修《易传》《论语》，作《书传》十三卷。

元符二年（1099） 六十三岁

琼州进士姜唐佐从苏轼学。

元符三年（1100） 六十四岁

哲宗崩，徽宗继位，大赦天下，苏轼被赦免北返。五月移广东廉州，秋自廉州移舒州节度使，永州居住。行至英州，得旨复朝奉郎，提举成都府玉局观。岁末过大庾岭。

宋徽宗

建中靖国元年（1101） 六十五岁

五月行至真州时暴病，瘴毒大作，卧病下痢。渡江至常州，上表告老，以本官致仕。七月二十八日卒于常州。

崇宁元年（1102）
由苏辙归葬于河南汝州郏县小峨眉山。

（◎参考资料：李一冰著《苏东坡新传》）

图书在版编目（CIP）数据

成为苏东坡 / 吴淡如著. -- 长沙：岳麓书社，
2025.3. -- ISBN 978-7-5538-2173-3

Ⅰ.K825.6

中国国家版本馆 CIP 数据核字第 2024RG5342 号

CHENGWEI SU DONGPO

成为苏东坡

作　　者	吴淡如
出 版 人	崔　灿
策划编辑	刘书乔
责任编辑	田　丹
责任校对	舒　舍
书籍设计	左左工作室
营销编辑	谢一帆　唐　睿　向媛媛

岳麓书社出版发行

地　址 | 长沙市岳麓区爱民路 47 号

承　印 | 长沙鸿发印务实业有限公司

开本 | 880mm×1230mm 1/32　印张 | 11.75　字数 | 216 千字

版次 | 2025 年 3 月第 1 版　印次 | 2025 年 3 月第 1 次印刷

书号 | ISBN 978-7-5538-2173-3

定价 | 78.00 元

如有印装质量问题，请与本社印务部联系

电话 | 0731-88884129